최고 패턴사에게 배우는
남성복의 정석

가네코 도시오 지음 | 황선영 옮김 | 문수연 감수

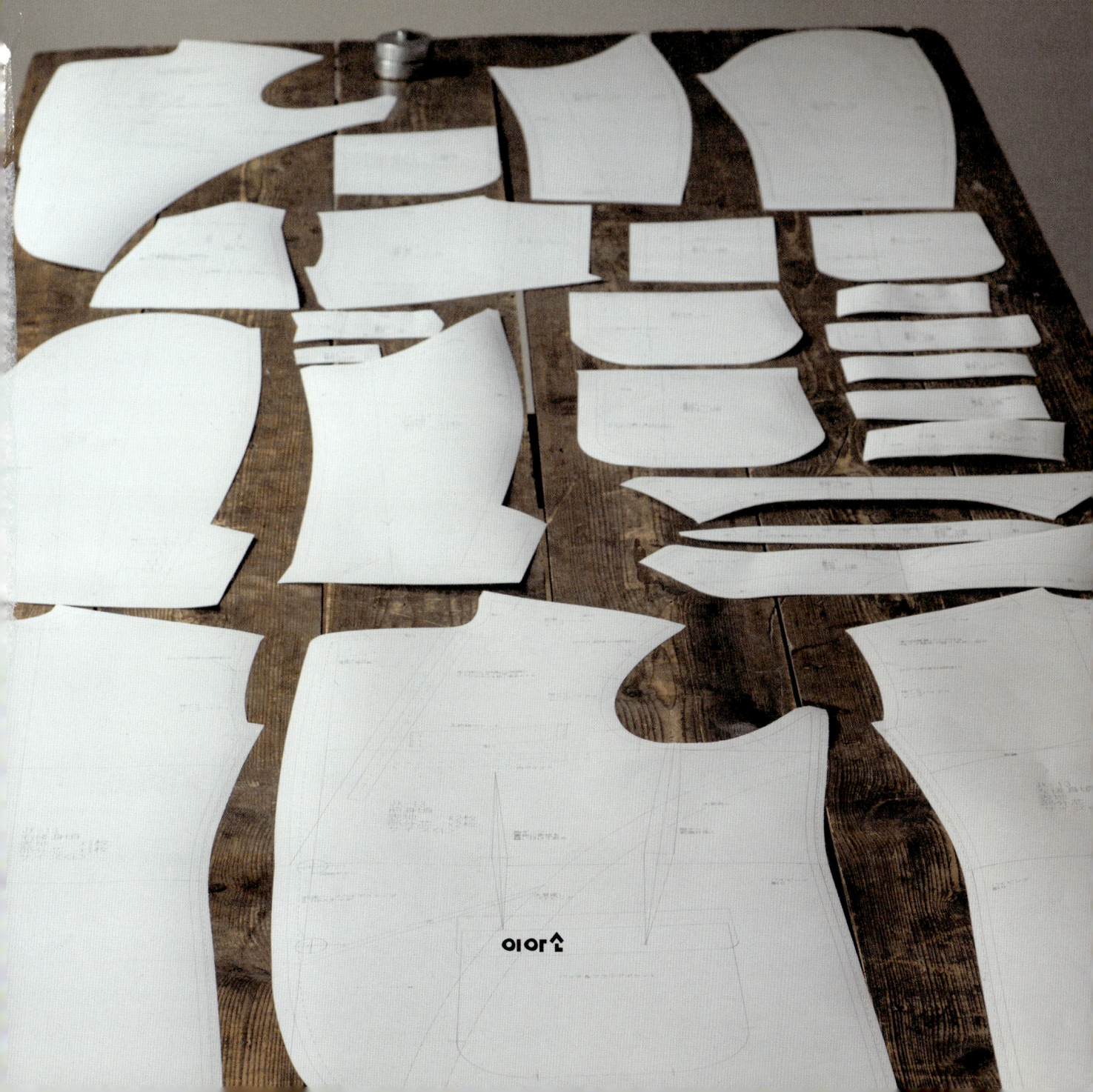

이아소

Contents

상의

하의

아우터

액세서리

A. 클레릭 셔츠

1920년대 런던에서 유행한 드레스 셔츠 중 드레시함이 가장 돋보이는 클레릭 셔츠. 몸판과 소매는 무늬 있는 천을 사용하고 칼라와 커프스를 흰색으로 매치해 산뜻한 셔츠이다.

뒤 요크는 어깨선에 식서 방향을 맞추고, 뒤 중심에서 맞춰 꿰맨 '스플릿 요크'. 원래는 원단을 적게 사용하기 위한 디자인이었다고 한다. 진동 둘레와 옆은 쌈솔로 마무리해 튼튼하면서 보기에도 깔끔하다. 밑단 옆으로 보강용 덧천을 달았다.

How to make P.69

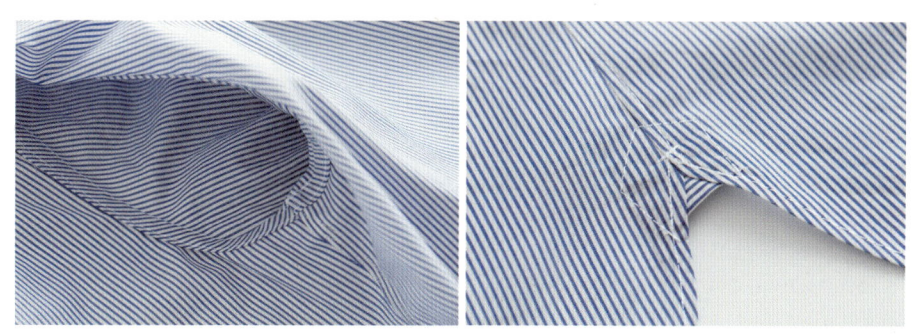

B. 버튼다운 셔츠

칼라 끝 단추의 위치는 넥타이를 매서 여유분을 넣으면 단추를 채웠을 때 부드러운 곡선이 만들어진다. 뒤 몸판 중심에는 턱을 넣어 활동성을 높였다. 요크와 몸판 사이에는 고리를 끼워서 재봉한다. 이 고리는 옷걸이가 없던 시절의 자취로, 현재는 디자인으로 활용하고 있다.

How to make P.71

C. 밀리터리 셔츠

널리 알려졌듯 군복에서 유래한 셔츠. 양쪽 가슴의 큰 포켓과 어깨 견장이 특징이다. 이번엔 왼쪽 가슴의 포켓에 작은 플랩 포켓을 추가해 개성적인 멋을 더했다. 코튼 트윌이나 헤링본 같은 튼튼한 천을 사용하고, 완성 후엔 감촉이나 느낌이 좋아지는 워싱 가공을 추천한다.

How to make P.72

D. 데님 셔츠

부드러운 데님을 사용한 캐주얼 셔츠. 오프화이트 색상
의 스티치로 좀 더 캐주얼하게 완성했다. 흰색 조개 단
추가 악센트 역할을 한다. 왼쪽 몸판 안쪽에 휴대폰 등
을 넣을 수 있는 속주머니를 만들었는데, 눈에 띄지 않
도록 안감을 겉으로 하고, 겉 천과 같은 색 실로 박았다.

How to make P.74

E. 아웃도어 셔츠

일명 버펄로 셔츠로, 널리 친숙한 빨강과 검정의 체크무늬 셔츠이다.
영국 산간지대 사냥꾼들이 사람과 사슴을 구별하기 위해 일부러 눈
에 띄는 색상의 무늬로 셔츠와 재킷을 해 입은 것에서 유래했다.
스티치 실은 30번을 사용했고 박음선을 투박하게 마무리하여 한층
분위기 있다. 가슴 포켓은 무늬를 맞추지 않고 캐주얼하게, 러프한 디
자인으로.

How to make P.75

F. 보트넥 커트 앤드 소운

위아래는 무늬 없이 가로 줄무늬가 들어간 캐주얼한 니
트 상의. 몸판과 무늬를 맞춰 재단한 9부 소매로 경쾌함
을 더했다. 뒤 몸판을 안단으로 마무리하는 방법은 다른
니트 작품에서도 쓰이니 잘 익혀두자.

How to make P.78

G. 폴로 셔츠

신사 스포츠인 테니스 웨어로 개발된 폴로 셔츠. 유명 테니스 선수인 르네 라코스테가 고안한 디자인이라고 한다. 지금은 캐주얼 웨어의 대표 아이템이다. 아래 작품은 칼라와 소맷부리에 리브 니트를 사용했지만, 가지고 있지 않은 분들을 위해 니트 천으로 만드는 방법도 함께 소개한다.

How to make P.76

Point Lesson
A. 클레릭 셔츠
P. 4

※ 재료, 재단 배치도, 완성 사이즈, 부분 설명 이외의 만드는 법은 P.69 참조.
※ 여기서는 이해하기 쉽게 천 색깔을 바꾸고, 눈에 띄는 색상의 실을 사용한다.

[뾰족단 트임]

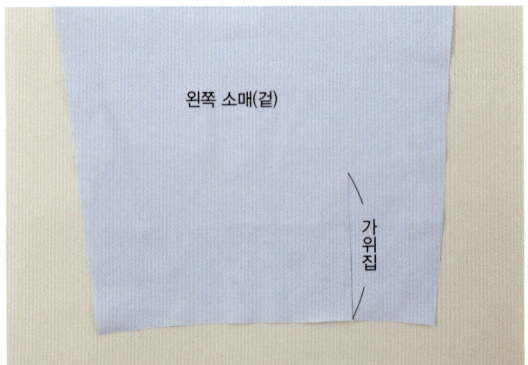

❶ 소매에 가위집을 넣는다.

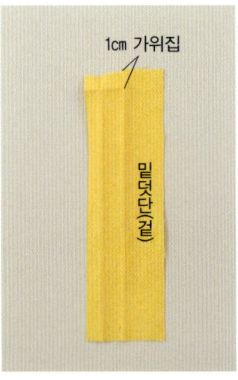

❷ 밑덧단에 접은 자국을 내고, 1cm의 가위집을 넣는다.

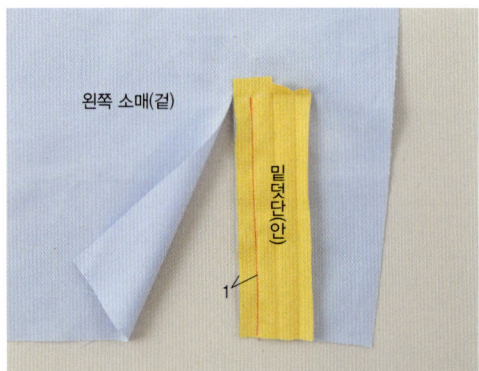

❸ 소매의 가위집에 밑덧단을 겉끼리 맞대어 박는다.

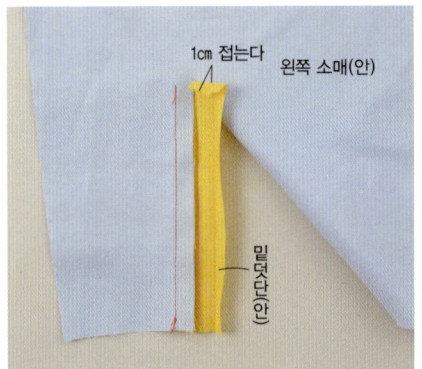

❹ 밑덧단을 되접고, 위 끝을 1cm 접는다.

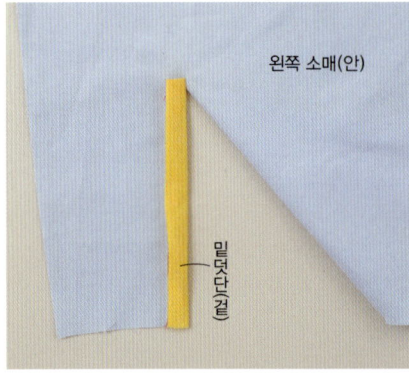

❺ 소매의 가위집을 밑덧단으로 감싼다.

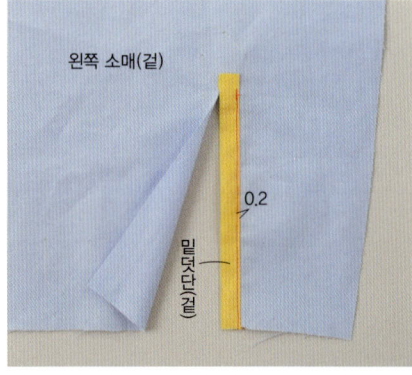

❻ 겉에서 밑덧단을 박는다.

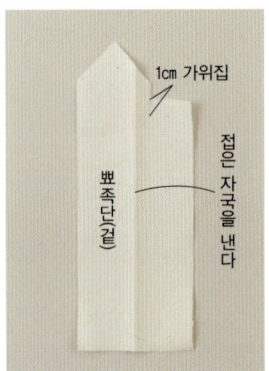

❼ 뾰족단에 접은 자국을 내고, 1cm의 가위집을 넣는다.

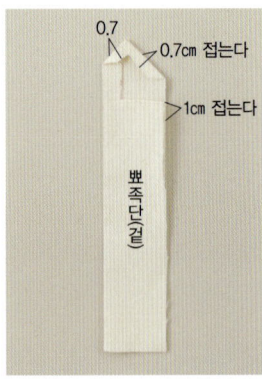

❽ 위 끝의 시접을 접는다.

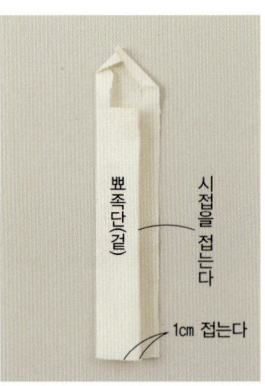

❾ 끝의 시접을 접는다.

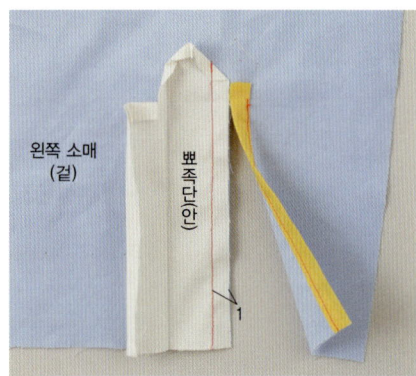

❿ 위 끝의 시접을 접은 상태로, 소매의 가위집과 뾰족단을 겉끼리 맞대어 박는다.

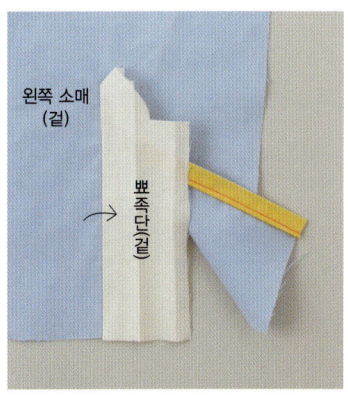

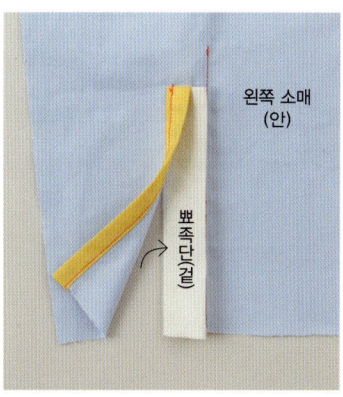

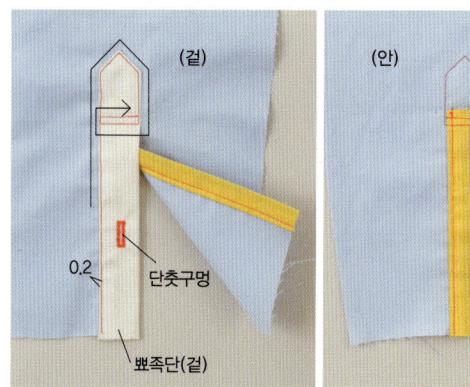

⓫ ⓾의 솔기에서 뾰족단을 되접는다.

⓬ 뾰족단을 ❼의 접은 자국에서 안쪽으로 되접는다.

⓭ 뾰족단의 모양을 정돈하고, 겉에서 뾰족단을 박는다. 뾰족단에 단춧구멍을 만든다.

[칼라]

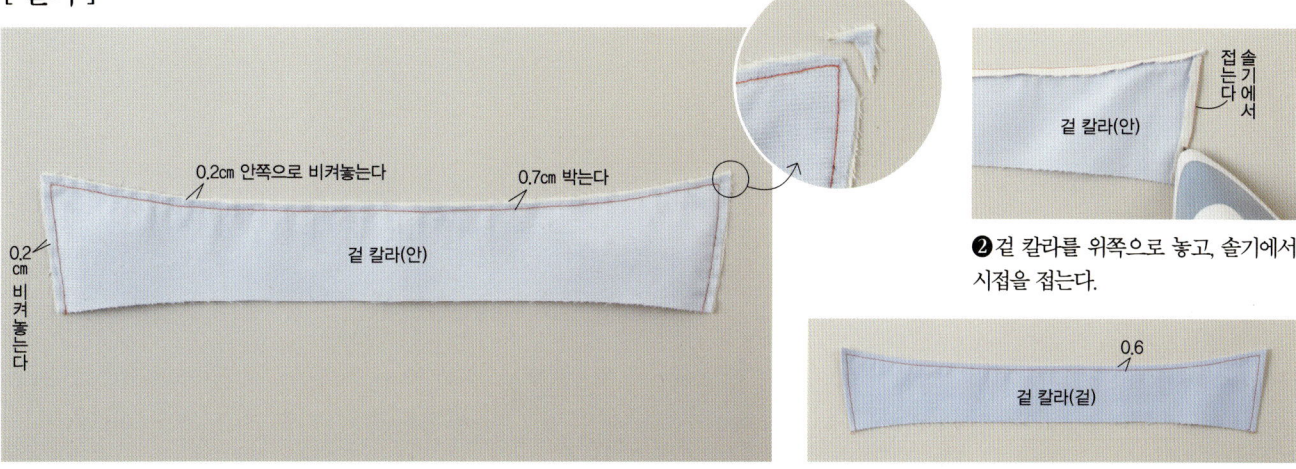

❶ 겉 칼라와 안 칼라를 겉끼리 맞대고, 겉 칼라 주위를 0.2cm씩 안쪽으로 비켜놓는다. 시침질한 후 주위를 박는다. 칼라 끝의 시접은 자른다.

❷ 겉 칼라를 위쪽으로 놓고, 솔기에서 시접을 접는다.

❸ 칼라를 겉으로 뒤집어, 모양을 정돈하고 겉 칼라 쪽에서 박는다.

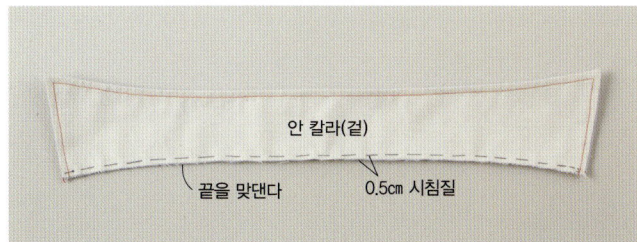

❹ 안 칼라와 겉 칼라의 끝을 맞추어 시침질한다. ❶에서 비켜놓은 여유분으로 인해 칼라가 젖혀진다.

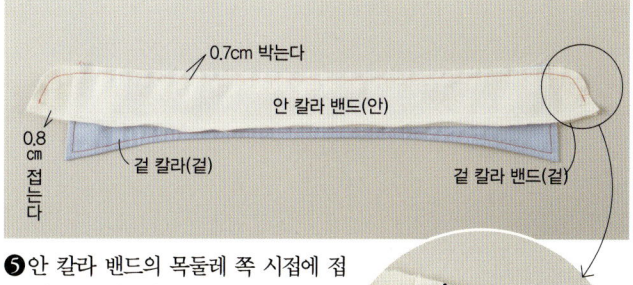

❺ 안 칼라 밴드의 목둘레 쪽 시접에 접은 자국을 내둔다. 칼라를 칼라 밴드 사이에 끼우고 겉 칼라와 안 칼라 밴드, 안 칼라와 겉 칼라 밴드를 겉끼리 맞대어 완성선까지 박는다. 곡선 부분은 시접을 0.5cm로 잘라 가위집을 넣는다.

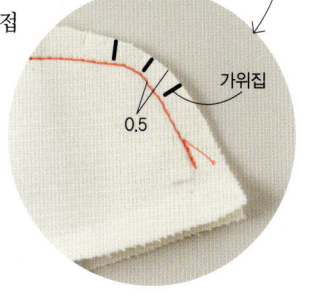

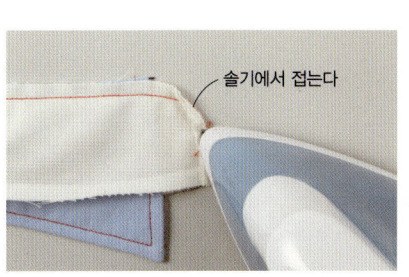

❻ 칼라 밴드의 양 끝 시접은 솔기에서 안 칼라 밴드 쪽으로 접는다.

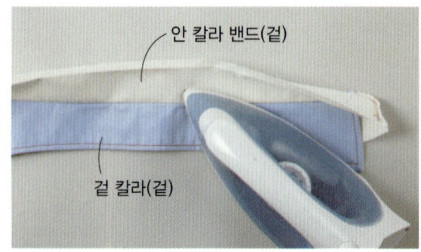

❼ 칼라 밴드를 젖히고 다림질한다.

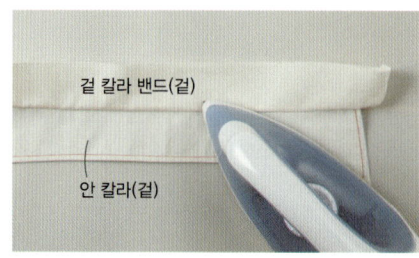

❽ 칼라 밴드를 겉으로 뒤집어 다림질해서, 모양을 정돈한다.

❾ 겉 칼라 밴드와 앞 몸판·뒤 요크를 겉끼리 맞대어 시침질한다. 양 끝은 시접을 젖히고, 완성선의 모서리까지 시침질한다.

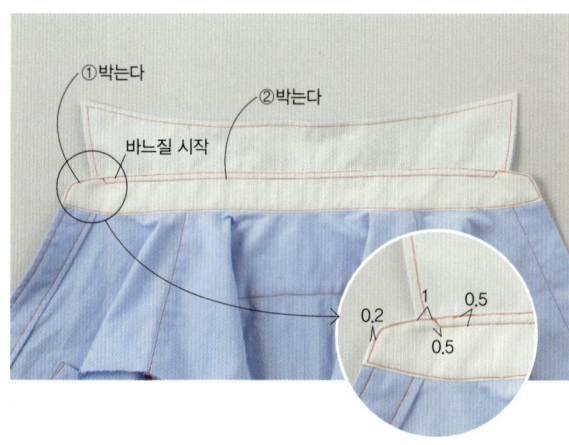

❿ 겉 칼라 밴드와 앞 몸판·뒤 요크를 박는다.

⓫ 시접은 칼라 밴드 쪽으로 눕히고, 위쪽을 시침질한다. 안 칼라 밴드의 접은 선을 솔기에서 0.2cm 덮어씌워 시침핀을 꽂는다.

⓬ 시침질한 후, 칼라 밴드 주위를 박는다. 바느질은 칼라로 덮이는 안쪽에서 박기 시작한다. 칼라 다는 끝에서 1cm 안쪽으로 들어간 곳에, 1줄을 더 박는다.

[소매 붙이기]

❶ 몸판과 소매를 겉끼리 맞대어 완성선을 박는다. 쌈솔로 하기 때문에 시접 너비가 다르다.

❷ 몸판의 오목한 곡선 시접에 가위집을 넣는다. 시접을 몸판 쪽으로 눕힌다.

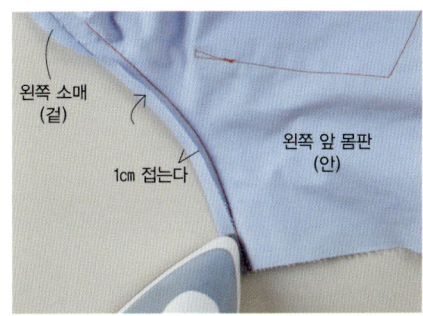

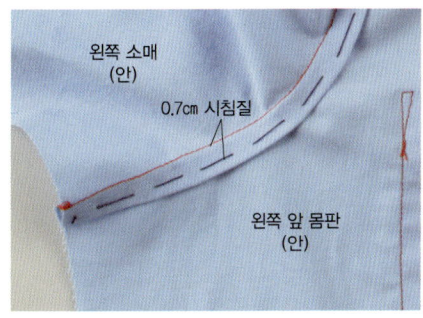

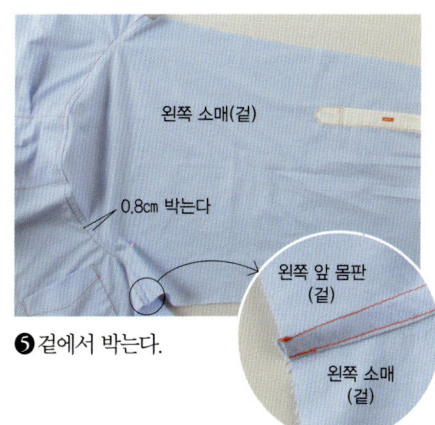

❸ 소매의 시접을 몸판 시접 끝에 맞추어 접는다.

❹ 시접을 몸판 쪽으로 눕히고, 소매 시접으로 몸판 시접을 감싸듯이 해서 시침질한다.

❺ 겉에서 박는다.

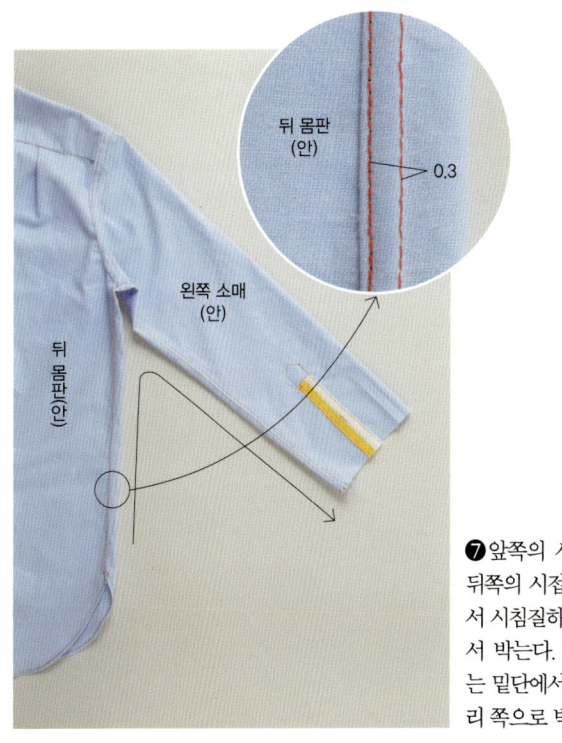

❻ 몸판과 소매를 각각 겉끼리 맞대고, 완성선을 소매 밑에서 밑단까지 연결해 박는다.

❼ 앞쪽의 시접으로 뒤쪽의 시접을 감싸서 시침질하고, 겉에서 박는다. 박을 때는 밑단에서 소맷부리 쪽으로 박는다.

[거싯(gusset)]

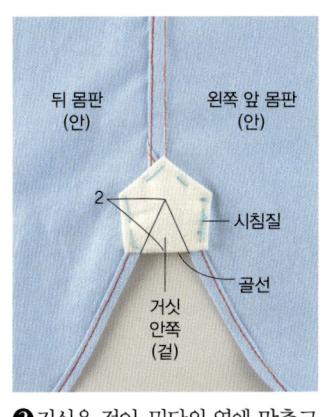

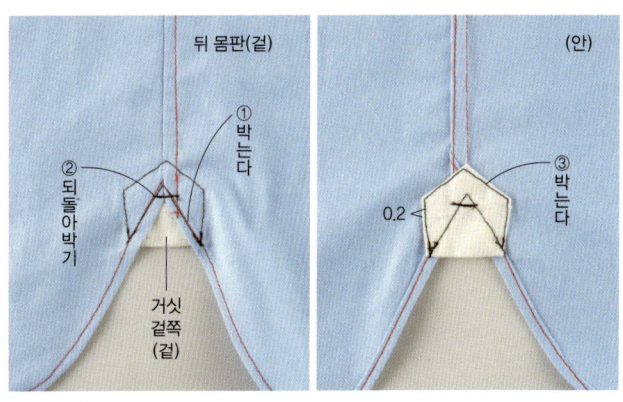

❶ 거싯(덧천)의 시접을 접는다. 접은 선의 시접은 가위집을 넣는다.

❷ 거싯을 접어, 밑단의 옆에 맞추고 시침질한다.

❸ 밑단의 박음선에 겹쳐서 박는다. 밑단의 산 부분을 되돌아박기로 보강한다. 안쪽에서 거싯의 주위를 박는다.

H. 드레스 팬츠

고급스러운 스타일링의 기본인 허리에 턱 없이 가운데
주름을 잡은 노 턱 드레스 팬츠. 특히 착용감에 신경을
써서 패턴을 만들었다. 모양 잡기(다리미를 이용해 천을
입체적으로 만드는 작업) 과정과 무릎 안감, 허리 안감
까지 넣은 본격적인 슬랙스이다. 뒤 팬츠에 다트를 넣어
입체감을 살렸다. 참고로 팬츠 밑덧단에 달린 좁고 긴
파트는 '코단(태브)'이라고 부른다.

How to make P.79

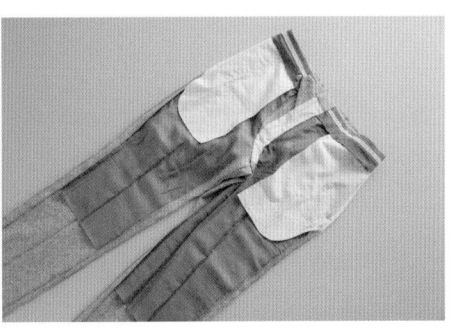

I. 치노 팬츠

치노 클로스라는 능직 면을 사용
한 팬츠. 평상복이나 오피스 캐주
얼로도 입을 수 있는 깔끔한 실루
엣이다. 뒤 팬츠에는 완성하기 쉬
운 패치 포켓을 달았다.

How to make P.80

J. 진

5포켓의 스트레이트 진이다. 천
의 식서를 붉은 실로 마감한 14
온스 셀비지(레드 라인) 데님을
사용했다. 오른쪽 포켓 안쪽으로
동전 주머니가 달린 정통 디자인
이다. 뒤 팬츠에 요크를 넣어 힙라
인을 입체적으로 표현했다. 몸에
살짝 붙는 스타일리시한 실루엣.
진은 원단이 두꺼워서 30번 실을
사용한다.

How to make P.84

K. 스웨트 팬츠

타운 웨어로도 세련되게 입을 수 있도록 깔끔한 스타일로 완성했다. 넵*이
들어간 기모 원단에 허리와 밑단은 리브 니트를 달았다. 이보다 두껍지 않은
천으로 만들면 사계절 내내 입을 수 있다.

*넵: 방적 중에 생기는 섬유의 작은 뭉치나 마디

How to make P.83

남성복 부자재

이 책에는 재단사가 사용하는 부자재가 나온다.
만약 책에 있는 재료를 구하기 어려운 경우
아래와 같은 방법으로 대신하자.

허리 안감

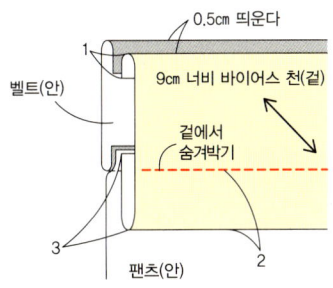

0.5cm 띄운다
9cm 너비 바이어스 천(겉)
벨트(안)
겉에서
숨겨박기
팬츠(안)

허리의 안감 파트이다. 중심 부분에 가는 고무가 부착된 것도 있는데, 팬츠에서 셔츠가 빠져나오지 않게 붙잡아준다.

팬츠와 같은 천으로 하거나 브로드클로스 같은 얇은 면을 9cm 너비의 바이어스로 재단해서 만든다. 길이는 각 사이즈의 허리 안감 길이를 참조. 밑단 쪽은 3cm 접고, 겉에서 솔기에 숨겨박기로 고정한다. 벨트 고리는 숨겨박기를 한 뒤, 위아래를 고리 끝을 감추듯이 안쪽에서 박는다(P.29 8-6 참조).

이너 벨트

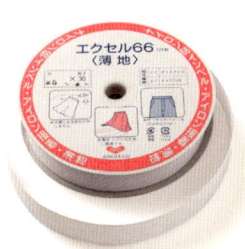

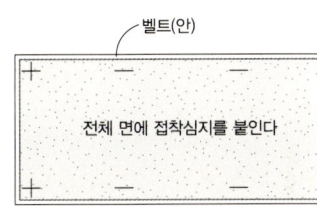

벨트(안)
전체 면에 접착심지를 붙인다

벨트 안쪽에 있는 단단한 심지. 벨트 심지, 인사이드 벨트라고도 한다.

단단한 접착심지를 벨트 천의 전체 면에 붙인다. 그 다음은 만드는 법의 순서대로 만든다.

고무뜨기한 칼라 & 소맷부리

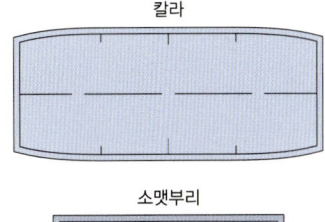

칼라

소맷부리

폴로 셔츠의 칼라와 소맷부리는 홑겹으로 고무뜨기한 (폴로 셔츠용) 칼라와 소맷부리를 사용한다. 흔히 일본 말인 시보리라고 하는데, 고무뜨기 혹은 뜨개 조르개 등으로 표현하자.

프레이즈 니트 천(fraise Knit, 고무뜨기, circular rib)을 사용해 칼라와 소맷부리를 만든다. 칼라는 니트 천용 옷본이 실물 대형 옷본에 들어 있으니 그것을 사용한다. 만드는 법은 만드는 법 페이지의 '프레이즈 니트의 경우'를 참조한다.

Lesson

H. 드레스 팬츠

P.16

실물 대형 옷본 1면【H】

1 앞 팬츠, 2 뒤 팬츠, 3 안단, 4 겉 밑덧단, 5 안 밑덧단, 6 태브, 7 옆 포켓 안단, 8 옆 포켓 주머니 천, 9 옆 포켓 맞단, 10 뒤 포켓 주머니 천, 11 뒤 포켓 입술감, 12 파이핑 천, 13 뒤 포켓 맞단, 14 무릎 안감

※재료, 재단 배치도, 완성 사이즈는 P.79 참조.
※여기서는 이해하기 쉽게, 눈에 띄는 색상의 실을 사용한다.

1 모양 잡기를 한다

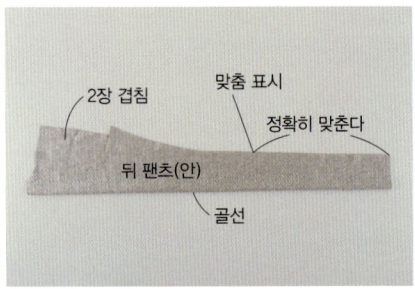

❶좌우 뒤 팬츠를 겹친 상태로, 밑단에서 무릎의 맞춤 표시까지 끝을 맞추어 1번 접는다. 무릎 아래의 접은 선을 연장해서, 무릎 위노 섭는다.

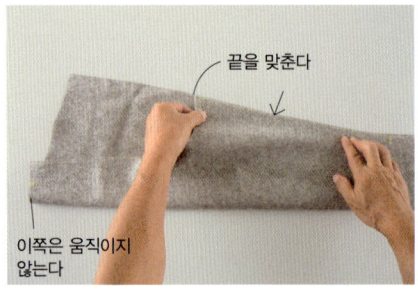

❷오른손을 축으로 해서 왼손으로 밑위(샅) 끝을 잡고 옆선에 맞춘다.

❸먼저 다리미로 스팀을 분사한다. 밑위 끝에서 밑위를 따라, 접은 선의 1cm 앞까지 다림질한다.

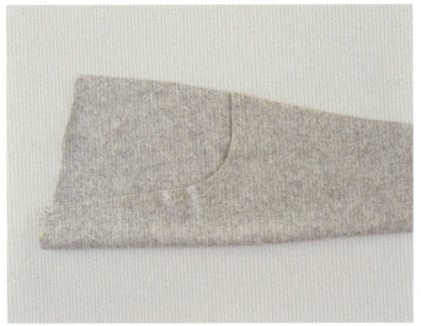

❹시접이 깔끔해졌다.

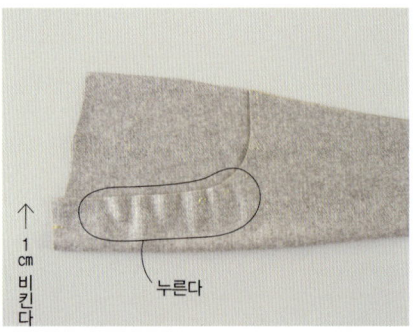

❺위 끝의 시접을 1cm 안쪽으로 비킨다. 밑위의 뒤 중심 시접이 천을 당겨서 울기 때문에, 다리미로 눌러준다.

❻모양 잡기가 완성되었다. 엉덩이선이 곡선으로 입체감이 생겼다.

2 무릎 안감을 단다

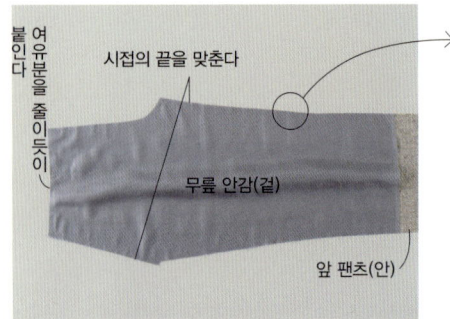

앞 팬츠의 시접에 녹말풀을 0.7cm 너비에 2cm 간격으로, 주걱을 이용해 붙인다. 무릎 안감을 앞 중심 쪽에서 끝을 맞추어 다리미로 다리면서 붙여간다. 겉감의 활동성을 높이기 위해, 무릎 안감의 옷본은 앞 팬츠보다 너비가 넓으므로, 허리 쪽은 여유분을 줄이듯이 붙인다.

3 뒤 포켓을 단다

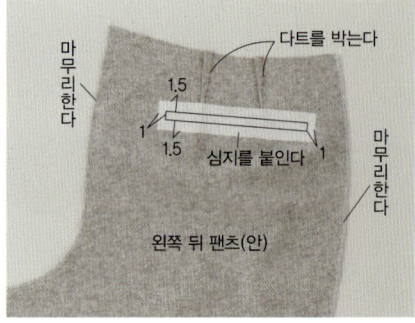

❶뒤 팬츠의 다트를 박아, 시접을 중심 쪽으로 눕힌다. 포켓 입구 주위에 접착심지를 붙인다. 밑위, 밑아래, 옆의 시접을 마무리해둔다.

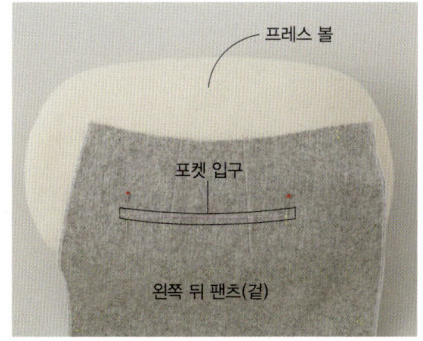

프레스 볼

포켓 입구

왼쪽 뒤 팬츠(겉)

❷ 포켓 입구를 완만한 곡선으로 다시 그린다.

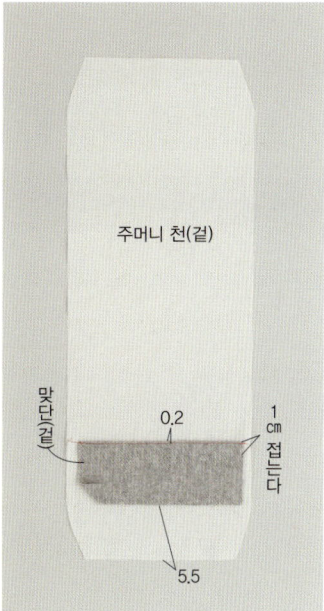

주머니 천(겉)

맞단(겉)

0.2

1 cm 접는다

5.5

❸ 뒤 포켓 맞단의 시접을 접어, 뒤 포켓 주머니 천에 박는다.

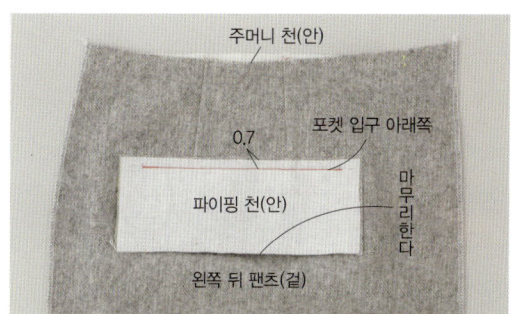

주머니 천(안)

0.7

포켓 입구 아래쪽

파이핑 천(안)

마무리한다

왼쪽 뒤 팬츠(겉)

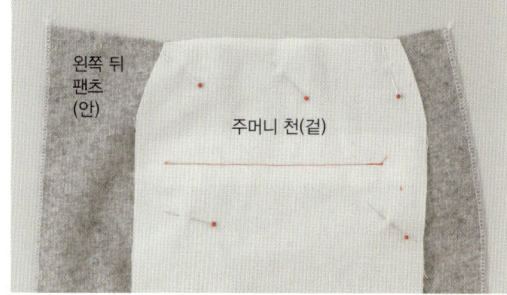

왼쪽 뒤 팬츠(안)

주머니 천(겉)

❹ 뒤 팬츠 안쪽에 뒤 포켓 주머니 천의 포켓 입구를 맞추어 겹친다. 파이핑 천의 끝을 마무리하고, 뒤 팬츠와 겉끼리 맞대어 포켓 입구의 아래쪽을 박는다.

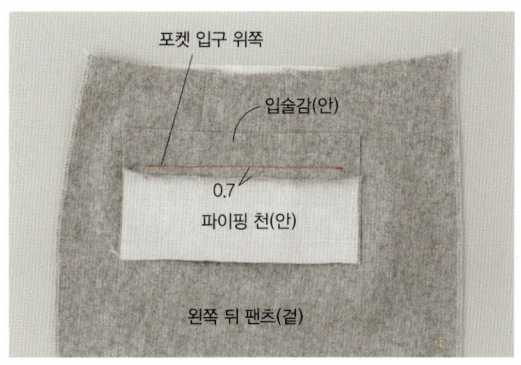

포켓 입구 위쪽

입술감(안)

0.7

파이핑 천(안)

왼쪽 뒤 팬츠(겉)

❺ 뒤 팬츠와 뒤 포켓 입술감을 겉끼리 맞대고, 파이핑 천의 시접을 비켜, 포켓 입구 위쪽을 박는다.

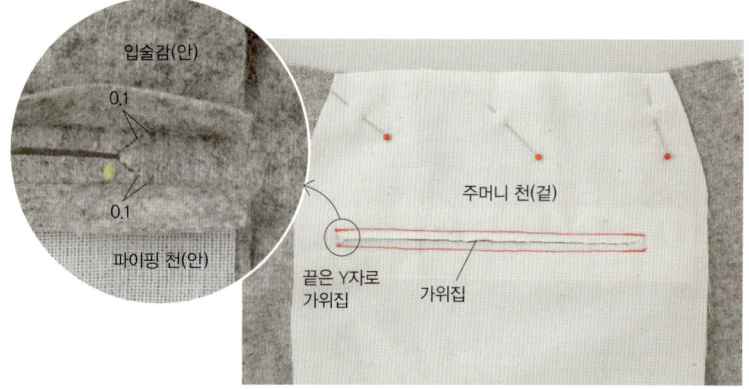

입술감(안)

0.1

0.1

파이핑 천(안)

주머니 천(겉)

끝은 Y자로 가위집

가위집

❻ 파이핑 천과 입술감의 시접을 비켜, 포켓 입구의 중심에 가위집을 넣는다. 양 끝은 Y자로 가위집을 넣는다.

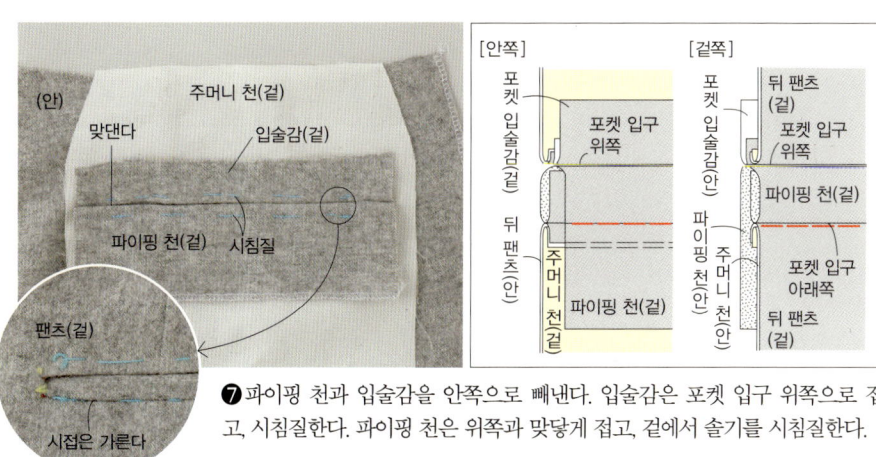

(안)

주머니 천(겉)

맞댄다

입술감(겉)

파이핑 천(겉)

시침질

팬츠(겉)

시접은 가른다

[안쪽]

포켓 입술감(겉)

포켓 입구 위쪽

뒤 팬츠(안)

주머니 천(겉)

[겉쪽]

포켓 입술감(안)

뒤 팬츠(겉)

포켓 입구 위쪽

파이핑 천(겉)

파이핑 천(안)

포켓 입구 아래쪽

주머니 천(안)

뒤 팬츠(겉)

❼ 파이핑 천과 입술감을 안쪽으로 빼낸다. 입술감은 포켓 입구 위쪽으로 접고, 시침질한다. 파이핑 천은 위쪽과 맞닿게 접고, 겉에서 솔기를 시침질한다.

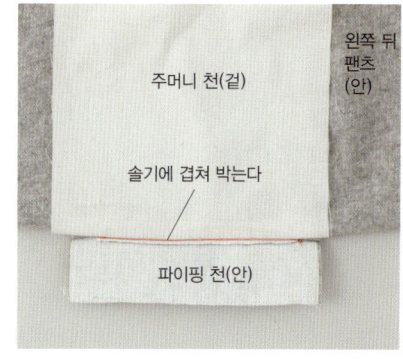

주머니 천(겉)

왼쪽 뒤 팬츠(안)

솔기에 겹쳐 박는다

파이핑 천(안)

❽ 뒤 팬츠와 뒤 포켓 주머니 천을 비켜, ❻의 솔기에 겹쳐서 박아 파이핑 천을 고정한다.

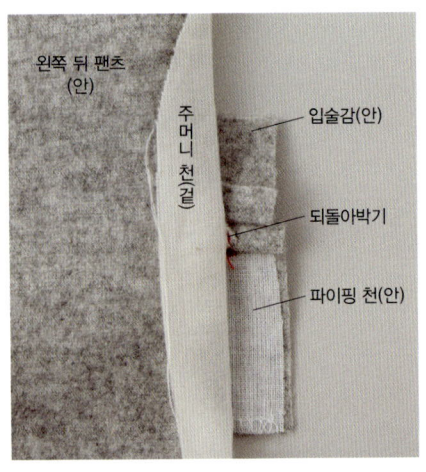

왼쪽 뒤 팬츠
(안)

주머니 천(겉)

입술감(안)

되돌아박기

파이핑 천(안)

❾ 뒤 팬츠와 뒤 포켓 주머니 천을 비켜, 포켓의 양 끝 삼각 부분을 파이핑 천에 되돌아박기로 고정한다. 반대쪽도 같은 방법으로 박는다.

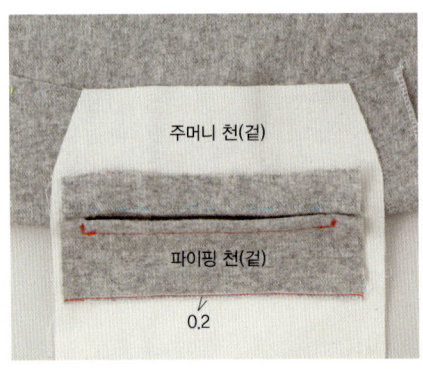

주머니 천(겉)

파이핑 천(겉)

0.2

❿ 파이핑 천의 아래 끝을 뒤 포켓 주머니 천에 박는다.

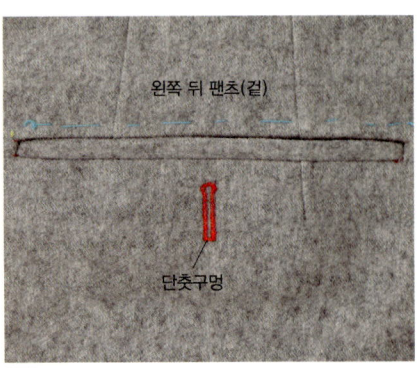

왼쪽 뒤 팬츠(겉)

단춧구멍

⓫ 뒤 팬츠부터 파이핑 천까지 겹친 상태로 새눈 단춧구멍을 만든다. ※단춧구멍은 왼쪽 뒤 팬츠만

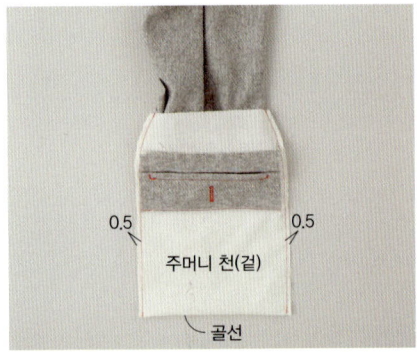

0.5

0.5

주머니 천(겉)

골선

⓬ 뒤 팬츠를 비켜, 뒤 포켓 주머니 천을 안끼리 맞닿게 1번 접어 양옆을 박는다.

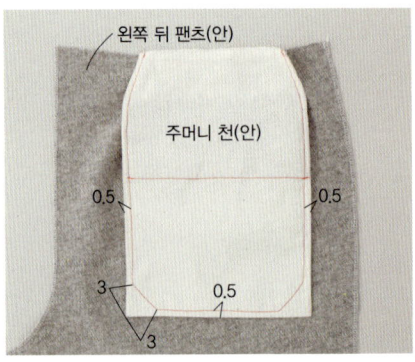

왼쪽 뒤 팬츠(안)

주머니 천(안)

0.5

0.5

3

3

0.5

⓭ 뒤 포켓 주머니 천을 뒤집어 겉끼리 맞대고, 양옆과 아래를 박는다.

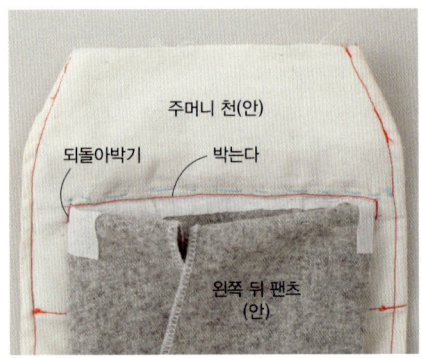

주머니 천(안)

되돌아박기

박는다

왼쪽 뒤 팬츠
(안)

⓮⓭을 겉으로 뒤집고 뒤 팬츠를 피해 3변을 박는다. 양옆은 힘을 받는 부분이므로 몇 회 되돌아박기를 한다.

4 옆 포켓을 만든다

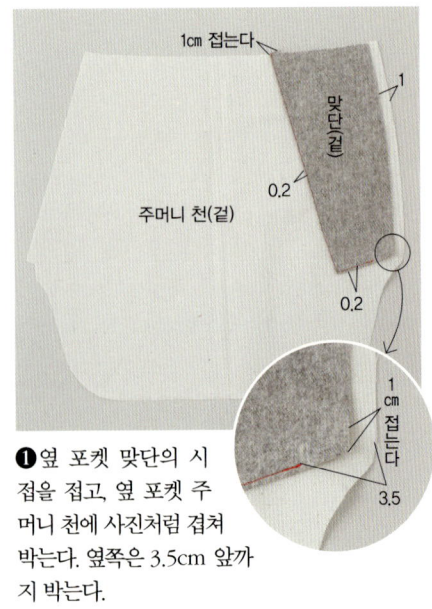

1cm 접는다

맞단
(겉)

1

0.2

주머니 천(겉)

0.2

1
cm
접는다

3.5

❶ 옆 포켓 맞단의 시접을 접고, 옆 포켓 주머니 천에 사진처럼 겹쳐 박는다. 옆쪽은 3.5cm 앞까지 박는다.

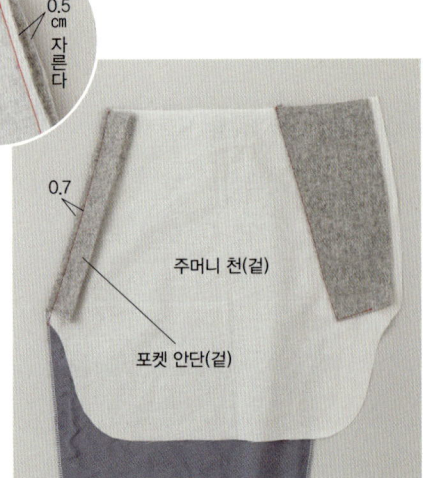

0.5
cm
자른다

주머니 천(안)

1

1
cm
접는다

포켓 안단(안)

왼쪽 앞 팬츠(겉)

마무리한다

마무리한다

❷ 앞 팬츠는 포켓 입구와 허리 이외의 시접을 마무리한다. 포켓 안단은 시접을 접어둔다. 앞 팬츠의 포켓 입구에, 옆 포켓 주머니 천과 포켓 안단을 겹쳐 박는다.

0.7

주머니 천(겉)

포켓 안단(겉)

❸ 시접을 가르고, 포켓 안단을 안쪽으로 눕혀 포켓 입구를 박는다.

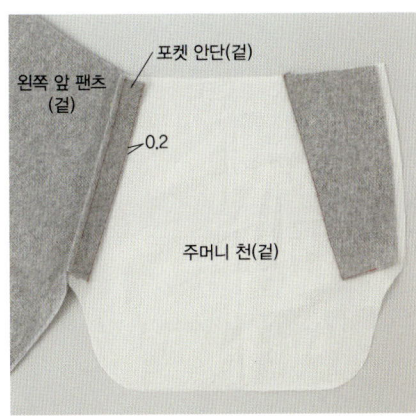
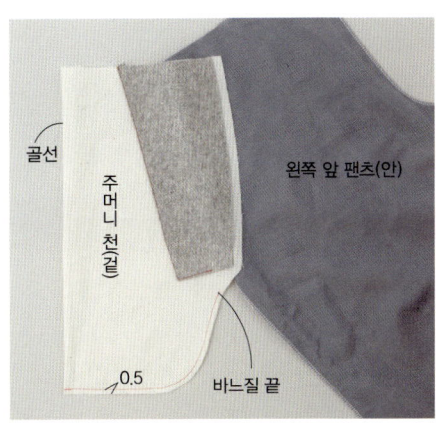

❹ 앞 팬츠를 비켜, 포켓 안단을 옆 포켓 주머니 천에 박는다.

❺ 옆 포켓 주머니 천을 안끼리 맞대어 아래를 바느질 끝까지 박는다. 옆 포켓 주머니 천을 뒤집어 겉끼리 맞대고, 바느질 끝까지 박는다.

5 앞트임을 박는다

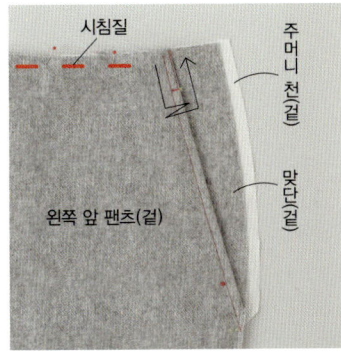
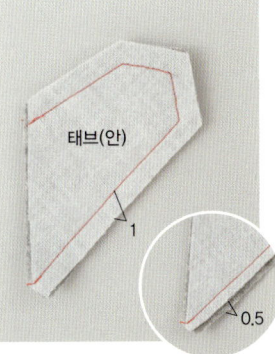
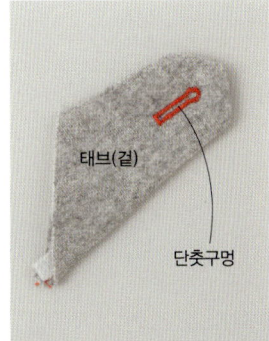
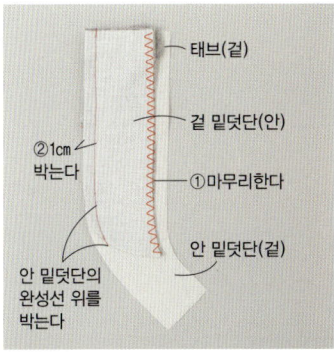

❻ 옆 포켓의 모양을 정돈하고, 허리 쪽 시접을 시침질한다. 포켓 입구 위쪽의 박는 위치에서 되돌아박기를 하며 ㄷ자로 박는다.

❶ 태브를 겉끼리 맞대어 박는다. 시접은 1장만 0.5cm로 자른다.

❷ 겉으로 뒤집어 단춧구멍을 만든다.

❸ 겉 밑덧단은 끝을 마무리해둔다. 겉 밑덧단과 안 밑덧단을 겉끼리 맞대고, 사이에 태브를 끼워서 박는다. 곡선은 안 밑덧단의 완성선 위를 박는다.

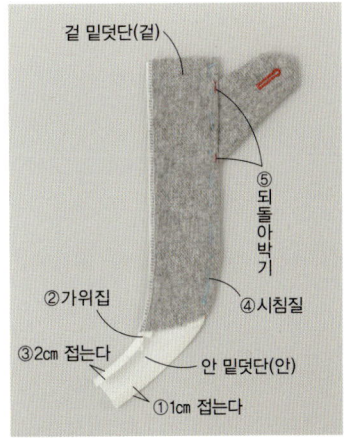
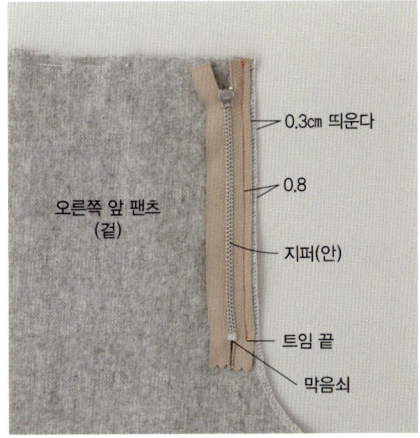
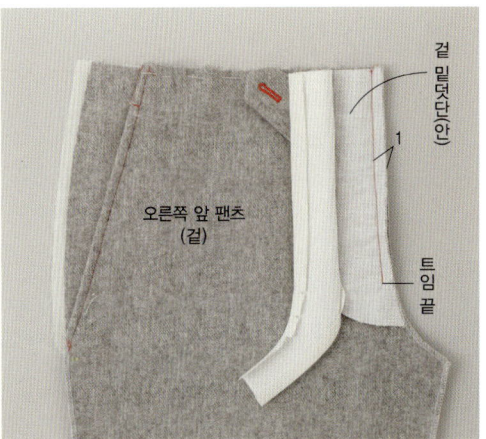

❹ 겉으로 뒤집어, 안 밑덧단 시접을 접는다. 오목한 쪽은 시접에 가위집을 넣어 접는다. 시침질을 해서, 태브 위아래를 되돌아박기로 고정한다.

❺ 오른쪽 앞 팬츠에 지퍼를 겉끼리 맞대고, 끝에서 0.3cm 띄워 트임 끝까지 박는다. 지퍼의 막음쇠는 트임 끝에 맞춘다.

❻ 오른쪽 앞 팬츠에 겉 밑덧단을 겉끼리 맞대고, 트임 끝까지 박는다.

27

6 옆을 박는다

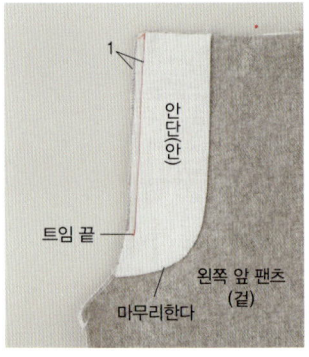

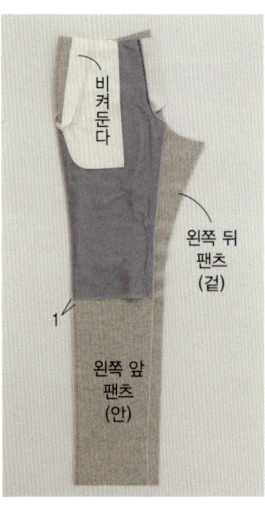

❼ 왼쪽 앞 팬츠와 안단을 걸끼리 맞대어, 트임 끝까지 박는다.

❶ 앞 팬츠와 뒤 팬츠를 걸끼리 맞대어 박는다. 옆 포켓 주머니 천은 박지 않게 비켜 둔다.

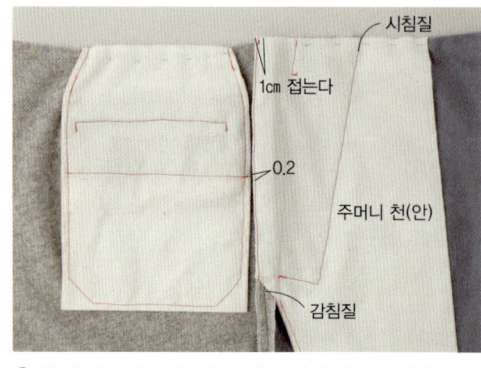

❷ 옆 시접을 가른다. 옆 포켓 주머니 천의 시접을 1cm 접고, 옆 시접 끝에 겹쳐 박는다. 아래 끝은 시접에 감침질한다. 뒤 팬츠는 박지 않도록 주의한다.

7 고리를 만든다

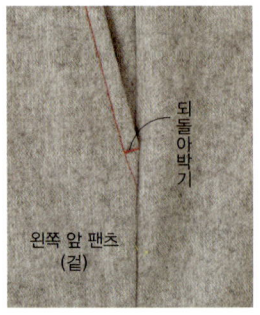

❸ 겉에서 포켓 입구의 아래쪽 박는 위치에 되돌아박기로 보강한다.

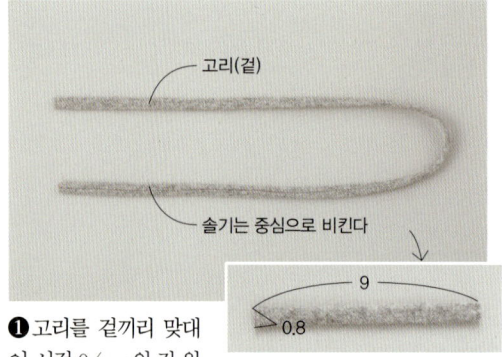

❶ 고리를 걸끼리 맞대어 시접 0.4cm의 긴 원통형으로 박고, 겉으로 뒤집는다. 솔기는 다리미로 가르고 중심으로 비켜놓는다. 9cm로 잘라 고리를 6개 만든다.

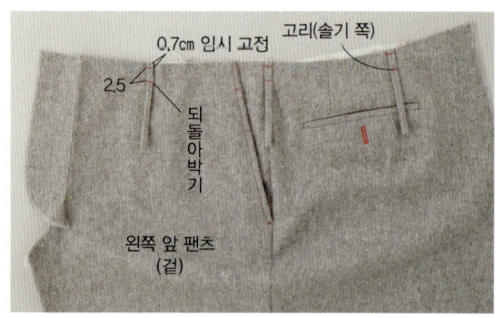

❷ 고리 다는 위치에 고리를 겹쳐 2곳에 박는다. 솔기가 위쪽으로 오도록 겹친다.

8 벨트를 단다

❶ 오른쪽 앞 팬츠와 겉 밑덧단의 시접을 오른쪽 앞 팬츠 쪽으로 눕히고, 시침질한다.

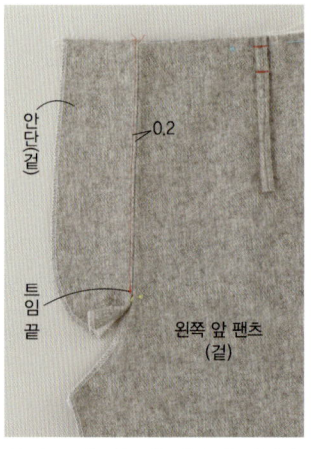

❷ 왼쪽 앞 팬츠와 안단의 시접은 안단 쪽으로 눕히고, 트임 끝까지 박는다.

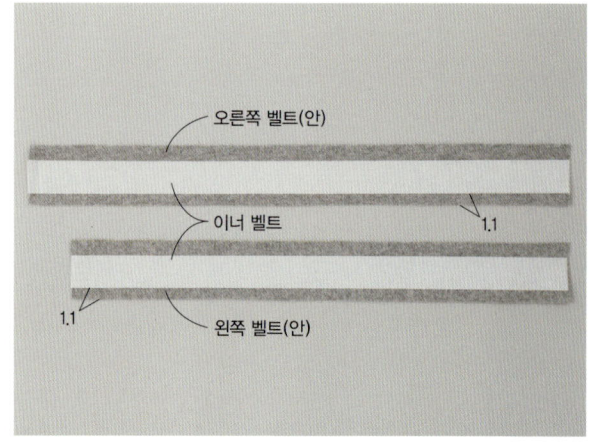

❸ 오른쪽 벨트와 왼쪽 벨트의 안쪽에 이너 벨트를 붙인다.

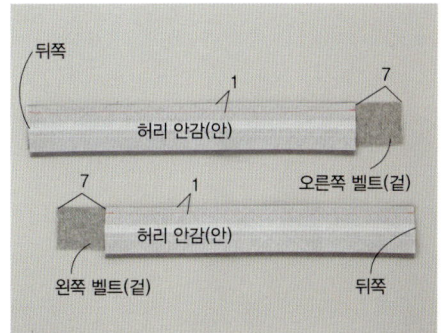

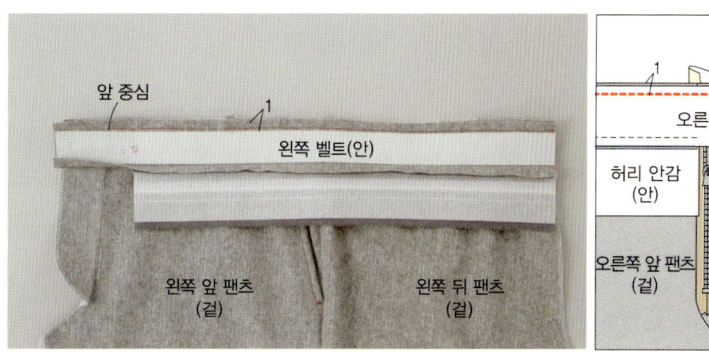

❹벨트와 허리 안감을 겉끼리 맞대어 박는다. 시접은 허리 안감 쪽으로 눕힌다.

❺벨트와 팬츠를 겉끼리 맞대어 박는다. 왼쪽 팬츠는 앞 중심까지 박는다. 오른쪽 팬츠는 안 밑덧단을 비켜, 겉 밑덧단의 끝까지 박는다.

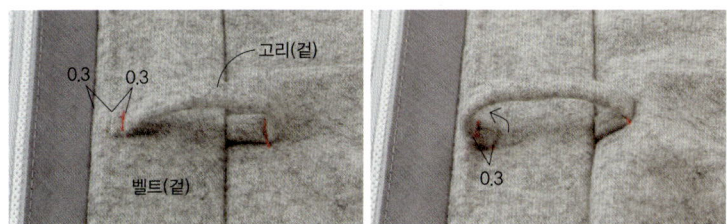

❻벨트를 세운다. 고리를 세워, 벨트에 끝을 박는다. 고리 끝을 감추듯이 안쪽에서 박는다.

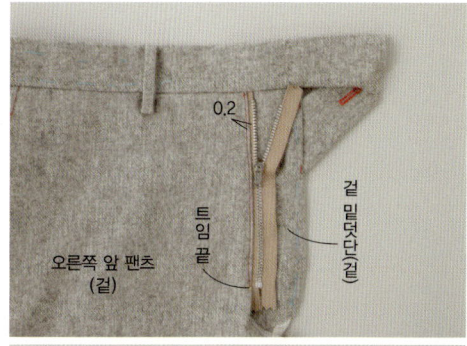

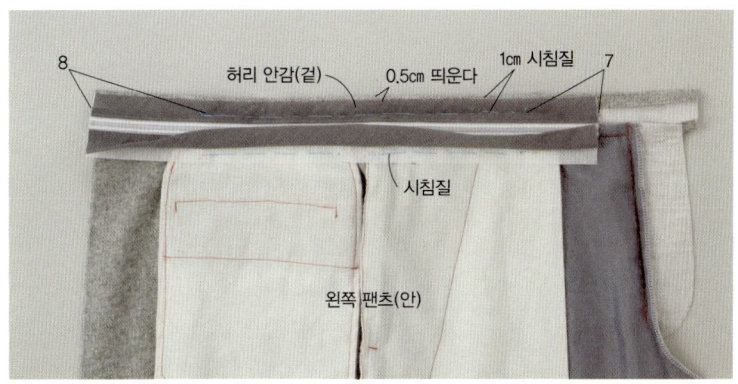

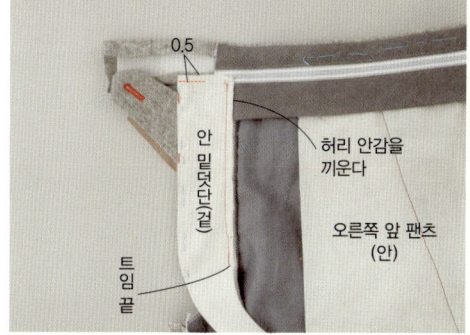

❼허리 안감을 안쪽으로 눕혀, 0.5cm 띄운다. 허리 안감을 시침질한다. 허리 안감의 아래 끝을 젖히고, 안쪽 심지와 포켓을 성기게 시침질한다.

❽오른쪽 앞 팬츠의 밑덧단 사이에 허리 안감을 끼우고, 겉에서 트임 끝까지 박는다. 안 밑덧단을 벨트의 시접에 박아서 고정한다.

9 밑아래를 박는다

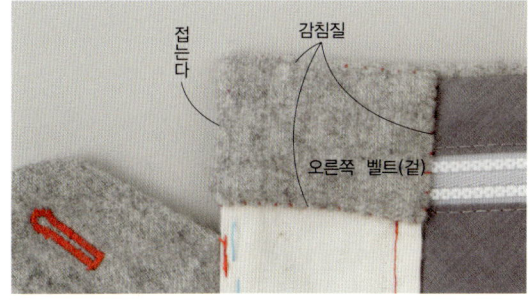

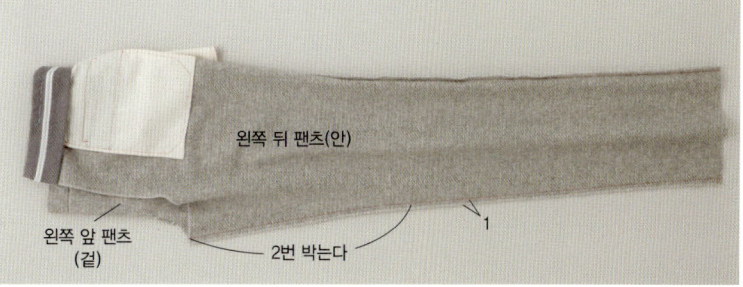

❾벨트를 안쪽으로 되접고, 시접을 안으로 넣어 감침질한다.

앞 팬츠와 뒤 팬츠를 겉끼리 맞대어 밑아래를 박는다. 무릎의 맞춤 표시에서 위쪽은 2번 박는다. 시접은 가른다.

10 밑위를 박는다

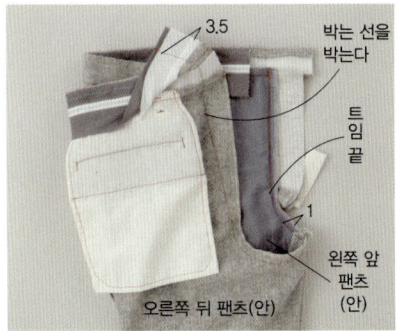

3.5
박는 선을
박는다
트임
끝
1
왼쪽 앞
팬츠
(안)
오른쪽 뒤 팬츠(안)

왼쪽 팬츠를 겉으로 뒤집어, 오른쪽 팬츠의 안쪽으로 넣어 겉끼리 맞댄다. 허리 안감 끝에서 트임 끝까지 2번 박는다. 시접은 가른다. 이 박는 선 위치를 조정해서 허리 치수를 바꿀 수 있다.

11 앞트임을 완성한다

0.5cm 오른쪽 앞 팬츠에 겹친다
지퍼를
닫는다
지퍼 테이프를
들어 올린다
왼쪽 앞 팬츠(겉)
오른쪽 앞 팬츠(겉)
0.5

❶ 지퍼를 닫아 모양을 정돈하고, 오른쪽 앞 팬츠에 왼쪽 앞 팬츠를 0.5cm 겹친다. 지퍼 테이프를 들어 올려 시침핀으로 고정한다.

시침질
안단(겉)
지퍼
(안)

❷ 지퍼 테이프를 안단에 시침질로 고정한다. 이때 앞 팬츠를 시침질하지 않도록 주의.

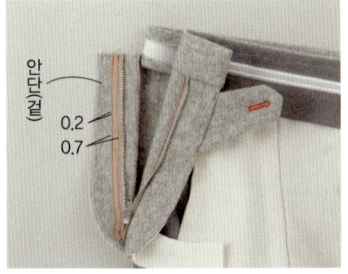

안단
(겉)
0.2
0.7

❸ 안단에 지퍼를 박는다.

박는다
밑덧단은
비켜둔다
박는다
왼쪽 뒤 팬츠
(안)

❹ 다시 지퍼를 닫아 밑덧단을 비키고, 겉에서 안단을 박는다. 벨트를 젖혀, 안단과 박는다.

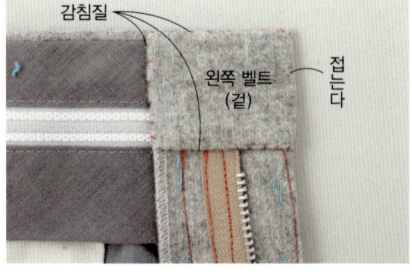

감침질
왼쪽 벨트
(겉)
접는다

❺ 벨트를 안쪽으로 접고, 시접을 안으로 넣어 감침질한다.

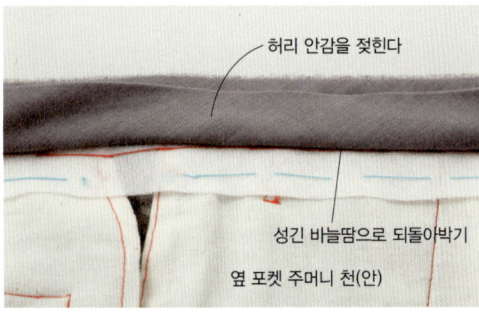

허리 안감을 젖힌다
성긴 바늘땀으로 되돌아박기
옆 포켓 주머니 천(안)

❻ 허리 안감을 젖히고, 허리 안감 심지와 포켓을 성긴 바늘땀으로 되돌아박기 한다.

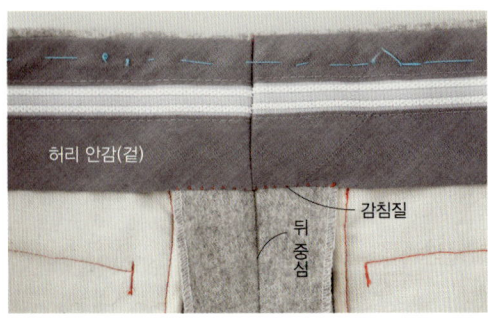

허리 안감(겉)
감침질
뒤
중심

❼ 허리 안감의 아래 끝을 뒤 중심 시접에 감침질한다.

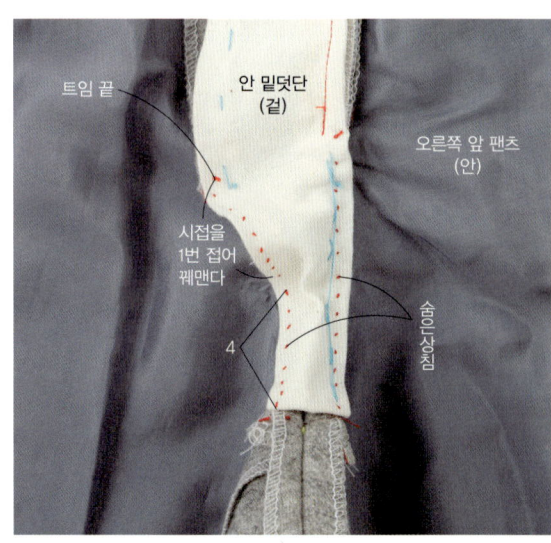

트임 끝
안 밑덧단
(겉)
오른쪽 앞 팬츠
(안)
시접을
1번 접어
꿰맨다
4
숨은상침

❽ 안 밑덧단의 오른쪽은 시접을 접고 끝을 맞추어 숨은상침으로 고정한다. 왼쪽의 4cm는 오른쪽과 같은 방법으로 시접 끝을 맞추어 숨은상침으로 고정한다. 곡선에서 트임 끝까지는 시접을 접어서 꿰맨다.

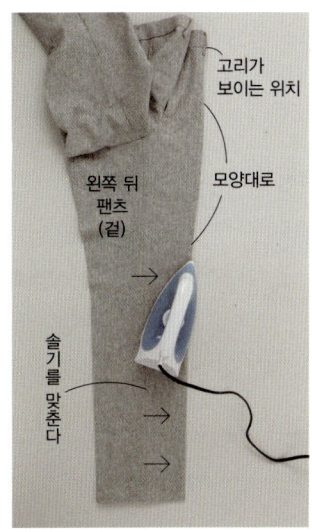

오른쪽 앞 팬츠
(겉)

되돌아박기

1 4

1

안단을
겹쳐
박는다

0.7

❾ 겉에서 트임 끝에 안 밑덧단까지 되돌아박기를 한다(빗장박기). 트임 끝에서 4cm 정도의 위치에 겉에서 보이지 않게 겉·안 밑덧단과 안단을 겹쳐서 박아 고정한다.

12 신바대를 단다

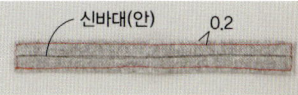

신바대(안)   0.2

신바대의 시접을 접어, 주위를 박는다. 팬츠를 입어서 원하는 길이로 밑단을 조정하고, 시접을 마무리해 감침질한다. 신바대를 뒤 밑단에서 0.2cm 나오게 박는다.

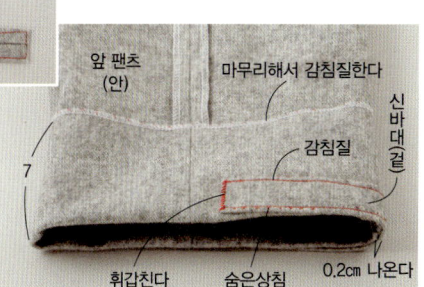

앞 팬츠
(안)

마무리해서 감침질한다

7

감침질

신바대(겉)

휘갑친다   숨은상침   0.2cm 나온다

13 다림질해서 마무리

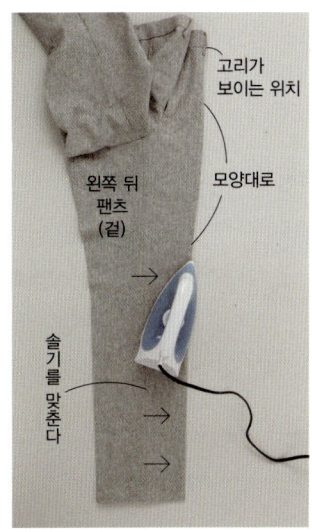

고리가 보이는 위치

왼쪽 뒤 팬츠
(겉)

모양대로

솔기를 맞춘다

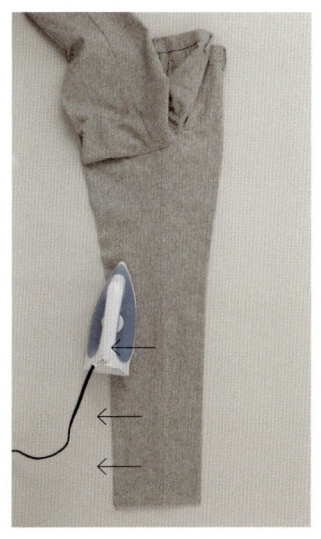

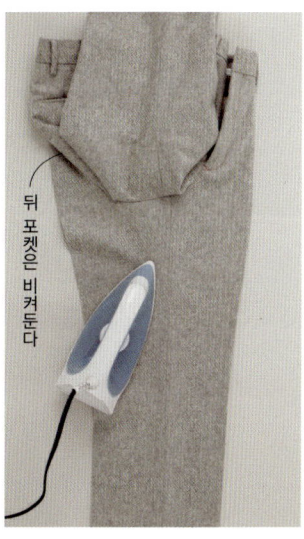

뒤 포켓은 비켜둔다

❶ 밑아래와 옆 솔기를 밑단에서 맞추고 고리가 보이는 위치에서 모양을 정돈한다. 솔기에서 앞 팬츠 쪽으로 다림질한다. 무릎 위는 모양대로 다림질한다. ❶~❹는 헝겊을 대고 다림질한다.

❷ 솔기가 어긋나지 않도록 주의하면서, 뒤쪽은 모양대로 다림질한다.

❸ 뒤 포켓 주머니 천을 다림질하면 겉으로 자국이 생기니 비켜서 다림질한다.

❹ 왼쪽 팬츠를 다림질한 모습. 같은 방법으로 오른쪽 팬츠도 다림질한다. 프레스 볼을 이용해 뒤 포켓 입구나 뒤 중심도 확실히 다림질해야 깔끔하게 완성된다.

14 앞 갈고리단추와 단추를 단다

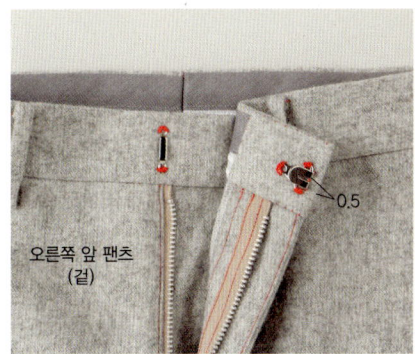

오른쪽 앞 팬츠
(겉)

0.5

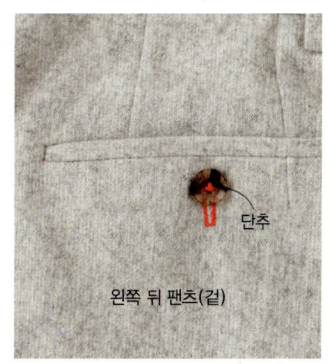

단추

단추

왼쪽 뒤 팬츠(겉)

완성

❶ 왼쪽 벨트 끝에서 0.5cm 안쪽으로 갈고리단추의 거는 쪽을 단다. 오른쪽 벨트에 단추 걸이를 단다. 지퍼를 닫았을 때 갈고리의 산이 닿는 위치에 단다. 왼쪽 팬츠의 안쪽에 단추를 단다. 지퍼와 앞 갈고리단추를 채우고, 단추 위치를 결정한다.

❷ 왼쪽 뒤 팬츠의 포켓 입구에 단추를 단다.

L. 울 재킷

테일러드 재킷으로, 트위드 소재의 왕이라고도 불리는
영국의 전통 원단 '해리스 트위드'로 만들었다. 트래디셔
널한 헤링본 무늬라 유행에 상관없이 오래 입을 수 있다.
기성 브랜드의 테일러드 재킷은 200개 공정을 거쳐서
완성하지만 이번에는 가정에서도 만들 수 있게 최대한
과정을 줄였다. 좌우 안단에 속주머니를 달았다. 안감은
등까지만 넣었다. 안감을 이용한 바이어스테이프로 시
접을 마무리하고, 소매에는 전체에 안감을 넣었다.

How to make P.86

M. 데님 재킷

홑겹의 캐주얼 재킷. 비교적 간단하게 만들 수 있는 한 벌이다. 홑겹으로 되어 있어 센터 벤트 만드는 법이 울 재킷과 다르다. 뒤 중심은 좌우로 재단 위치가 다르니 주의하자. 시원한 리넨 데님을 사용했으며, 완성 후 워싱 가공을 해 주름감을 살렸다.

How to make P.87

N. 니트 재킷

니트 소재의 부드러운 감촉을 살려, 소프트한 착용감이 매력이다. 원단의 질감을 최대한 살리기 위해 겉에 스티치를 넣지 않고 완성했다. 포켓도 안감쪽에서 박고 겉감은 손으로 감침질했다. 몸판 안쪽에 달아놓은 보강 단추가 천이 상하거나 실이 느슨해지는 것을 막아준다.

How to make P.88

O. 더플 코트

두꺼운 울 멜턴을 사용해서 홑겹으로 완성했다. 안에 두꺼운 옷을 입어도
둔하지 않게 사이즈를 살짝 여유 있게 잡았다. 후드는 뒷모습이 예쁘게 살
도록 재단에 특히 신경을 썼다. 앞뒤 2장의 파트만으로 완성. 오피스 웨어로
도 캐주얼 웨어로도 모두 멋스럽다.

How to make P.89

P. MA-1 블루종

파일럿 복장으로 유명한 플라이트 재킷(항공 점퍼)이다. 겉감과 안감 사이에 솜을 넣고 칼라, 밑단, 소맷부리는 리브 니트를 달아 보온성을 높였다. 일반적으로 스티치를 넣을 때 늘이듯이 박아 퍼커링(솔기 부분의 구김)이 생기지 않게 하는데, MA-1은 일부러 퍼커링을 만들어 '그럴듯한' 분위기를 낸다. 패턴도 이 줄이는 분량을 계산해 만들었으니 박을 때 꼭 기억하자.

How to make P.92

Q.
스텐 칼라 코트

경쾌한 비즈니스 룩에 어울리는 무릎 위 길이의 스텐 칼라 코트. 산뜻하게 보이도록 몸에 적당히 붙는 스마트한 라인으로 완성했다. 왼쪽 몸판의 첫 단춧구멍은 칼라를 젖혔을 때 예쁘게 보이도록 안단 쪽에서 박는 것이 포인트. 안 칼라에 바람막이용 큼지막한 태브를 고정하는 단추를 달았다.

How to make P.96

실물 대형 옷본　3면【L】

1 앞 몸판, 2 뒤 몸판, 3 안단, 4 바깥소매, 5 안소매, 6 겉 칼라, 7 칼라 허리, 8 안 칼라, 9 겉 허리 포켓, 10 안 허리 포켓, 11 안 포켓 파이핑 천, 12 안 포켓 주머니 천, 13 뒷길 안감, 14 안 바깥소매, 15 안 안소매, 16 안 벤트, 17 플랩, 18 안 포켓 맞단, 19 가슴 포켓 입술감, 20 가슴 포켓 맞단, 21 가슴 포켓 주머니 천

※ 재료, 재단 배치도, 완성 사이즈는 P.86 참조.
※ 여기서는 이해하기 쉽게, 눈에 띄는 색상의 실을 사용한다.

1 뒤 몸판의 모양 잡기

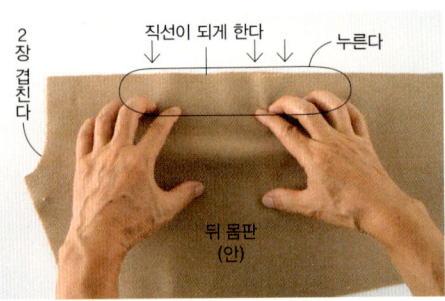

❶ 뒤 몸판을 겉끼리 맞대어 2장 겹친다. 뒤 중심의 둥근 부분을 직선이 되도록 모양을 정돈하고, 다리미로 누른다. 처음엔 스팀을 살짝 분사한 다음, 다리미로 누른다.

❷ 어깨를 0.5cm 내려, 다리미로 누른다. 이렇게 하면 어깨 부분에 입체감을 더한다.

2 뒤 몸판의 벤트를 박는나

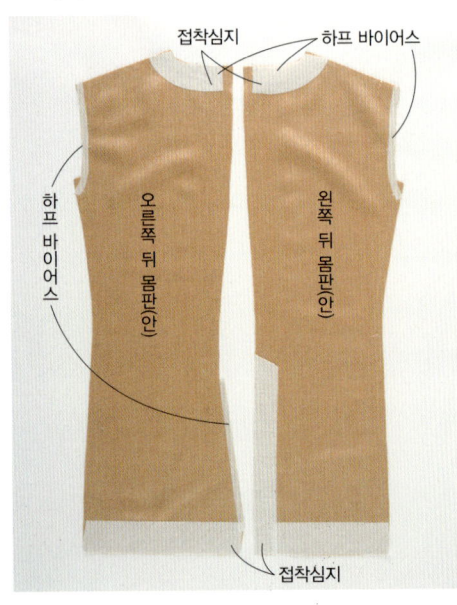

❶ 뒤 몸판에 접착심지와 하프 바이어스테이프를 붙인다.

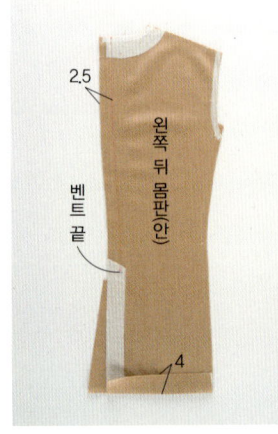

❷ 밑단은 완성선에서 접어둔다. 뒤 몸판을 겉끼리 맞대어, 목둘레에서 벤트 끝까지 박는다.

❸ 벤트 끝까지 시접을 가른다. 오른쪽 뒤 몸판은 가위집을 넣고, 시접은 파이핑으로 마무리한다. 왼쪽 뒤 몸판의 시접은 끝을 남기고 목둘레에서 밑단까지 파이핑으로 마무리해, 안쪽으로 들어가는 분량을 자른다.

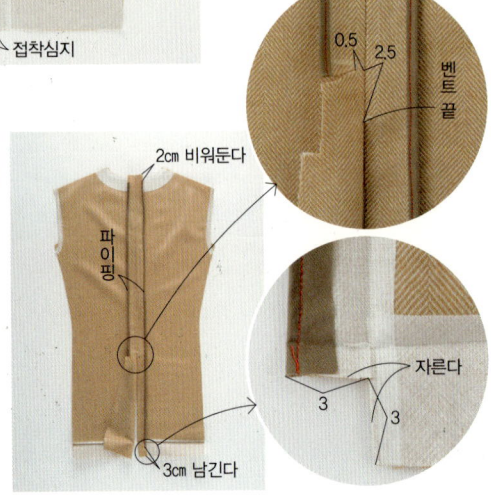

❹ 안 벤트의 위 끝 시접을 접는다. 오른쪽 뒤 몸판의 시접에 안 벤트를 겹치고, 몸판의 시접 높낮이 차이 부분부터 안 벤트의 밑단까지 박는다. 시접은 안 벤트 쪽으로 접는다.

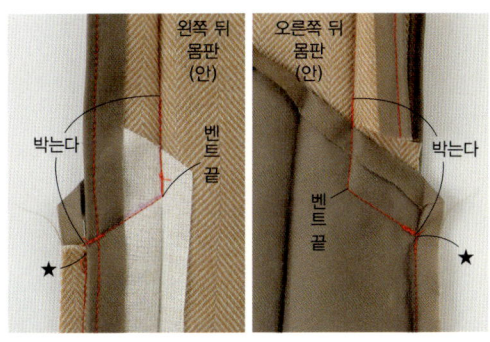

왼쪽 뒤 몸판 (안)　오른쪽 뒤 몸판 (안)

박는다　벤트 끝

박는다

벤트 끝

★　박는다

★

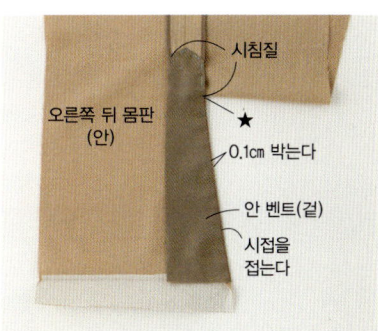

시침질

오른쪽 뒤 몸판 (안)

★

0.1cm 박는다

안 벤트(겉)

시접을 접는다

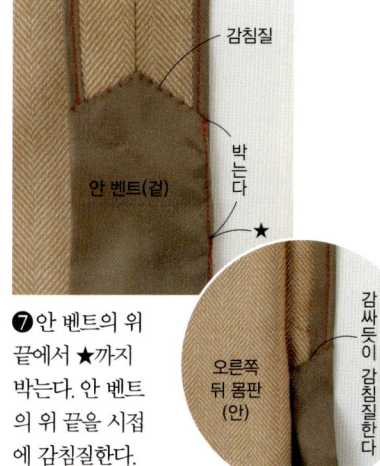

감침질

박는다

안 벤트(겉)

★

오른쪽 뒤 몸판 (안)

가위집을 넣은 시접을 감싸듯이 감침질한다

❺ 좌우 뒤 몸판의 시접을 펴고, 안 벤트의 위 끝에서 벤트 끝, 그리고 몸판의 시접 높낮이 차이까지 3장을 함께 박는다.

❻ 뒤 중심 시접을 ❸의 가위집까지 가르고, 가위집에서 밑단은 왼쪽 몸판 쪽으로 눕힌다. 오른쪽 뒤 몸판 시접을 안 벤트의 안쪽으로 접고, 안 벤트의 위 끝에서 ★까지 시침질한다. 안 벤트의 밑단에서 ★까지 박는다.

❼ 안 벤트의 위 끝에서 ★까지 박는다. 안 벤트의 위 끝을 시접에 감침질한다.

3 앞 몸판의 다트를 박는다

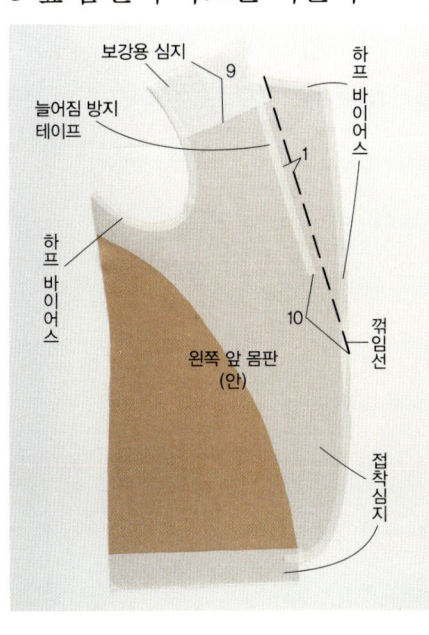

보강용 심지　하프 바이어스

늘어짐 방지 테이프

9

1

하프 바이어스

10

꺾임선

왼쪽 앞 몸판 (안)

접착 심지

❶ 앞 몸판에 접착심지를 붙이고, 어깨 부분은 접착심지를 겹쳐서 붙여 보강한다. 라펠에서 앞 끝까지와 진동 둘레의 시접에 하프 바이어스테이프를 붙인다. 꺾임선의 1cm 안쪽에 늘어짐 방지 테이프를 붙인다. 꺾임선의 테이프는 당기듯이 붙인다.

❷ 꺾임선의 늘어짐 방지 테이프 중심을 숨은상침한다. 숨은상침은 몸판의 올을 1가닥 떠서 고정한다.

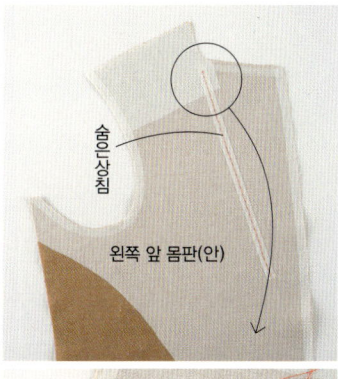

숨은상침

왼쪽 앞 몸판(안)

늘어짐 방지 테이프

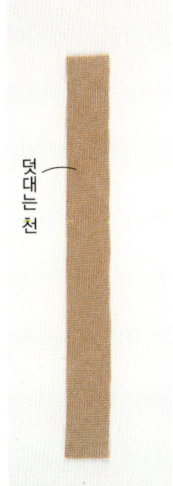

덧대는 천

❸ 앞 중심 쪽 다트는 좁아서 시접을 눕히기 어렵기 때문에 몸판과 같은 천으로 덧대는 천을 준비한다.

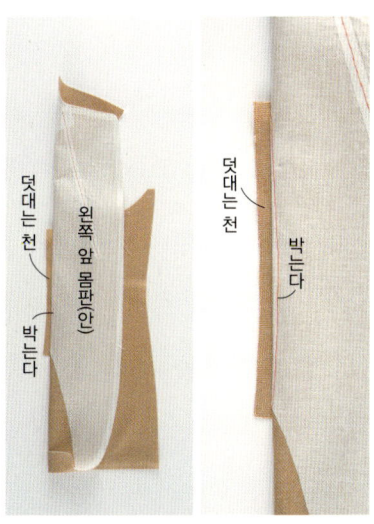

덧대는 천

왼쪽 앞 몸판(안)

박는다

덧대는 천

박는다

❹ 다트 밑에 덧대는 천을 대고, 다트와 함께 박는다.

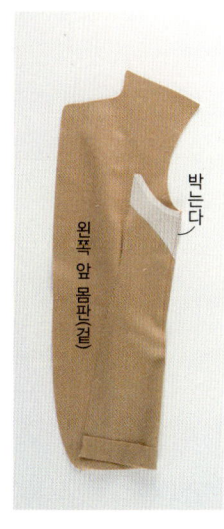

왼쪽 앞 몸판(겉)

박는다

❺ 옆쪽 다트는 덧대는 천을 대지 않고 박는다.

43

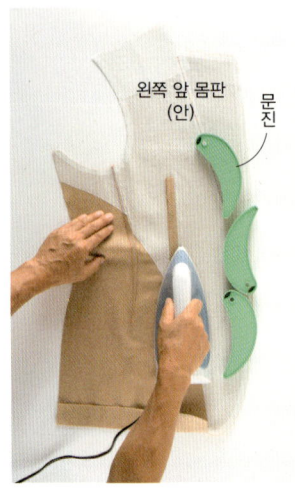
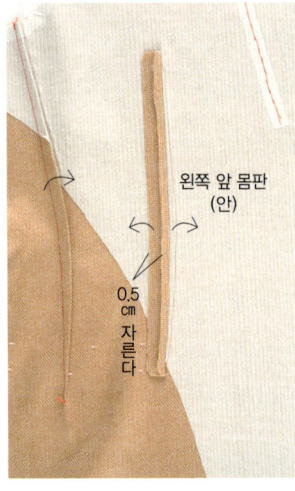

❻중심 쪽 다트는 앞 끝 쪽이 늘어나지 않게 문진을 놓고, 다트를 앞 중심 쪽, 덧대는 천을 옆쪽으로 눕힌다. 덧대는 천 1장을 0.5cm 자른다. 옆쪽 다트는 문진을 치우고, 앞 중심 쪽으로 눕힌다.

왼쪽 앞 몸판 (안)

문진

왼쪽 앞 몸판 (안)

0.5 cm 자른다

4 앞 몸판에 허리 포켓을 만든다

②1cm 박는다

안 허리 포켓(안)

①완성선에서 접는다

겉 허리 포켓(겉)

❶겉·안 허리 포켓을 각각 완성선에서 접은 자국을 내둔다. 시접을 펴고, 겉·안 허리 포켓을 겉끼리 맞대어 윗변을 박는다. 시접은 안 허리 포켓 쪽으로 눕힌다.

2 0.7 박는다

안 허리 포켓 (겉)

❷겉 허리 포켓을 포켓 입구에서 접고, 모양을 정돈해 포켓 입구를 박는다.

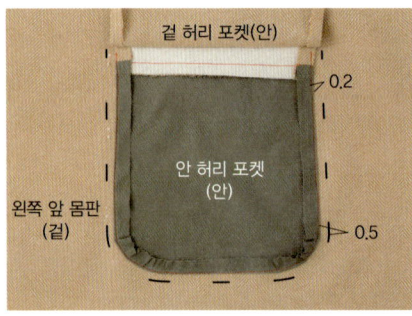

겉 허리 포켓(안)

0.2

안 허리 포켓 (안)

왼쪽 앞 몸판 (겉)

0.5

❸안 허리 포켓을 포켓 다는 위치의 0.5cm 안쪽에 박는다.

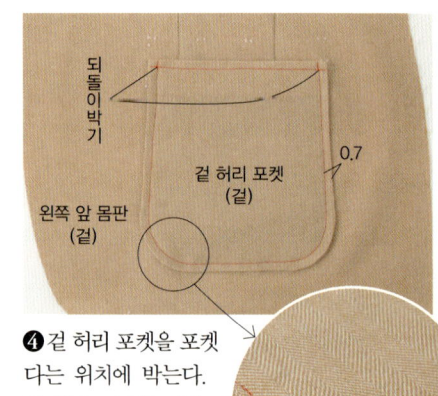

되돌이 박기

겉 허리 포켓 (겉)

0.7

왼쪽 앞 몸판 (겉)

조금 안쪽을 감침질

❹겉 허리 포켓을 포켓 다는 위치에 박는다. 겉 허리 포켓의 가장자리를 감침질한다.

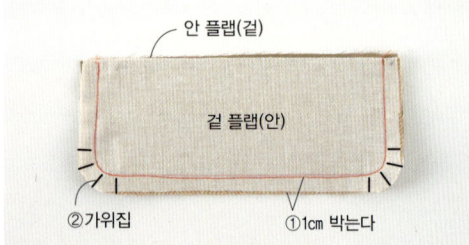

안 플랩(겉)

겉 플랩(안)

②가위집

①1cm 박는다

❺겉·안 플랩을 겉끼리 맞대어 박는다. 곡선의 시접은 가위집을 넣는다.

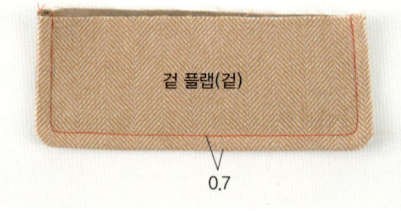

겉 플랩(겉)

0.7

❻겉으로 뒤집어 주위를 박는다.

2cm 시침질

안 플랩(겉)

❼완성했을 때 플랩이 젖혀지지 않게 안쪽으로 둥글리며 시침질한다.

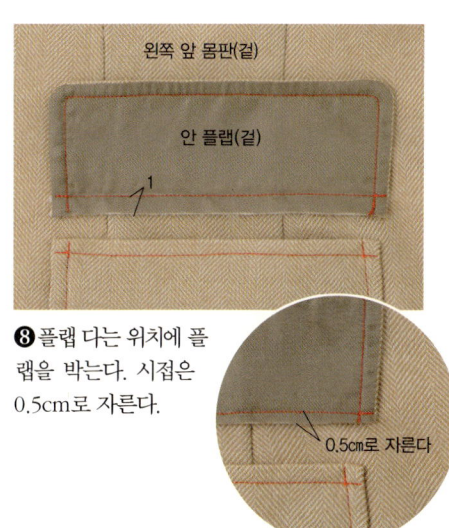

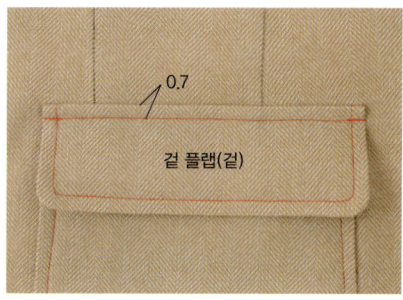

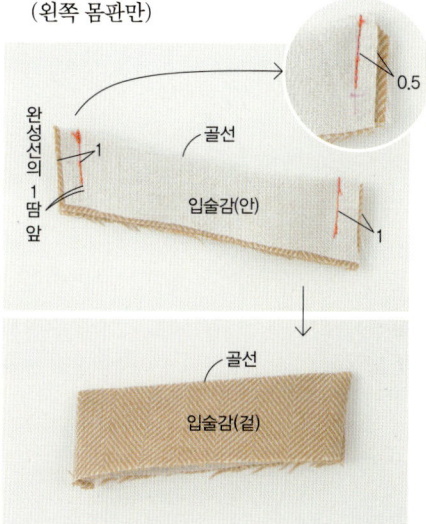

5 가슴 포켓을 만든다
(왼쪽 몸판만)

❽ 플랩 다는 위치에 플랩을 박는다. 시접은 0.5cm로 자른다.

0.5cm로 자른다

❾ 플랩을 되접어 박는다.

❶ 가슴 포켓 입술감을 겉끼리 맞닿게 접고, 양 끝을 완성선의 1땀 앞까지 박는다. 시접을 0.5cm로 자르고, 모서리는 비스듬히 자른다. 겉으로 뒤집어 모양을 정돈한다.

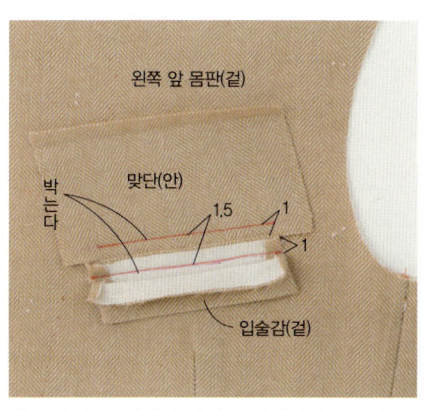

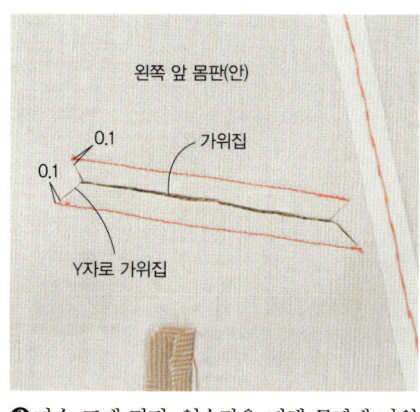

❷ 포켓 다는 위치의 아래쪽 완성선에 맞추어 가슴 포켓 입술감을 박는다. 가슴 포켓 맞단을 맞단 다는 위치에 박는다.

❸ 가슴 포켓 맞단, 입술감을 피해 몸판에 가위집을 넣는다. 양 끝은 Y자로 가위집을 넣는다.

❹ 몸판과 가슴 포켓 입술감의 시접을 가른다.

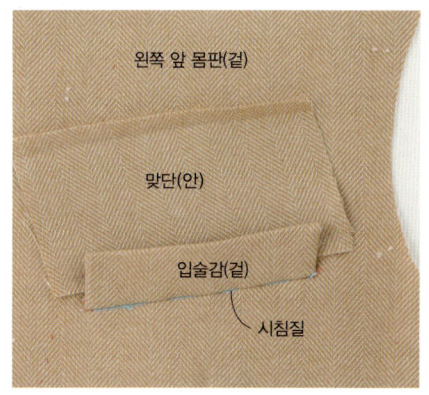

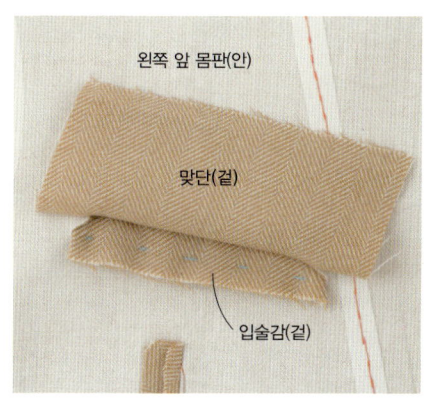

❺ 가슴 포켓 입술감을 세우고, 시접을 몸판의 안쪽으로 빼내어 솔기 사이를 시침질한다.

❻ 가슴 포켓 맞단을 몸판 안쪽으로 빼낸다.

❼ 가슴 포켓 주머니 천 A를 입술감 시접과 몸판 가위집 시접에 겹쳐 시침질한다.

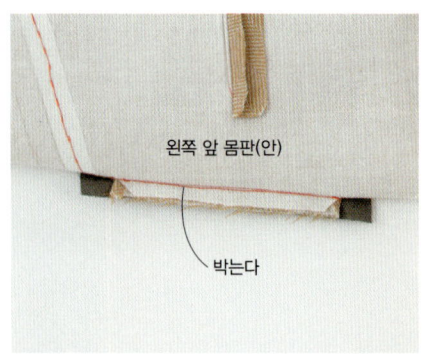

❽몸판의 가위집 쪽에서 가위집 시접, 가슴 포켓 입술감 시접, 주머니 천 A를 ❷의 솔기에 겹쳐 박는다.

❾가슴 포켓 주머니 천 A, 맞단을 아래쪽으로 눕힌다.

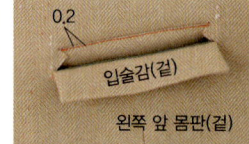

❿가슴 포켓 주머니 천 B를 겹치고, 겉에서 가위집의 안쪽을 박는다.

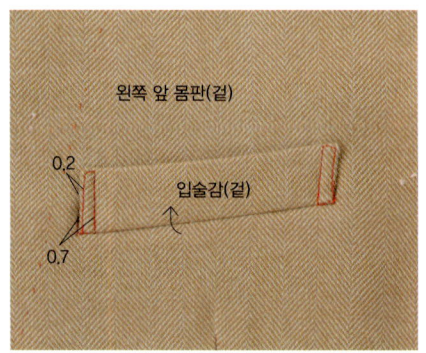

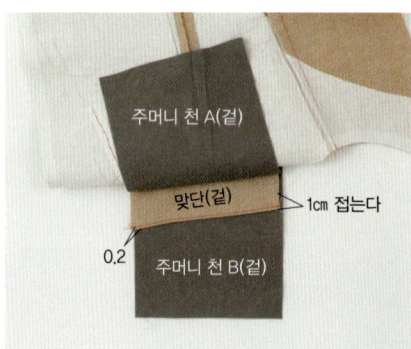

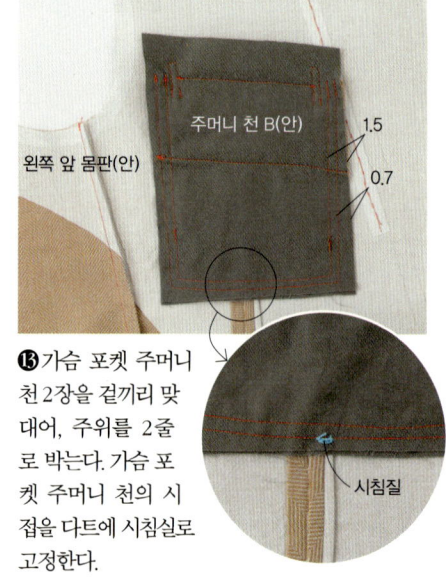

⓫가슴 포켓 입술감을 세우고, 양옆을 ㄷ자로 박는다.

⓬가슴 포켓 맞단의 아래 끝 시접을 접고, 주머니 천 B에 겹쳐 박는다.

⓭가슴 포켓 주머니 천 2장을 겉끼리 맞대어, 주위를 2줄로 박는다. 가슴 포켓 주머니 천의 시접을 다트에 시침실로 고정한다.

6 안단에
안 포켓을 만든다

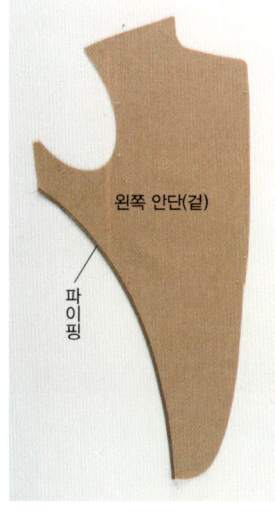

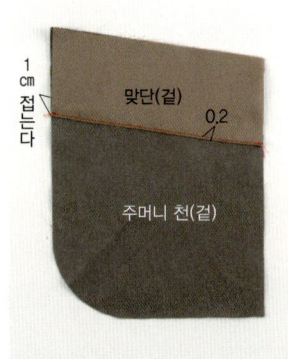

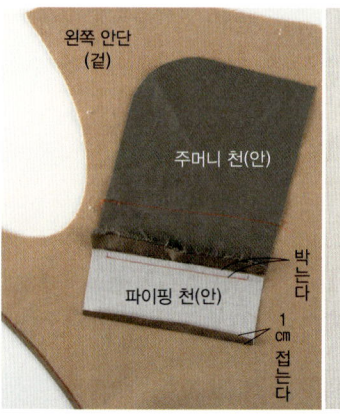

❶안단의 끝을 파이핑으로 마무리한다.(P.65 참조)

❷안 포켓 맞단의 아래 끝 시접을 접고, 안 포켓 주머니 천에 겹쳐 박는다.

❸안단 밑에 다른 1장의 안 포켓 주머니 천을 겹치고, 포켓 입구 아래쪽의 완성선에 안 포켓 파이핑 천, 위쪽에 ❷의 주머니 천을 맞추어 박는다. 파이핑 천의 아래 끝 시접은 접은 자국을 내둔다.

❹안 포켓 파이핑 천과 주머니 천의 시접을 비켜, 안단과 안단 밑의 주머니 천 포켓 입구에 가위집을 넣는다. 양 끝은 Y자로 가위집을 넣는다.

(안)

Y자로 가위집

주머니 천 (겉)

주머니 천(안)

파이핑 천(안) 가위집

❺❷의 주머니 천과 파이핑 천을 안쪽으로 빼낸다. 파이핑 천은 포켓 입구의 위쪽에 맞추어 접고, 모양을 정돈한다.

왼쪽 안단(안)

주머니 천(안)

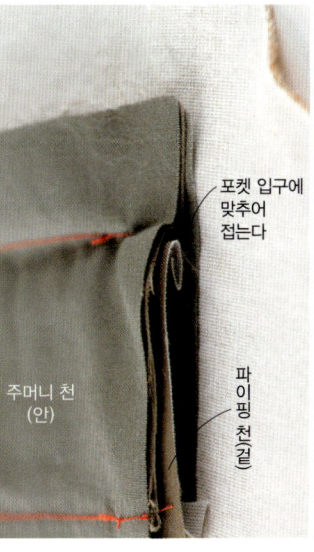

포켓 입구에 맞추어 접는다

주머니 천 (안)

파이핑 천(겉)

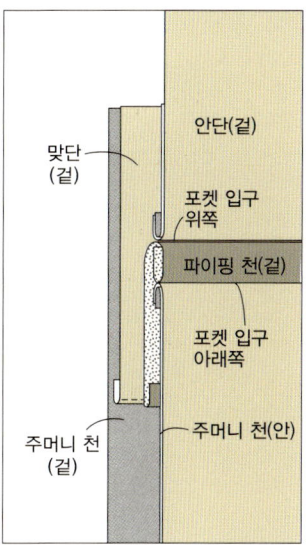

맞단 (겉)

안단(겉)

포켓 입구 위쪽

파이핑 천(겉)

포켓 입구 아래쪽

주머니 천 (겉)

주머니 천(안)

파이핑 천(안)

박는다

주머니 천(겉)

❻5-❽처럼 파이핑 천과 안단의 가위집, 주머니 천 시접을 박는다.

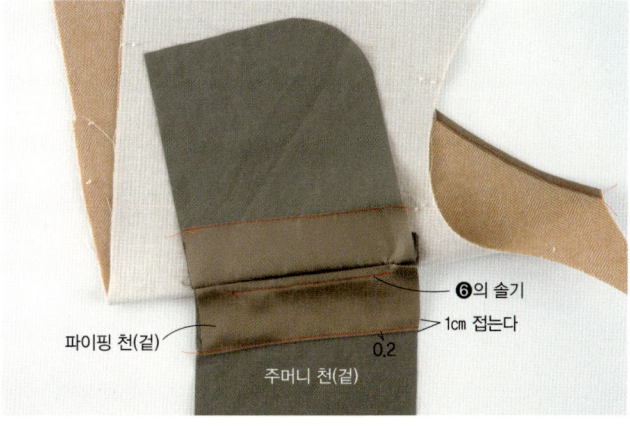

❻의 솔기

1㎝ 접는다

파이핑 천(겉)

0.2

주머니 천(겉)

❼안 포켓 파이핑 천의 아래 끝 시접을 접고, 주머니 천에 겹쳐 박는다.

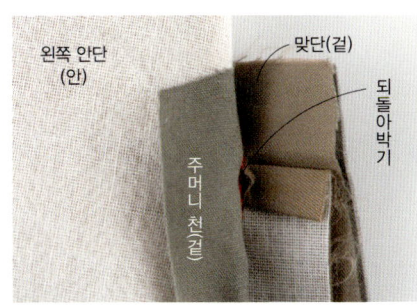

왼쪽 안단 (안)

맞단(겉)

되돌아박기

주머니 천(겉)

❽가위집의 양 끝 삼각 부분을 되돌아박기로 박는다.

왼쪽 안단(안)

마무리한다

주머니 천(안)

1

❾주머니 천을 겉끼리 맞대어 주위를 박고, 시접을 마무리한다.

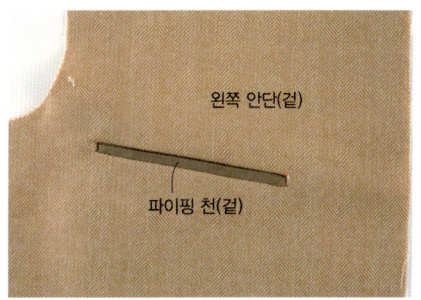

왼쪽 안단(겉)

파이핑 천(겉)

❿안 포켓이 완성되었다. 오른쪽 안단에도 같은 방법으로 안 포켓을 만든다.

7 앞 몸판에 안단을 단다

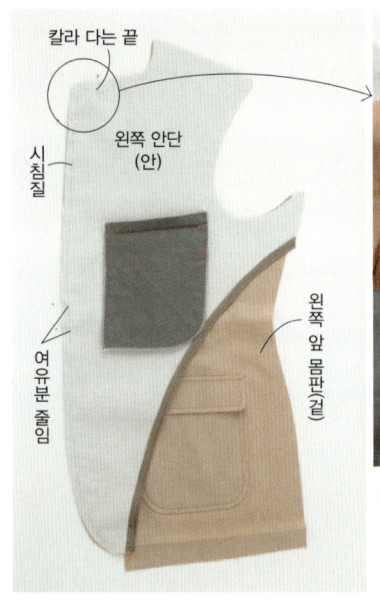

칼라 다는 끝
왼쪽 안단
(안)
시침질
여유분 줄임
왼쪽 앞 몸판(겉)

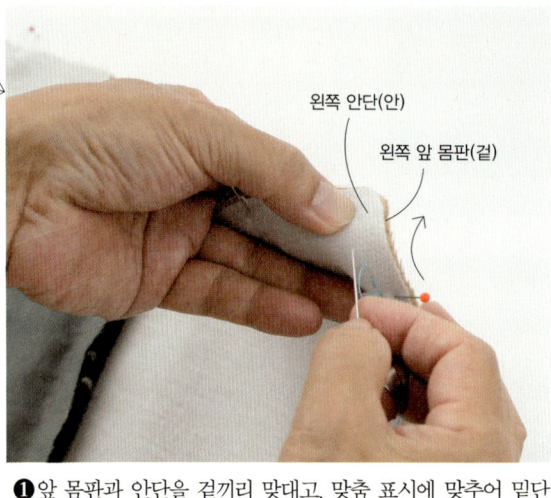

왼쪽 안단(안)
왼쪽 앞 몸판(겉)

❶ 앞 몸판과 안단을 겉끼리 맞대고, 맞춤 표시에 맞추어 밑단에서 칼라 다는 끝까지 시침질한다. 라펠 끝은 몸판 쪽으로 손가락을 대고 둥글리며 시침질한다. 꺾임 끝은 시접 높낮이 차이가 있으므로 여유분을 줄이며 한다.

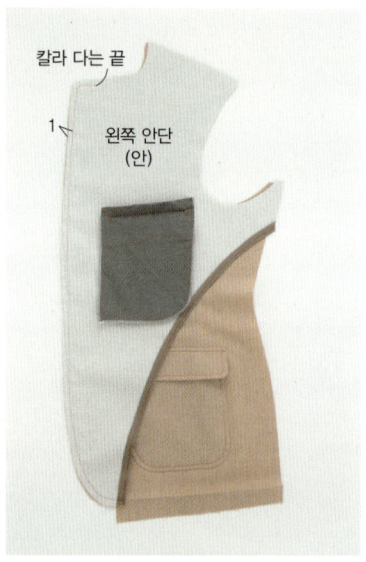

칼라 다는 끝
왼쪽 안단
(안)
1

❷ 완성선에서 박는다.

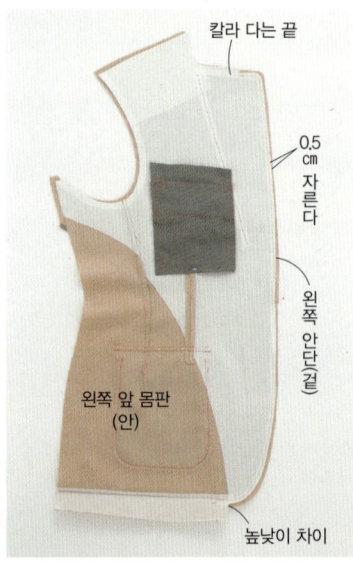

칼라 다는 끝
0.5
cm
자른다
왼쪽 앞 몸판
(안)
왼쪽 안단(겉)
높낮이 차이

❸ 앞 몸판 시접을 칼라 다는 끝에서, 밑단의 높낮이 차이까지 자르고, 시접은 겉으로 뒤집기 쉽게 가른다.

왼쪽 앞 몸판
(겉)
왼쪽 앞 몸판(겉)
잡아당긴다
← 목둘레 쪽
꺾임 끝
밑단 쪽 →

❹ 겉으로 뒤집는다. 꺾임 끝에서 밑단 쪽은 안단을 잡아당기고, 꺾임 끝에서 목둘레 쪽은 몸판을 잡아당긴다.

왼쪽 앞 몸판
(겉)
3
3
왼쪽 안단(겉)

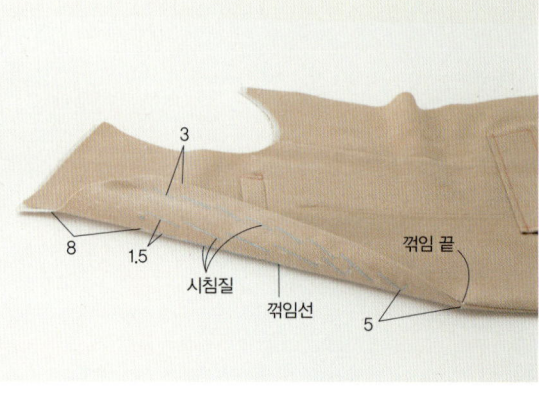

3
8
1.5
시침질
꺾임선
꺾임 끝
5

❺ 라펠을 꺾임선에서 접고, 끝에서 3cm인 곳을 어슷시침한다. 꺾임선과 꺾임선에서 라펠 쪽으로 1.5cm인 곳에도 시침질한다.

8 어깨를 박는다

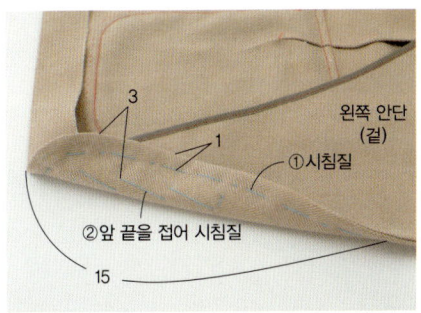
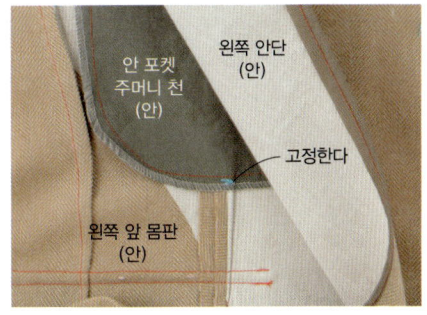
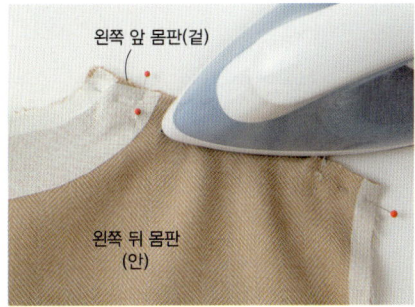

❻밑단을 완성선에서 접고 평평히 놓은 상태로 앞 끝을 시침질한다. 앞 끝이 젖혀지지 않게 안쪽으로 접은 상태로 끝에서 3cm 안쪽을 어슷시침한다.

❼안 포켓 시접을 몸판 다트에 시침실로 고정한다.

❶앞 몸판과 뒤 몸판을 겉끼리 맞대어, 양 끝과 맞춤 표시에 시침핀을 꽂는다. 뒤 몸판의 완성선에서 다리미로 여유분 줄임 분량을 누른다.

9 어깨 패드를 단다

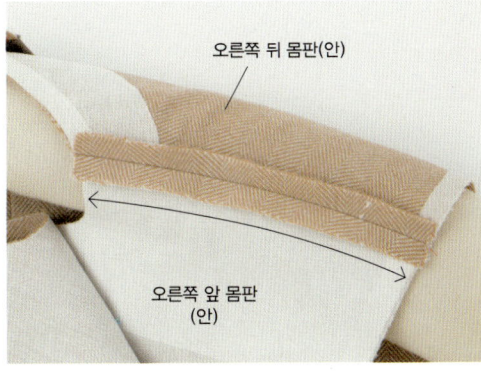
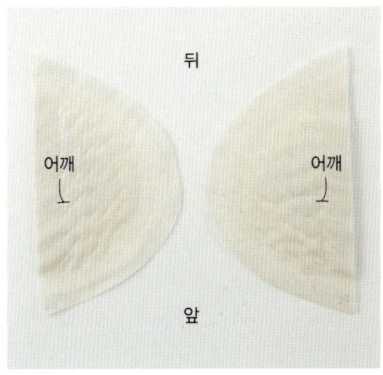

❷양어깨를 박는다.

❸소매형 프레스 볼을 이용해 시접을 가른다. 여유분 줄임 분량으로 인해 약간 볼록한 곡선이 되게 정돈한다.

❶어깨 패드의 어깨 위치와 앞뒤를 확인한다.

10 옆을 박는다

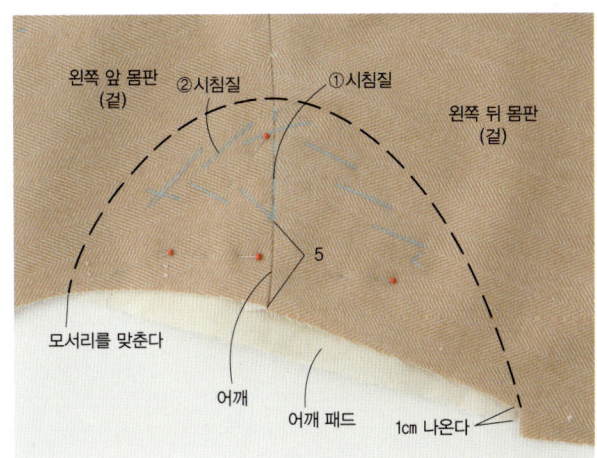
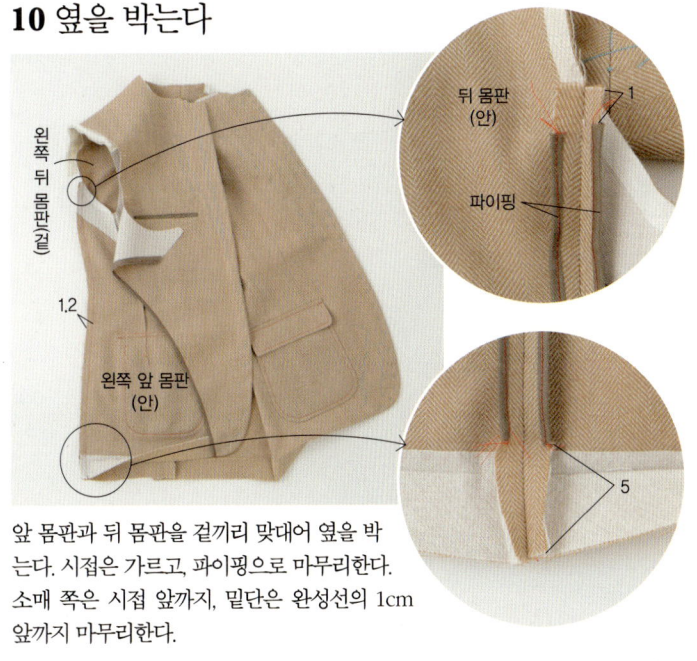

❷먼저 어깨 패드와 몸판의 어깨 위치를 맞추고, 그다음 어깨 패드의 앞뒤를 맞춘다. 앞쪽은 모서리를 시접 끝에 맞추고, 뒤쪽은 모서리를 시접에서 1cm 나오게 단다. 어깨솔기, 어깨 패드 주위의 순서로 시침질한다.

앞 몸판과 뒤 몸판을 겉끼리 맞대어 옆을 박는다. 시접은 가르고, 파이핑으로 마무리한다. 소매 쪽은 시접 앞까지, 밑단은 완성선의 1cm 앞까지 마무리한다.

11 밑단을 마무리한다

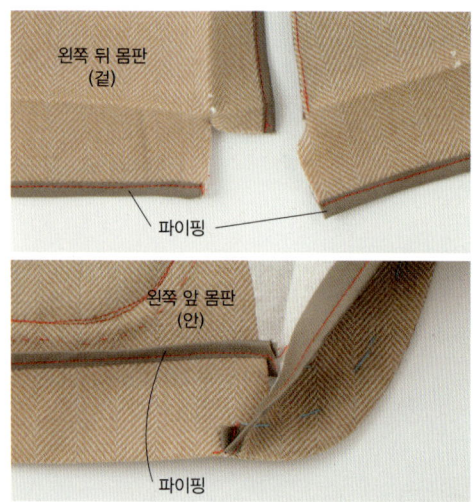

왼쪽 뒤 몸판
(겉)

파이핑

왼쪽 앞 몸판
(안)

파이핑

❶ 밑단 시접을 파이핑으로 마무리한다.

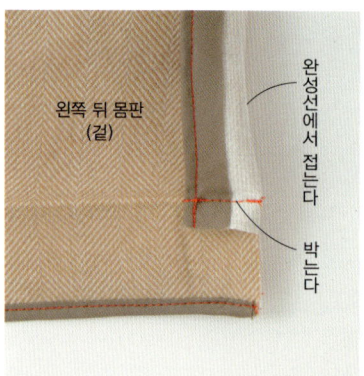

왼쪽 뒤 몸판
(겉)

완성선에서 접는다

박는다

❷ 왼쪽 뒤 몸판의 뒤 중심은 완성선에서 겉끼리 맞닿게 접어 완성선을 박는다.

오른쪽 앞 몸판
(겉)

왼쪽 안단
(겉)

왼쪽 앞 몸판
(안)

시침질

❸ 밑단을 완성선에서 접어 시침질한다.

12 뒷길 안감을 만들어 단다

뒷길 안감
(안)

②1㎝
박는다

0.8

①2번 접어 박는다

❶ 뒷길 안감의 밑단을 1cm, 1cm로 2번 접어 박는다. 좌우 뒷길 안감을 겉끼리 맞대어 박는다.

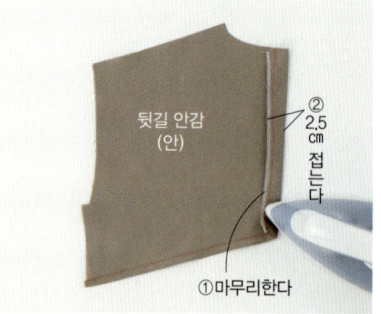

뒷길 안감
(안)

②2.5㎝
접는다

①마무리한다

❷ 시접은 2장 함께 마무리하고, 뒤 중심에 늘림 시접을 두고, 왼쪽으로 접는다.

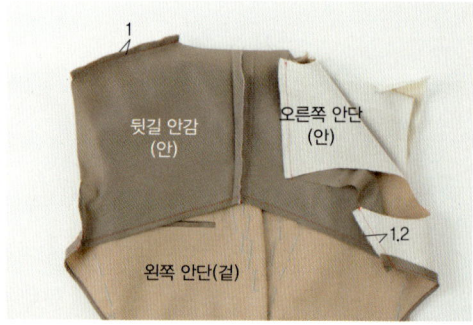

1

뒷길 안감
(안)

오른쪽 안단
(안)

왼쪽 안단(겉)

1.2

❸ 뒷길 안감과 안단을 겉끼리 맞대고, 어깨와 옆을 박는다. 시접은 뒷길 안감 쪽으로 눕힌다.

13 칼라를 만들어 단다

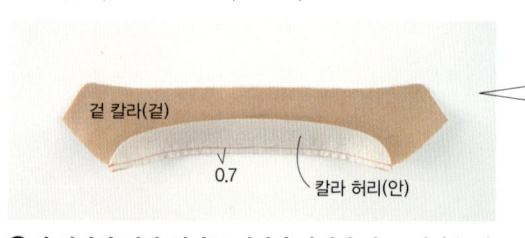

겉 칼라(겉)

0.7

칼라 허리(안)

데님 재킷의 경우

겉 칼라(겉)

0.2

0.2

칼라 허리(겉)

시접을 가른 다음 박는다

❶ 겉 칼라와 칼라 허리를 겉끼리 맞대어 박고, 시접은 가른다.

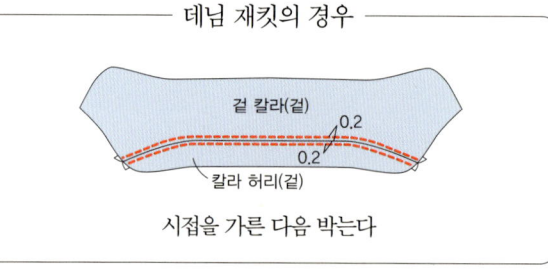

③가위집

①1㎝ 박는다

②0.7㎝로 자른다

안 칼라(안)

칼라 허리(겉)

겉 칼라
(겉)

❷ 겉 칼라와 안 칼라를 겉끼리 맞대어 완성선까지 박는다. 시접을 0.7cm로 자르고, 곡선은 가위집을 넣는다.

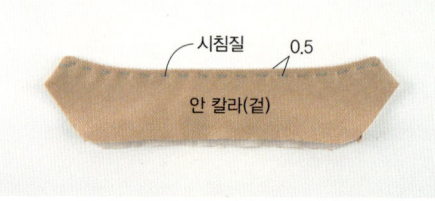

시침질

0.5

안 칼라(겉)

❸ 겉으로 뒤집어 안 칼라 쪽으로 솔기를 잡아당겨 시침질한다.

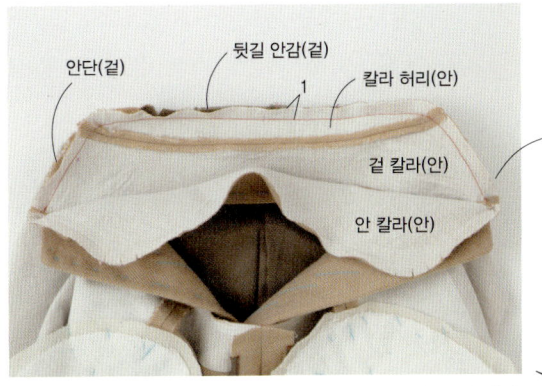

안단(겉)　　뒷길 안감(겉)　　칼라 허리(안)
1
겉 칼라(안)
안 칼라(안)

겉 칼라(겉)
왼쪽 안단
(안)
왼쪽 앞 몸판
(안)

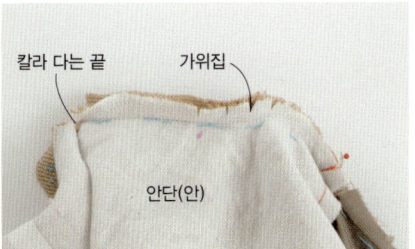

칼라 다는 끝　　가위집
안단(안)

안단과 앞 몸판의 칼라 다는 끝 시접에 가위집을 넣어둔다.

안단의 곡선 시접에도 가위집을 넣어야 박기 쉽다.

❹ 뒷길 안감·안단과 겉 칼라·칼라 허리를 겉끼리 맞대어 박는다. 시접은 가른다.

┌─── 데님 재킷의 경우 ───┐

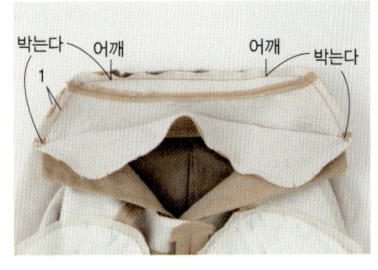

박는다　어깨　　어깨　박는다
1

데님 재킷은 뒷길 안감을 넣지 않기 때문에, 겉 칼라·칼라 허리와 안단을 겉끼리 맞대고, 칼라 다는 끝에서 어깨 완성선까지 박는다.

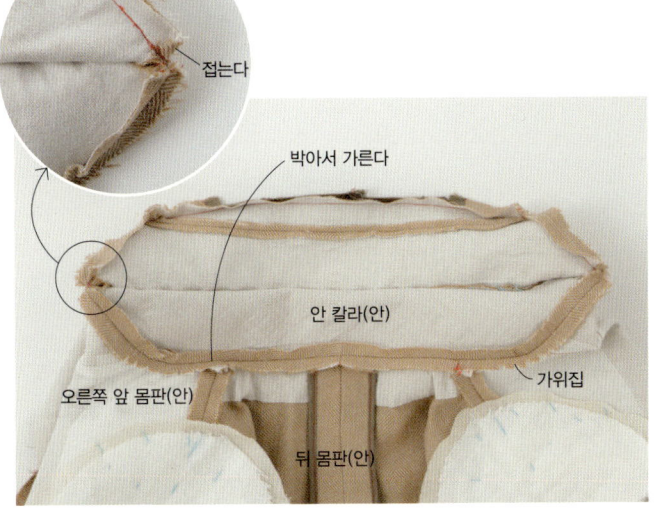

접는다

박아서 가른다
안 칼라(안)
오른쪽 앞 몸판(안)　　가위집
뒤 몸판(안)

❺ 안 칼라와 몸판을 겉끼리 맞대고, ❹와 같은 방법으로 박는다. 칼라 끝은 시접을 완성선에서 접어 박아야 예쁘게 완성된다.

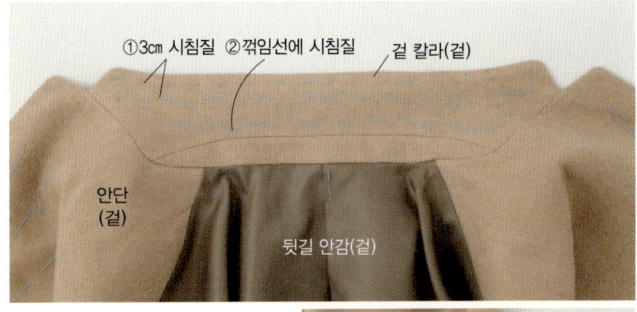

①3cm 시침질　②꺾임선에 시침질　겉 칼라(겉)
안단
(겉)
뒷길 안감(겉)

❻ 겉으로 뒤집어, 모양을 정돈한다. 칼라를 둥글려, 겉 칼라 쪽에서 2줄로 어슷시침한다.

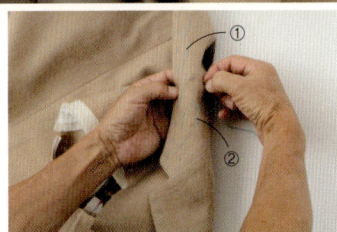

①
②

❼ 칼라 허리의 시접에 가위집을 넣는다. 안단 쪽은 시접을 가르고, 뒷길 안감 쪽은 시접을 눕힌다.

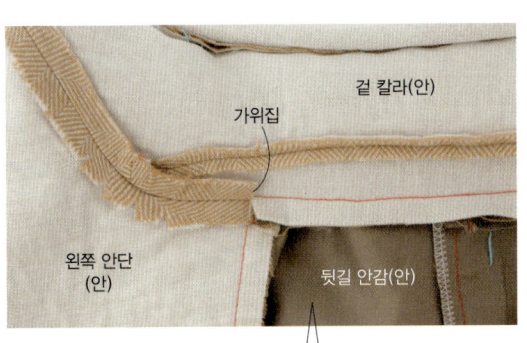

겉 칼라(안)
가위집
왼쪽 안단
(안)
뒷길 안감(안)

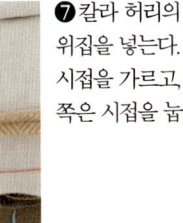

겉 칼라(안)
안단(안)　　칼라 허리(안)

가위집을 넣지 않고, 안단과 칼라 허리의 시접을 접는다.

┌─── 데님 재킷의 경우 ───┐

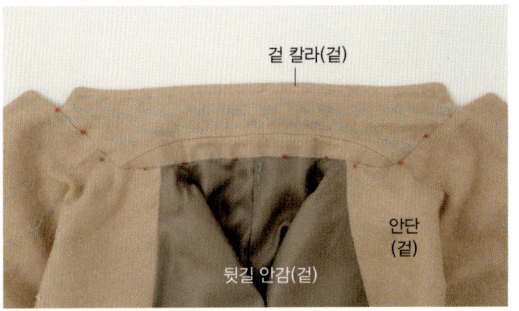

겉 칼라(겉)
안단
(겉)
뒷길 안감(겉)

❽ 칼라의 모양을 정돈하고 겉·안의 솔기를 맞추어 시침핀을 꽂는다.

51

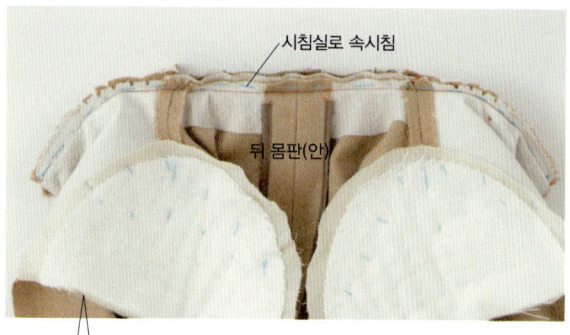

⑨안으로 뒤집어, 시침실 2가닥으로 속시침해서 시접을 고정한다.

시침실로 속시침
뒤 몸판(안)

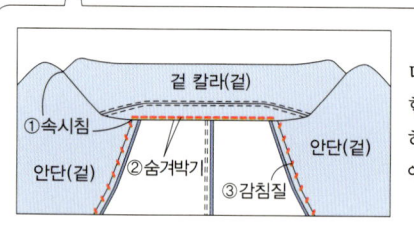

데님 재킷의 경우

겉 칼라(겉)
①속시침
안단(겉) ②숨겨박기 안단(겉)
③감침질

데님 재킷은 안단 부분만 속시침한다. 안단 어깨를 몸판에 감침질하고, 칼라 허리는 시접을 접어 겉에서 숨겨박기 한다.

14 소매를 만들어 단다

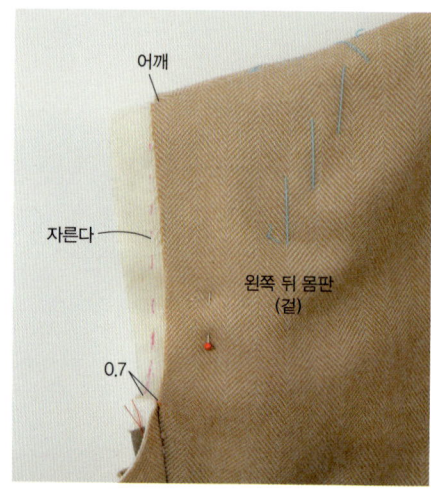

어깨
자른다
왼쪽 뒤 몸판(겉)
0.7

❶어깨 패드의 여분을 자른다. 어깨는 시접 끝에 맞추고, 어깨 패드의 뒤 끝은 0.7cm 나온 곳에서 자른다.

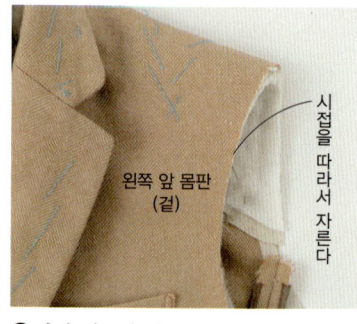

왼쪽 앞 몸판(겉)
시접을 따라서 자른다

❷어깨 패드의 앞쪽은 시접 끝을 따라서 자른다.

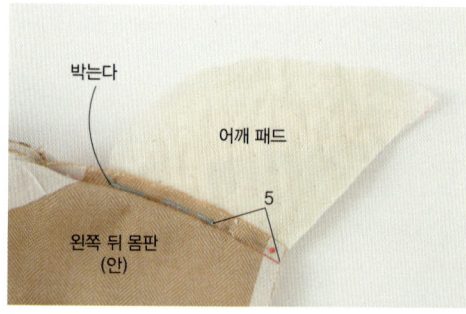

박는다
어깨 패드
왼쪽 뒤 몸판(안)
5

❸뒤쪽의 시침질을 풀고, 어깨 시접에 어깨 패드를 박는다. 소매 쪽은 5cm 남긴다.

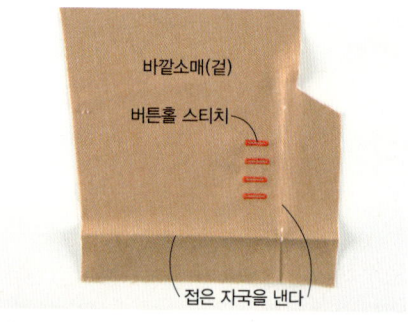

바깥소매(겉)
버튼홀 스티치
접은 자국을 낸다

❹바깥소매를 완성선에서 접고, 버튼홀 스티치를 한다(구멍은 트지 않는다).

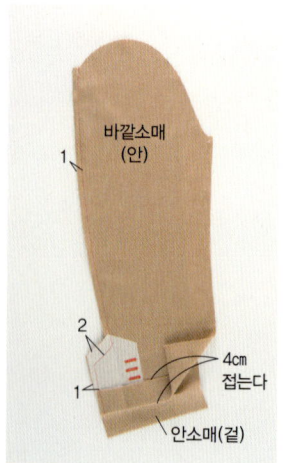

바깥소매(안)
1
2
1
4cm 접는다
안소매(겉)

❺바깥소매와 안소매를 겉끼리 맞대어 박는다. 바깥소매는 소맷부리를 접어 올린 상태로 박는다.

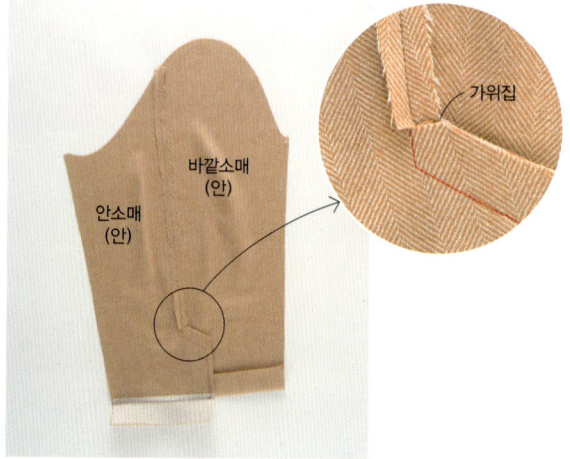

바깥소매(안)
안소매(안)
가위집

❻민트임 끝에서 안소매의 시접에 가위집을 넣는다. 소매산선 쪽 시접은 가르고, 소맷부리 쪽은 바깥소매 쪽으로 눕힌다.

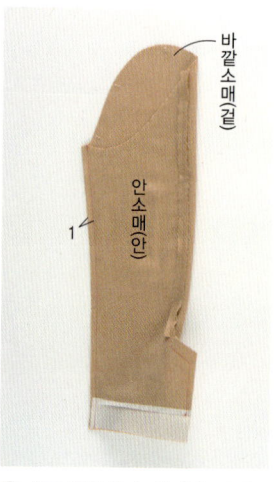

바깥소매(겉)
안소매(안)
1

❼다른 한쪽의 소매 밑은 바깥소매의 소맷부리 시접을 펴고 겉끼리 맞대어 박는다. 시접은 가른다.

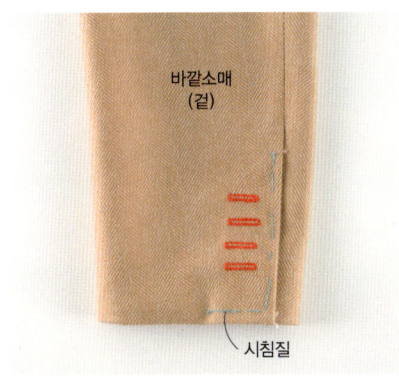

바깥소매
(겉)

시침질

❽ 소맷부리를 완성선에서 접고, 트임의 모양을 정돈해 시침질한다.

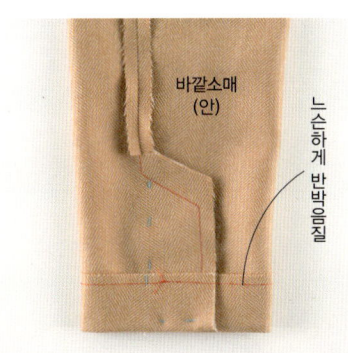

바깥소매
(안)

느슨하게
반박음질

❾ 소맷부리의 시접을 느슨하게 반박음질로 꿰맨다. 겉감의 올 1가닥을 떠서 꿰맨다.

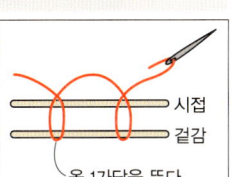

시접
겉감
올 1가닥을 뜬다

바깥소매(안)

안소매의 시접도
감침질

바깥소매만 감침질   휘갑친다

❿ 밑트임은 소맷부리를 감침질하고, 시접은 휘갑친다.

1

안 바깥소매(겉)

안 바깥소매(안)

안 바깥소매(안)

0.2

⓫ 안 소매도 바깥소매와 안소매를 겉끼리 맞대어 박는다. 시접은 0.2cm의 늘림시접을 두어 바깥소매 쪽으로 눕힌다.

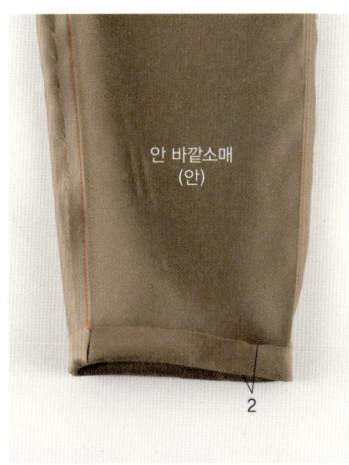

안 바깥소매
(안)

2

⓬ 소맷부리를 완성선에서 접는다.

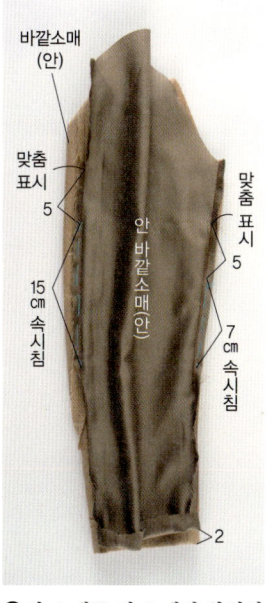

바깥소매
(안)

맞춤
표시
5

맞춤
표시
5

15㎝
속시침

안
바깥소매안

7㎝
속시침

2

⓭ 안 소매를 겉 소매의 완성선에 맞추어 겹치고, 시침실 2가닥으로 시접을 속시침한다.

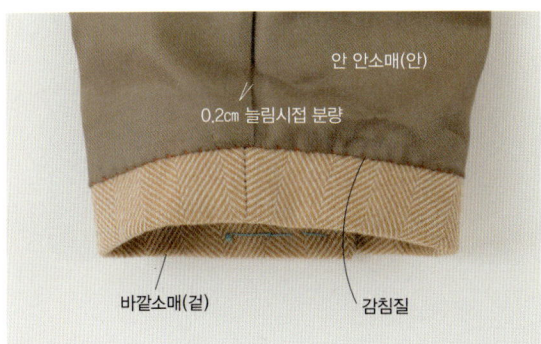

안 안소매(안)

0.2㎝ 늘림시접 분량

바깥소매(겉)   감침질

⓮ 소매를 겉으로 뒤집어 정돈하고, 소맷부리에 시침질한 다음, 안 소매를 겉 소매에 감침질한다.

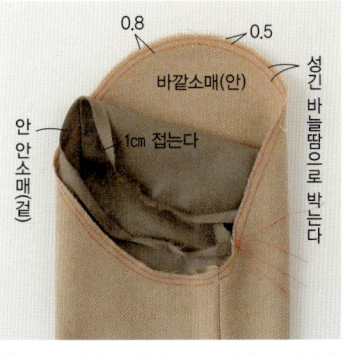

0.8   0.5

바깥소매(안)

안
안소매(겉)

1cm 접는다

성긴
바늘땀으로
박는다

⓯ 안 소매의 소매산선 쪽 시접을 완성선에서 접고, 접은 자국을 낸다. 소매의 시접을 성긴 바늘땀으로 2줄 박는다.

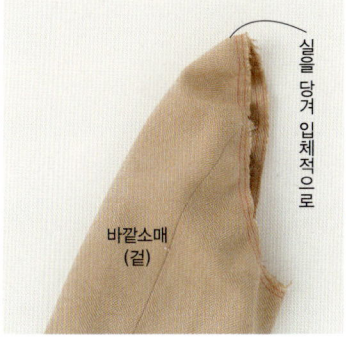

실을
당겨
입체적으로

바깥소매
(겉)

⓰ 아래 실 2줄을 함께 당겨 여유분을 줄이고, 모양을 입체적으로 만든다. 시접을 다리미로 눌러 자리 잡게 한다.

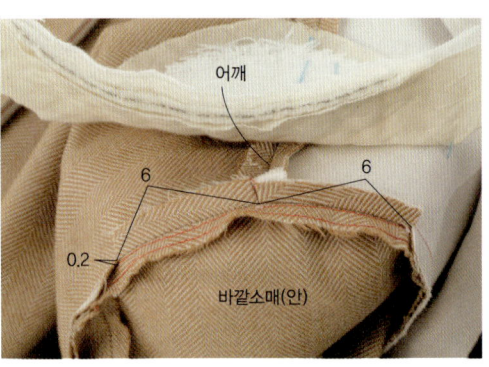

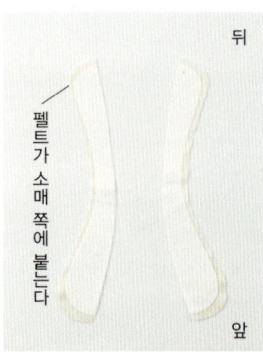

⓱몸판과 소매를 겉끼리 맞대어 박는다. 이때 뒷길 안감, 안단, 어깨 패드, 안 소매를 박지 않도록 주의한다.

⓲어깨에서 앞뒤 6cm의 몸판 시접에 가위집을 넣는다. 소매산은 시접을 가르고 소매 아래쪽은 시접을 소매 쪽으로 눕힌다.

⓳소매산 덧심을 준비한다.

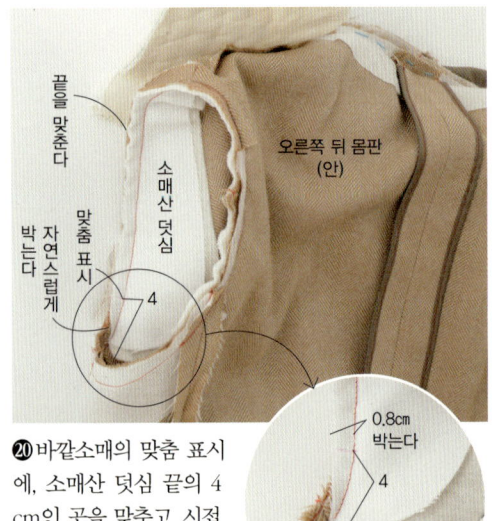

⓴바깥소매의 맞춤 표시에, 소매산 덧심 끝의 4 cm인 곳을 맞추고, 시접 끝에 맞추어 박는다. 맞춤 표시에서 아래 끝의 소매산 덧심은 시접 끝에 맞추지 않고 자연스럽게 박는다.

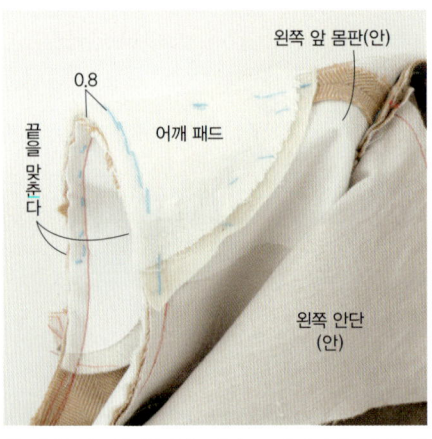

㉑어깨 패드를 몸판에 겹치고, 튀어나온 어깨 패드는 끝을 시접 끝에 맞추어, 시침실 2가닥으로 느슨하게 꿰맨다.

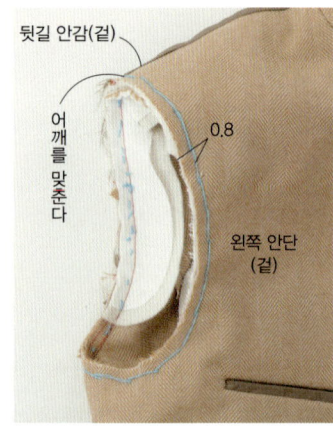

㉒안단과 뒷길 안감을 어깨 패드 위에 겹치고, 진동 둘레를 시침질한다. 어깨 위치가 딱 맞도록 한다.

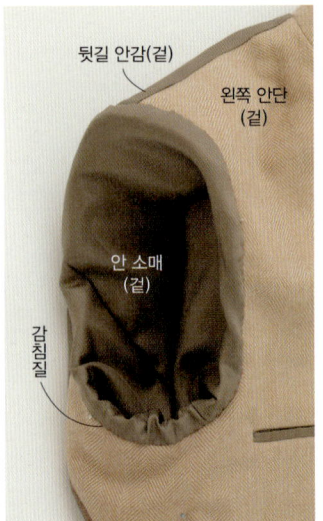

㉓안 소매를 진동 둘레의 완성선에 맞추어 감침질한다.

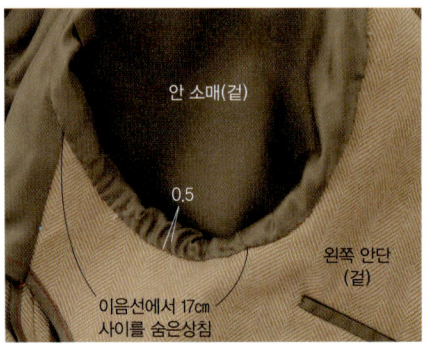

㉔안 소매의 소매 아래를 숨은상침으로 시접에 고정한다.

15 밑단과 주위를 박는다

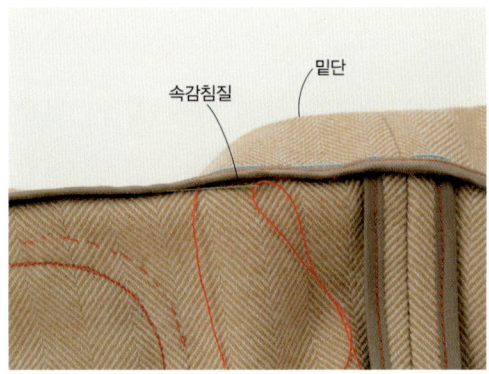

❶밑단을 속감침한다.

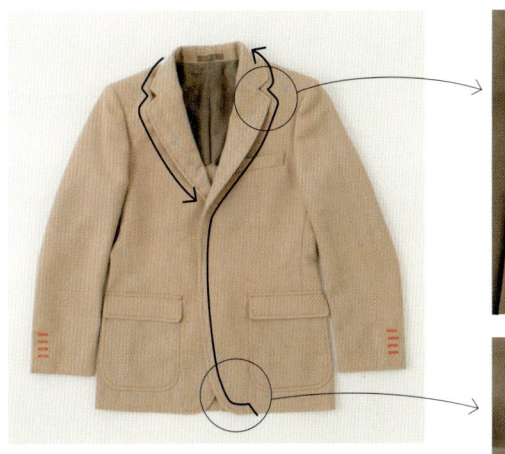

❷ 안단의 끝, 칼라 주위를 연결해 박는다.

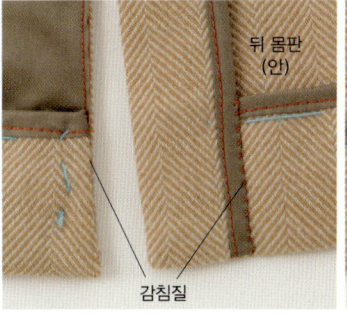

라펠의 모서리는 사진처럼 박는다.

박음선을 박는다
0.7

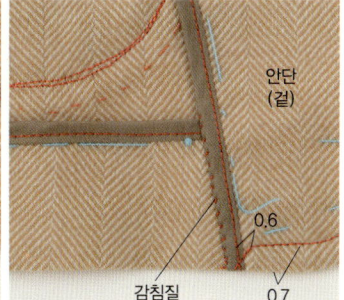

뒤 몸판 (안)
안단 (겉)

뒤 중심과 안 단 끝은 감침 질한다.

감침질
감침질
0.6
0.7

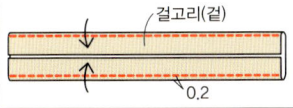

걸고리(겉)
0.2

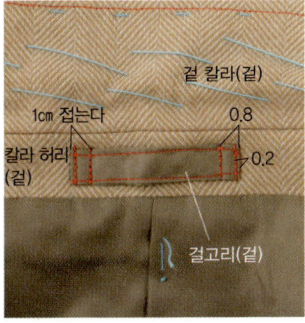

겉 칼라(겉)
1cm 접는다
0.8
칼라 허리 (겉)
0.2
걸고리(겉)

❸ 걸고리는 긴 변을 중심 쪽으로 접어 양쪽을 박는다. 양 끝을 1cm 접고, 칼라 허리에 박는다.

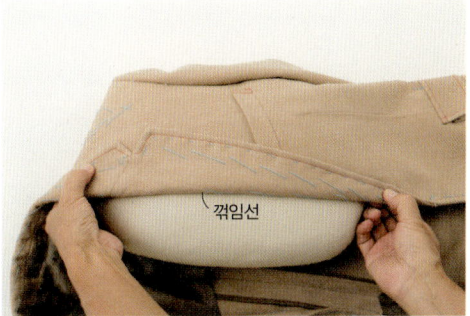

꺾임선

❹ 라펠을 꺾임선에서 접는다.

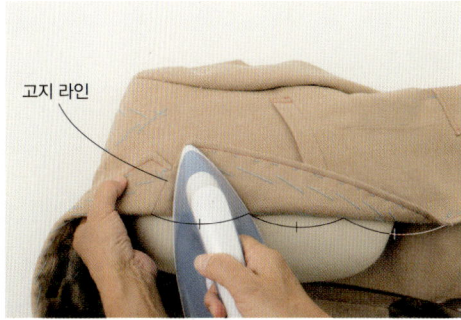

고지 라인

❺ 고지 라인(윗깃과 아래깃을 잇는 봉제선)에서 꺾임 끝의 1/3을 다리미로 누른다.

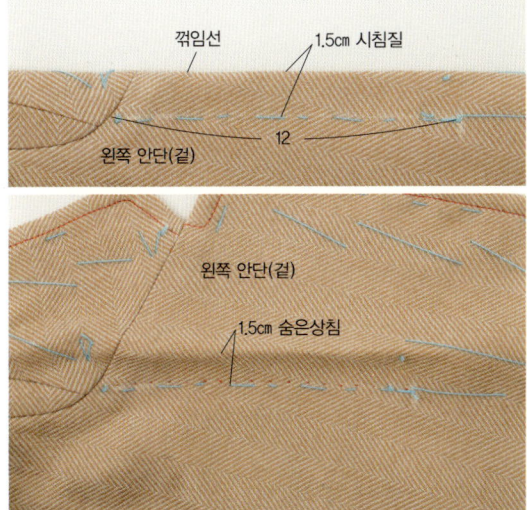

꺾임선
1.5cm 시침질
12
왼쪽 안단(겉)

왼쪽 안단(겉)
1.5cm 숨은상침

❻ 꺾임선에서 1.5cm 안 쪽을 시침질한다. 라펠을 펴고, 시침질한 곳을 숨 은상침 한다. 숨은상침 을 해야 몸판과 안단이 고정되어 칼라 여유분이 유지된다.

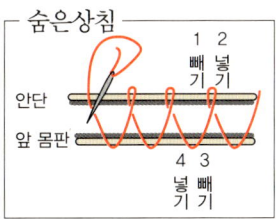

숨은상침
1 2
빼 넣
기 기
안단
앞 몸판
4 3
넣 빼
기 기

❼ 뒷길 안감과 뒤 중심 시접, 안 단과 앞 몸판의 다트를 실 고리 로 고정한다.

뒷길 안감 (겉)
1.5

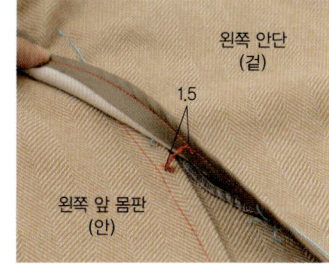

왼쪽 안단 (겉)
1.5
왼쪽 앞 몸판 (안)

16 다림질해서 마무리한다

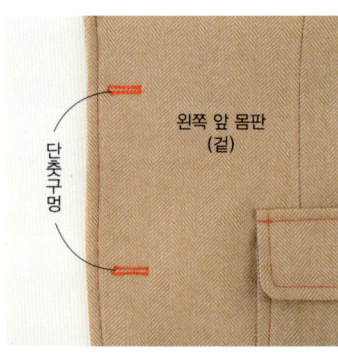

❽ 왼쪽 앞 몸판의 단춧구멍 위치에 단 춧구멍(새눈 단춧구멍)을 만든다. 왼쪽 몸판의 라펠은 안단 쪽에서 단춧구멍을 만든다.

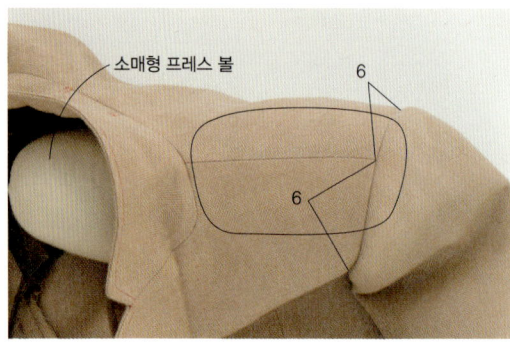

❶ 소매형 프레스 볼을 안쪽에 대고, 몸판의 어깨솔기와 진 동 둘레의 어깨 부분을 다리미로 누른다. 겉감과 안감을 잘 맞춰서 다린다. **❶**~**⓭**은 헝겊을 대고 다림질한다.

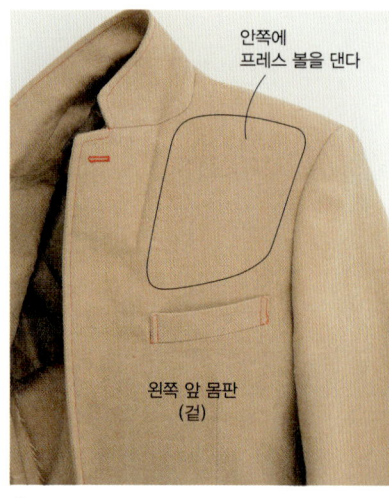

❷ 안쪽에 프레스 볼을 대고 포켓부터 어깨 에 걸쳐 다리미로 누른다. 소매에 다리미가 닿지 않게 주의한다.

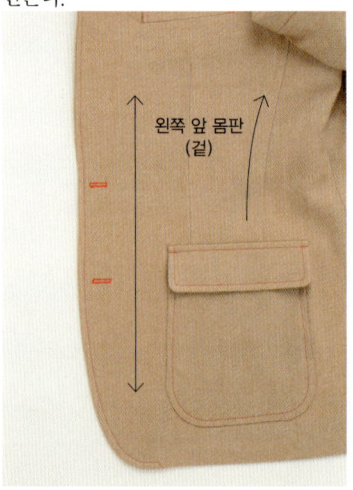

❸ 앞 중심의 올을 곧게 다리미로 누른 다. 다트는 옆쪽을 향해 휘어지게 다리미 로 누른다.

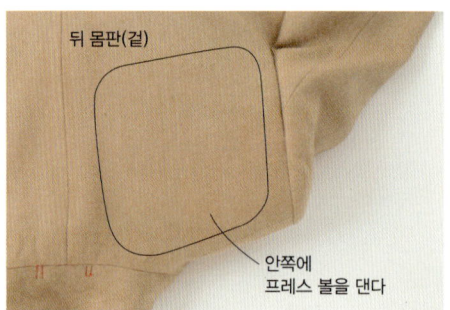

❹ 안쪽에 프레스 볼을 대고 모양 잡기한 어깨뼈 부 분과 잘 어우러지게 다리미로 누른다.

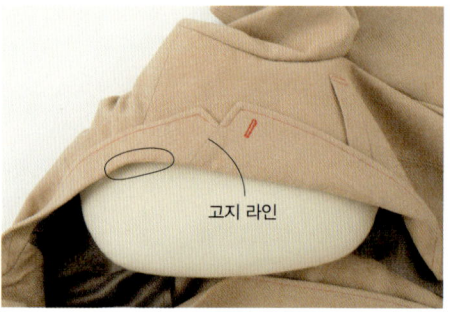

❺ 칼라를 꺾임선에서 접고, 고지 라인의 윗부분을 다리미로 누른다.

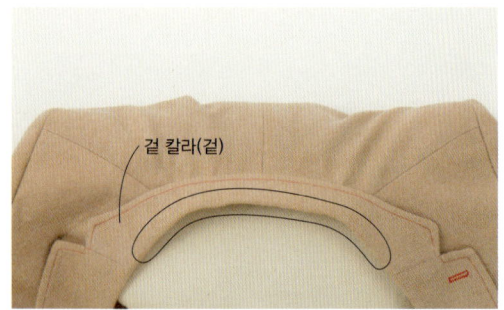

❻ 칼라를 펴고, 꺾임선을 다리미로 겉에서 누른다.

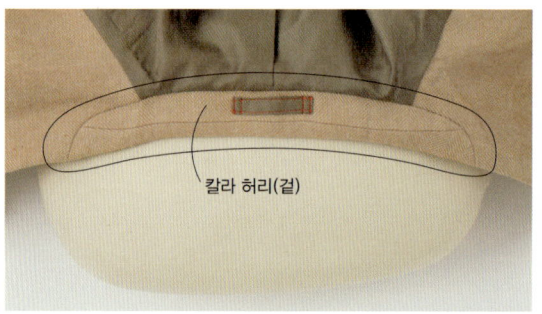

❼ 안쪽으로 뒤집고, 안쪽에서 시접을 누른다.

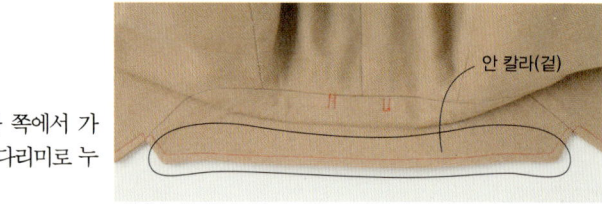

❽ 안 칼라 쪽에서 가 장자리를 다리미로 누 른다.

밑단은 곧게 한다

⑨ 밑단은 곧게, 옆과 벤트는 시접을 누른다.

시접을 누른다

곧게 한다

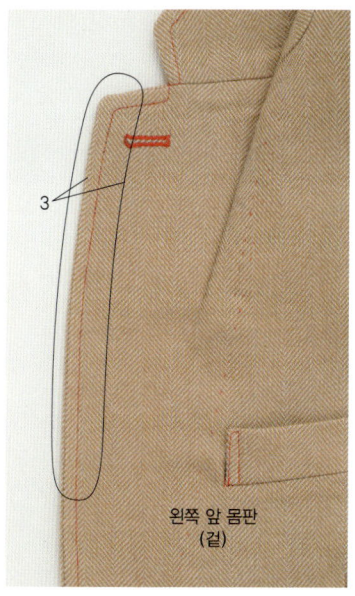

왼쪽 앞 몸판 (겉)

3

⑩ 앞 몸판 쪽에서 라펠의 가장자리를 누른다.

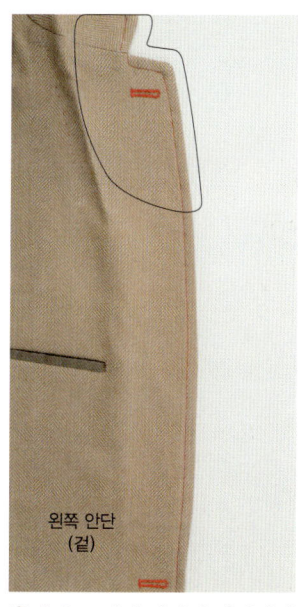

왼쪽 안단 (겉)

⑪ 안단 쪽에서 라펠의 가장자리와 고지 라인의 솔기를 누른다.

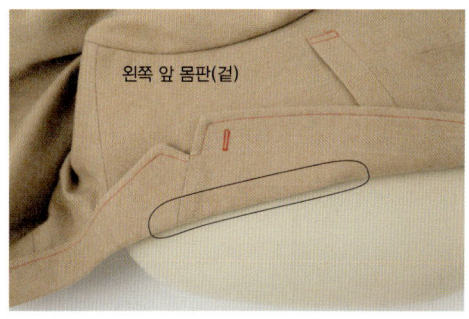

왼쪽 앞 몸판(겉)

⑫ 라펠을 꺾임선에서 접고, 고지 라인부터 꺾임 끝까지의 1/3인 곳을 누른다. 꺾임 끝은 모양을 뚜렷하게 살리지 말고, 곡선을 그리듯이 한다.

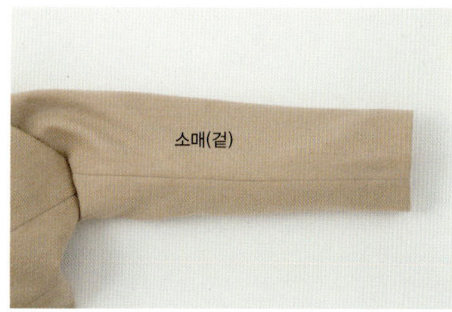

소매(겉)

⑬ 소매는 솔기를 다리미로 누른다.

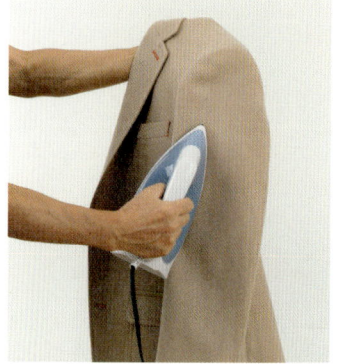

⑭ 소매 전체에 스팀을 분사한다.

17 단추를 단다

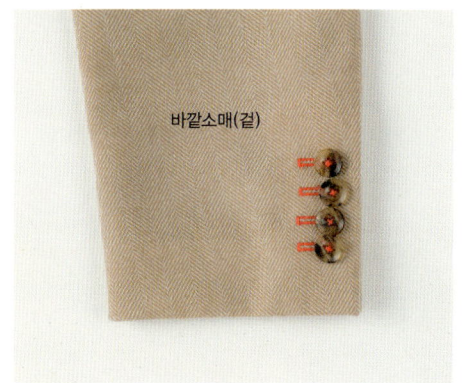

바깥소매(겉)

❶ 소맷부리는 단춧구멍을 트지 않고, 단추는 겹쳐진 안소매까지 실을 꿰어 단다.

오른쪽 앞 몸판 (겉)

❷ 오른쪽 앞 몸판의 단추 다는 위치에 단추를 단다.

완성

57

ACCESSORIES

R.
넥타이

원래는 만드는 법이 다소 복잡하지만 집에
서도 도전할 수 있도록 약간 방식을 바꿨다.
리넨이나 리버티 프린트 등 원하는 천으로
나만의 특별한 넥타이를 만들어보자.

How to make P.99

S.
토트백

보트 모양의 베이식한 토트백. 남성뿐 아니라 여성
에게도 어울리는 아이템이다. 사용하는 천이나 색
조합에 따라 변화를 무한대로 즐길 수 있다. 옷에
맞춰 색상을 연출해 멋지게 코디해보자.

How to make P.100

T.
작업용 에이프런

가드닝이나 요리할 때 분위기를 끌어올리는 남성
적인 에이프런. 어깨와 허리에 큰 구멍을 내어 와일
드한 분위기로 완성했다. 조금 두꺼운 캔버스 천이
나 트윌로 만든다.

How to make P.101

U.
니트 트렁크스

부드러운 니트 천을 활용해 여유 있고 착용감이 좋
은 트렁크스를 만들었다. 허리 고무줄은 팽팽하게
살짝 당기면서 박는 것이 몸에 딱 붙게 완성하는 포
인트이다.

How to make P.102

Lesson

R. 넥타이

P.58

실물 대형 옷본　2면【R】
1 대검, 2 소검, 3 중간 부분(목), 4 안 대검, 5 안 소검

※재료, 재단 배치도, 완성 사이즈는 P.99 참조.
※여기서는 이해하기 쉽게 눈에 띄는 색상의 실을 사용한다.

1 재단하고 준비한다

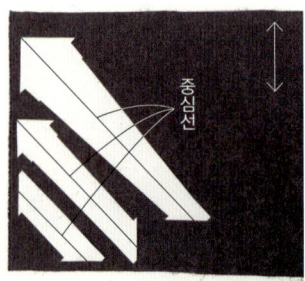

❶중심선이 반드시 정 바이어스가 되도록 재단한다. 위아래로 무늬가 있는 경우는 방향에 주의해서 재단하자.

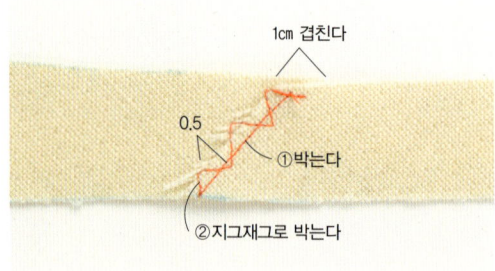

❷넥타이 심지는 끝을 1cm 정도 겹쳐 박는다. 끝이 풀리지 않게 지그재그로 박는다. 그다음 옷본을 대고 자른다.

넥타이 심지

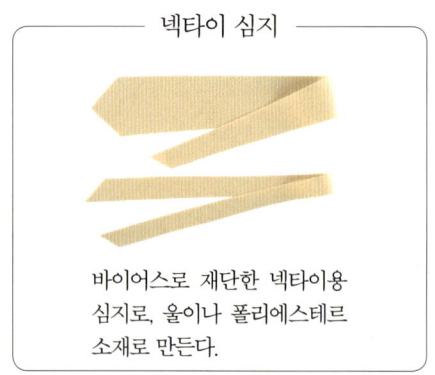

바이어스로 재단한 넥타이용 심지로, 울이나 폴리에스테르 소재로 만든다.

2 검 끝을 박는다

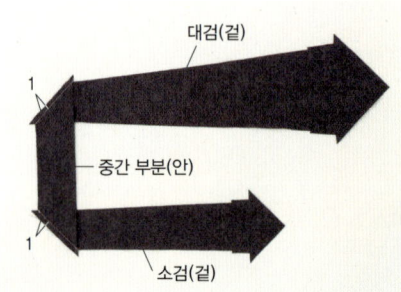

❶중간 부분과 대검, 소검을 각각 겉끼리 맞대어 박는다. 시접은 가른다.

❷대검의 박는 선과 안 대검의 완성선을 겉끼리 맞대어 박는다.

❸반대쪽도 박는 선과 완성선을 박는다. 끝은 액자 틀처럼 마무리하기 때문에 ❷의 바늘땀과 약간 간격을 띄운다. 대검 쪽은 끝부분 천에 여분이 생긴다.

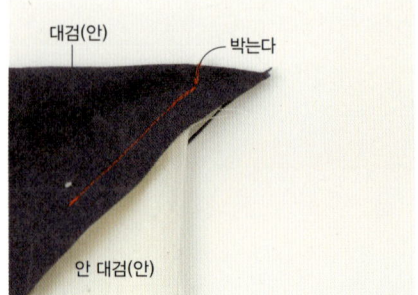

❹대검의 끝을 겉끼리 맞닿게 접어 박는다. 안 대검을 박지 않게 주의한다.

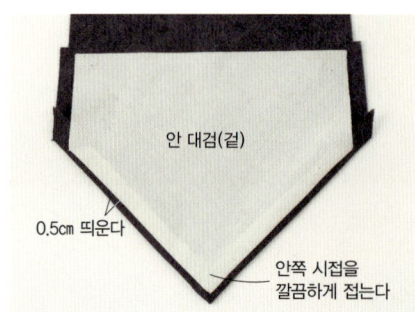

❺겉으로 뒤집어 모양을 정돈한다. 검 끝의 시접을 안쪽으로 깔끔하게 접어야 예쁘게 완성된다.

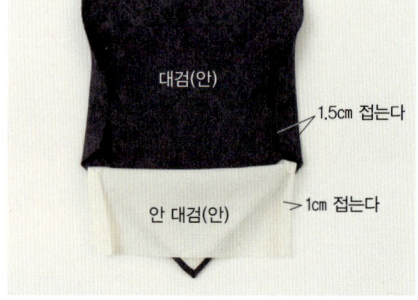

❻대검의 옆을 시접 높낮이 차이 부분까지 1.5cm로 접는다. 안 대검의 시접은 1cm 접는다.

3 넥타이 심지를 끼우고 감침질한다

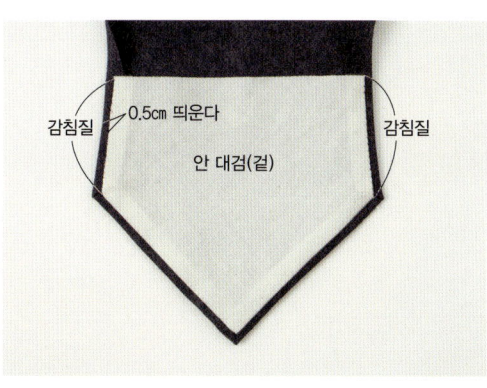

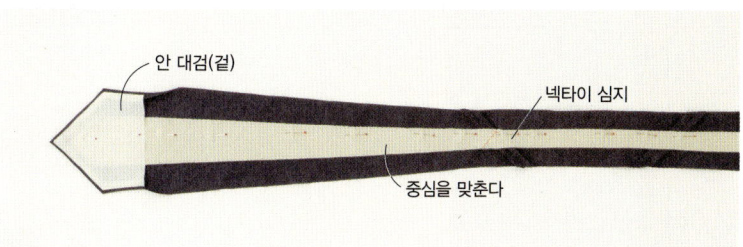

안 대검(겉)
넥타이 심지
0.5cm 띄운다
감침질
감침질
안 대검(겉)
중심을 맞춘다

❶ 넥타이 심지를 안감 사이에 끼워 넣는다. 심지 끝을 속까지 확실하게 끼워 넣는다. 중심을 맞추어 시침핀을 꽂는다. 중심이 어긋나면 완성했을 때 넥타이가 틀어지니 주의한다.

❼안 대검의 양옆을 높낮이 차이 부분까지 감침질한다. 소검 쪽도 같은 방법으로 박는다.

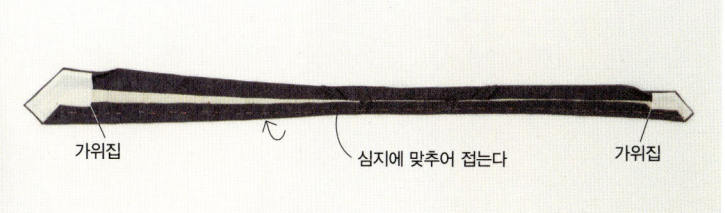

(안)
가위집
가위집
심지에 맞추어 접는다
가위집

❷ 시접 높낮이 차이 부분의 한쪽만 완성선까지 가위집을 넣는다. 넥타이 심지에 맞추어 겉감을 접고, 시침핀을 꽂는다.

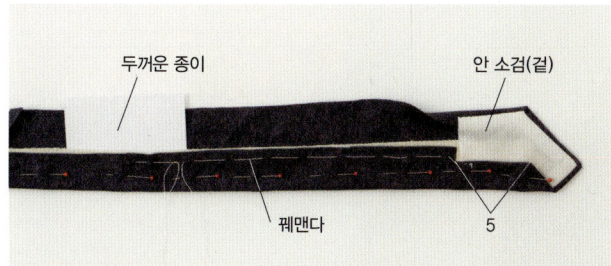

두꺼운 종이
안 소검(겉)
꿰맨다
5

❸ 겉감을 꿰매지 않게 넥타이 심지 밑에 두꺼운 종이를 끼운다. 넥타이 길이보다 실을 길게 준비하고, 끝에서 5cm 정도 떨어진 부분부터 성긴 바늘땀으로 나란히 넥타이 심지를 떠서 고정한다. 넥타이가 늘어나도 당기지 않게 조금 느슨하게 꿰맨다.

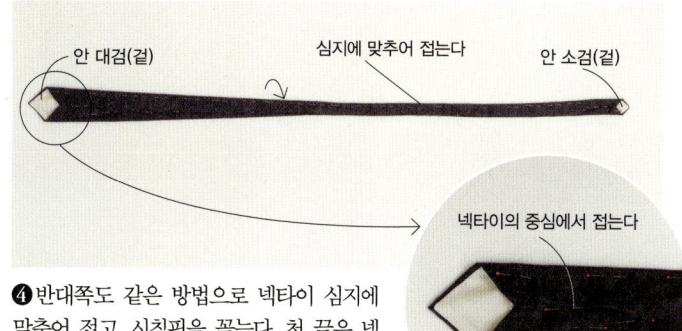

안 대검(겉)
심지에 맞추어 접는다
안 소검(겉)
넥타이의 중심에서 접는다

❹ 반대쪽도 같은 방법으로 넥타이 심지에 맞추어 접고, 시침핀을 꽂는다. 천 끝은 넥타이의 중심에서 접어 시침핀을 꽂는다.

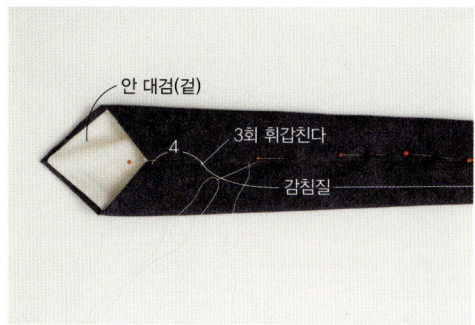

안 대검(겉)
3회 휘갑친다
4
감침질

❺ 끝에서 4cm인 곳을 3회 정도 휘갑친다. 소검 쪽도 같은 방법으로 휘갑친다. 양 끝의 휘갑친 곳 사이는 중심의 접은 선에서 0.1cm 정도 안쪽을 감침질한다. 감침질할 때는 넥타이 심지까지 떠서 감침질한다.

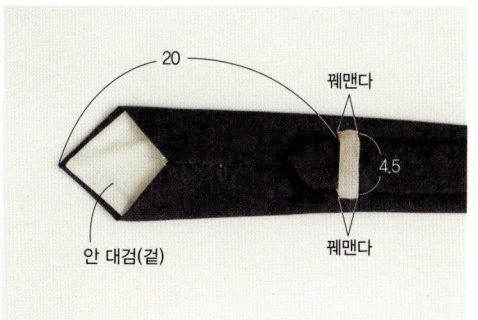

20
꿰맨다
안 대검(겉)
4.5
꿰맨다

❻1.5cm 너비의 테이프 양 끝을 각각 1cm 접고, 테이프 다는 위치에 맞추어 모서리를 꿰맨다.

완성

How to make

만들기 전에

· 재료나 치수에 여러 개의 숫자가 있는 경우 왼쪽 또는 위부터 S·M·L·LL·3L 사이즈를 나타낸다.
· 재료의 치수는 너비×길이의 순서로 표기한다. 무늬 맞춤이 필요한 경우 책에 나온 치수보다 더 크게 준비할 수도 있다.
· 만드는 법 중에서 특별히 지정하지 않은 숫자의 단위는 cm이다.
· 재단 배치도는 L 사이즈의 옷본으로 배치하고 있다. 다른 사이즈로 만들 경우나 사용하는 천에 따라 차이가 생길 수 있으니
  반드시 옷본을 놓고 확인한 뒤 재단하자.
· 직선만 있는 파트는 옷본이 없는 것도 있다. 재단 배치도에 표시되어 있는 치수를 참조해서,
  천에 직접 선을 그려(시접분도 잊지 말고) 재단하자.

재료와 도구

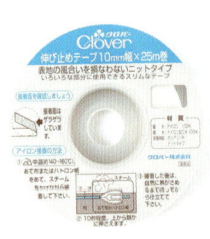

늘어짐 방지 테이프

스트레이트 테이프, 평 테이프라고도 한다. 접착심지를 올 방향대로 가늘고 길게 재단한 것으로, 천이 늘어나지 않도록 붙인다.

하프 바이어스테이프

늘어짐 방지 테이프의 하나로 접착심지를 하프 바이어스(각도 12도) 방향으로 가늘게 재단한 것. 늘어짐 방지 테이프와 마찬가지로 천이 늘어나지 않도록 붙인다. 진동 둘레 같은 곡선에 사용한다.

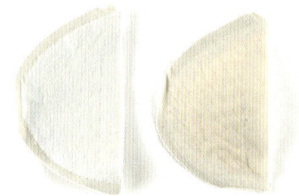

어깨 패드

체형 보정이나 실루엣을 예쁘게 살리기 위해 붙인다. 재킷에는 남성용의 세트인 슬리브 타입으로, 바이어스 모 심지가 들어간 부드럽고 볼륨감 있는 두께 7~8mm의 앞·뒤 어깨 패드를 준비하자.

프레스 볼

다트 같은 곡선 부분을 다릴 때 사용하는 도구. 곡선 부분을 시침질할 때도 사용한다.

소매형 프레스 볼

소매처럼 원통형으로 된 파트를 다릴 때 사용한다.

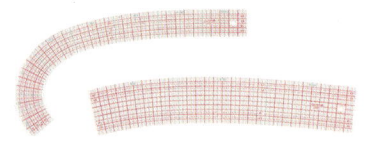

곡선자

옷본을 베낄 때나 시접을 넣을 때 사용하면 편리하다.

올 바로잡기에 대하여

구입한 천은 올이 휘어 있거나 세탁 후 줄어드는 경우가 있으니, 재단 전에 올 바로잡기를 해두는 것이 좋다.

면이나 마

물에 닿으면 수축하기 때문에 미리 물에 담가서 줄여둔다. 물에 담갔다가 곧게 펴서 그늘에 말린다. 덜 마른 상태로 올이 직각이 되게 다리미로 정돈한다.

울

천 안쪽에서 분무기로 물을 충분히 뿌리고, 접어서 비닐봉지에 넣고 하룻밤 그대로 둔다. 천 안쪽에서 스팀다리미로 올이 직각이 되게 정돈한다.

니트 천

물에 담갔다가 늘어나지 않게 손으로 누르듯이 탈수해, 평평한 곳에서 말린다. 스팀다리미로 늘어나지 않게 올을 정돈한다.

사이즈에 대하여

누드 사이즈 재는 법   누드 사이즈는 속옷을 입은 상태로 잰다.

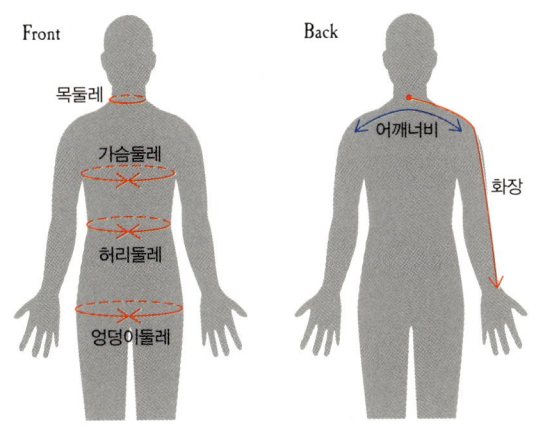

Front   Back

목둘레
가슴둘레
허리둘레
엉덩이둘레

어깨너비
화장

목둘레
목 뒷점 주위를 1바퀴 돌려 잰 치수에 여유분 2cm를 더한 치수.

어깨너비
어깨 끝(SP)에서 목 뒷점(BNP)을 지나 반대편 어깨 끝까지 잰 치수.

가슴둘레
가슴 주위의 가장 높은 부분을 1바퀴 돌려 잰 치수.

허리둘레
허리 주위의 가장 가는 부분을 1바퀴 돌려 잰 치수.

엉덩이둘레
엉덩이 주위의 가장 굵은 부분을 1바퀴 돌려 잰 치수.

화장
목 뒷점(BNP)에서 어깨 끝(SP)를 지나 손목의 돌출된 뼈까지 잰 치수.

누드 사이즈   누드 사이즈를 적용해서 사이즈를 확인한 후 제작한다.

사이즈	S	M	L	LL	3L
키 (중심)	161-169 (165)	166-174 (170)	171-179 (175)	176-184 (180)	181-189 (185)
가슴둘레	88	92	96	100	104
허리둘레	76	80	84	88	92
엉덩이둘레	90	94	98	102	106
어깨너비	43.5	45	46.5	48	49.5

완성 사이즈 재는 법   만드는 법 페이지에 표시된 완성 사이즈는 아래의 부분을 잰 것이다.
누드 사이즈와 맞추어보고 사이즈를 선택한다.

상의

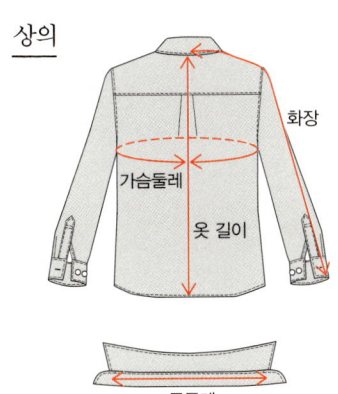

화장
가슴둘레
옷 길이
목둘레

옷 길이
뒤 중심을 잰다. 칼라나 후드가 달린 옷은 목둘레에서 밑단까지 잰 치수.

가슴둘레
가슴 위치에서 1바퀴 돌려 잰 치수.

화장
목둘레의 뒤 중심에서 어깨 끝을 지나 소맷부리까지 잰 치수.

목둘레
칼라 밴드의 앞 중심에서 앞 중심까지 잰 치수.

팬츠

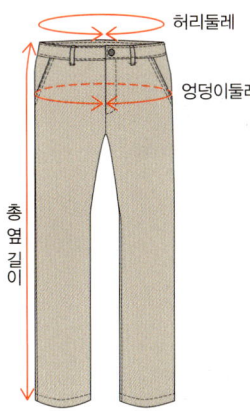

허리둘레
엉덩이둘레
총 옆 길이

허리둘레
앞트임이 있는 옷은 닫은 상태에서, 위 끝을 1바퀴 돌려 잰 치수.

엉덩이둘레
엉덩이 위치에서 1바퀴 돌려 잰 치수.

총 옆 길이
옆의 위 끝에서 밑단까지 잰 치수(벨트도 포함한다).

실물 대형 옷본 사용법

베끼는 법

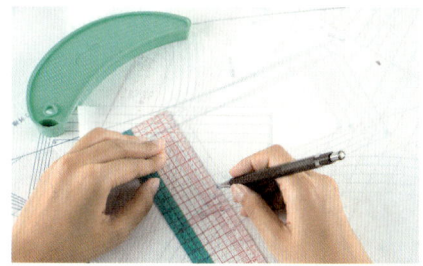

만들고 싶은 작품과 사이즈를 선택해, 눈에 띄는 마커 등으로 표시한다. 옷본 위에 패턴지를 겹쳐, 자로 옷본 선을 베낀다. 맞춤 표시나 식서 방향선 등도 잊지 말고 베끼고, 파트 이름도 적어둔다.

시접 넣는 법

 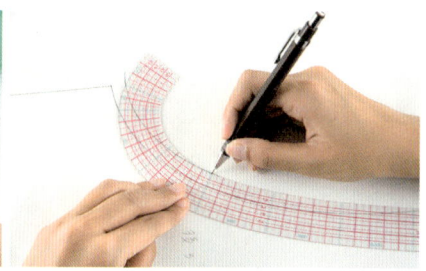

이 책의 작품은 지정된 것 이외에는 시접이 포함되어 있지 않다. 만드는 법 페이지의 재단 배치도에 표시된 치수를 참조해서 완성선과 평행으로 시접을 넣는다. 모눈자를 사용하면 시접을 평행으로 그려 넣기가 쉽다.

사선으로 된 모서리의 시접 넣기

소맷부리나 밑단, 옆 등 완성선이 사선으로 된 모서리 부분은 시접을 완성선에서 접었을 때 부족하거나 남지 않게 시접을 넣어야 한다.

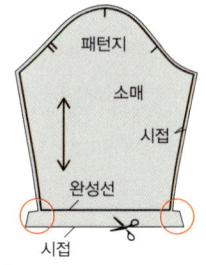
❶ 모서리 이외의 시접을 모두 넣고, 모서리 주위는 옷본을 여유 있게 자른다.

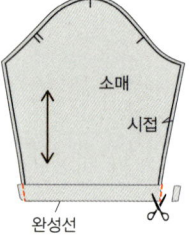
❷ 완성선에서 접어 올리고, 소매 밑의 시접선을 따라 여분을 자른다. ※2번 접기로 지정된 경우는 2번 접는다.

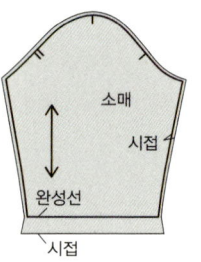
❸ 이것으로, 접었을 때 깔끔하게 딱 맞는 시접이 된다.

> **주의!**
> 이 책의 일부 파트에는 이미 시접이 포함되어 있다. 옷본과 재단 배치도를 확인하도록 하자.

표시하기에 대하여

울 같은 천용 전사지로 표시가 어려운 천이나 시접을 파이핑 마무리하는 경우는 시침실로 실표를 한다(실표뜨기).

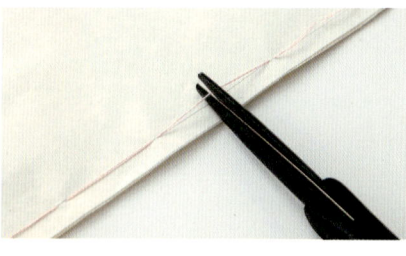

❶ 재단한 파트 위에 옷본을 놓고, 시침실 2가닥으로, 표시하고 싶은 부분을 2~3cm 간격으로 꿰맨다. 모서리나 맞춤 표시는 십자로 꿰맨다.

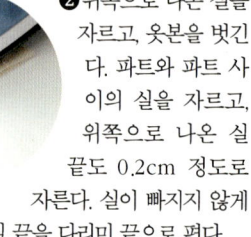

❷ 위쪽으로 나온 실을 자르고, 옷본을 벗긴다. 파트와 파트 사이의 실을 자르고, 위쪽으로 나온 실 끝도 0.2cm 정도로 자른다. 실이 빠지지 않게 실 끝을 다리미 끝으로 편다.

니트 천 박는 법

가정용 재봉틀

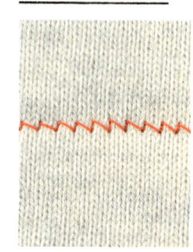 

직선 박기는 니트 천의 신축성을 떨어뜨리기 때문에, 재봉틀의 바느질 패턴 버튼(다이얼)에서 신축 박기를 선택한다. 바늘과 재봉실도 니트 천용을 사용한다.

오버로크 재봉틀

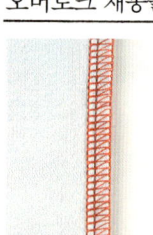

바늘 2개 실 4가닥의 오버로크 재봉틀로 박으면, 천 끝 휘갑치기와 봉합을 동시에 할 수 있다. 바늘 1개 실 3가닥의 오버로크 재봉틀은 박음선의 내구성이 떨어져 봉합에는 적합하지 않으므로, 일반 재봉틀과 함께 사용한다.

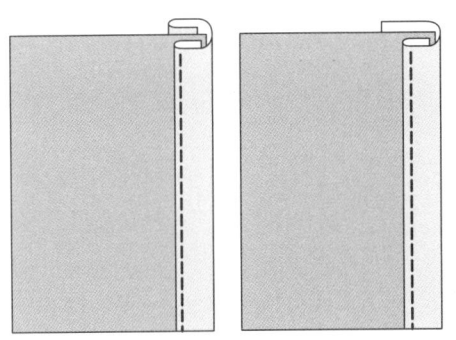
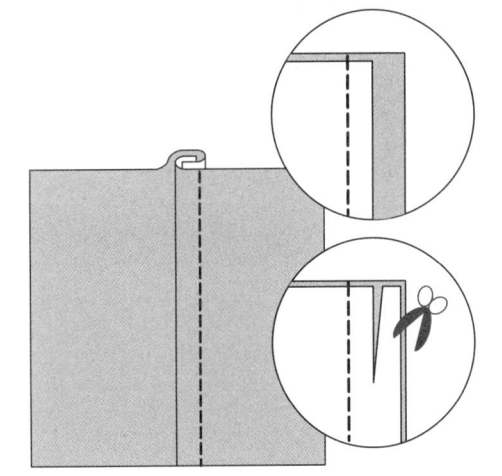
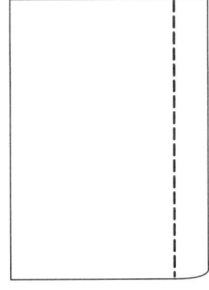

파이핑

안감으로 만든 바이어스 천으로 천 끝을 감싸는 방법. 두꺼운 천은 시접의 안쪽을 편 상태로 박는다. 안감을 넣지 않는 재킷이나 코트의 시접을 마무리할 때 사용한다.

쌈솔

한쪽 시접으로 다른 쪽 시접을 감싸고 겉에서 박는다. 시접에 미리 높낮이 차이를 두는 방법과 겉끼리 맞대어 박은 다음 한쪽 시접을 자르는 방법이 있다. 셔츠의 진동 둘레나 옆을 박을 때 사용한다.

통솔

2장의 천을 안끼리 맞대어 박고 안쪽으로 뒤집어 천 끝을 감싸듯이 다시 박는다. 이 책에서는 포켓의 주머니 천을 박을 때 사용한다.

손바느질

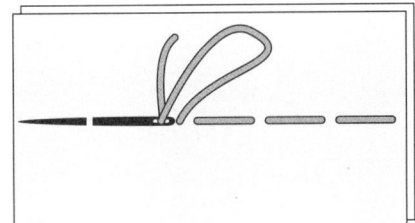
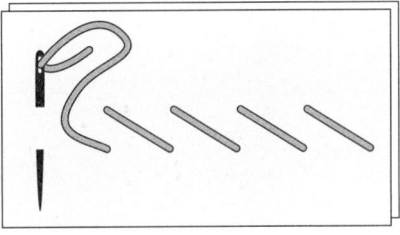

속감침질

시접을 조금 젖히고, 몸판의 세로 실과 시접을 번갈아서 뜬다.

놓음시침질

천을 받침 위에 놓은 상태로 시침질한다. 겉으로 나오는 실이 2~3cm 정도, 뜨는 것은 0.5~1cm 정도.

어슷시침

너비가 넓은 부분을 고정할 때 사용한다. 실이 비스듬하게 놓이도록 꿰맨다.

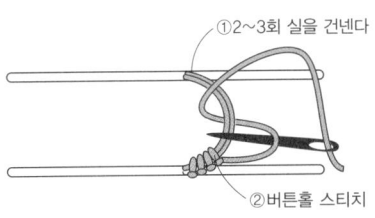
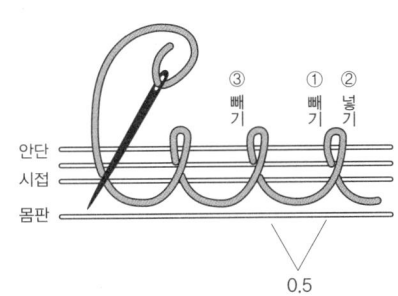
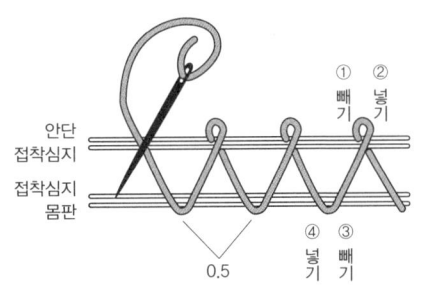

실 고리

겉감과 안감이 떨어지지 않게 적당한 여유를 두고 고정한다. 2장의 천에 몇 회 실을 건네고, 그 실에 버튼홀 스티치를 한다.

숨은상침 ①

바늘땀이 보이지 않게, 천을 고정하는 방법. 올 1가닥을 떠서 꿰맨다.

숨은상침 ②

겉쪽과 안쪽을 바늘땀이 보이지 않게 고정하는 방법. 각각 올 1가닥을 떠서 꿰맨다.

옷본의 사이즈 보정

가슴둘레 치수를 변경한다

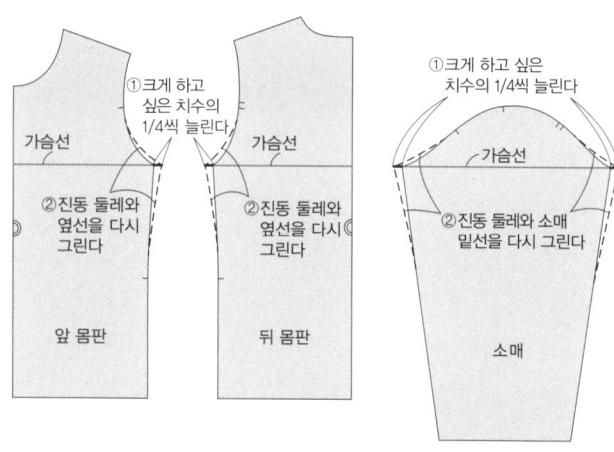

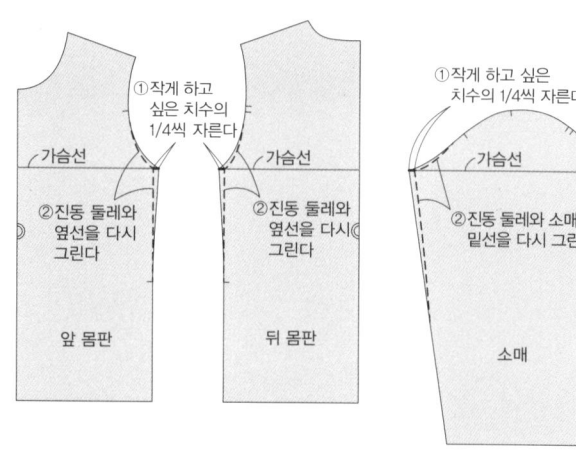

• 가슴둘레를 크게 한다

몸판의 가슴선을 연장하고, 옆의 소매 아래 위치에서 크게 하고 싶은 치수의 1/4씩을 늘린다. 옆선, 진동 둘레선을 자연스럽게 연결한다. 소매도 소매 너비를 연장해서 양 끝을 1/4씩 늘리고 자연스럽게 연결한다. 소매산과 진동 둘레의 치수가 맞는지 확인한다.

• 가슴둘레를 작게 한다

몸판은 옆의 소매 아래 위치에서 작게 하고 싶은 치수의 1/4씩을 가슴선에서 자른다. 옆선, 진동 둘레선을 자연스럽게 연결한다. 소매도 양 끝을 1/4씩 자르고, 자연스럽게 연결한다. 소매산과 진동 둘레의 치수가 맞는지 확인한다.

옷 너비를 변경한다(테일러드 재킷의 경우)

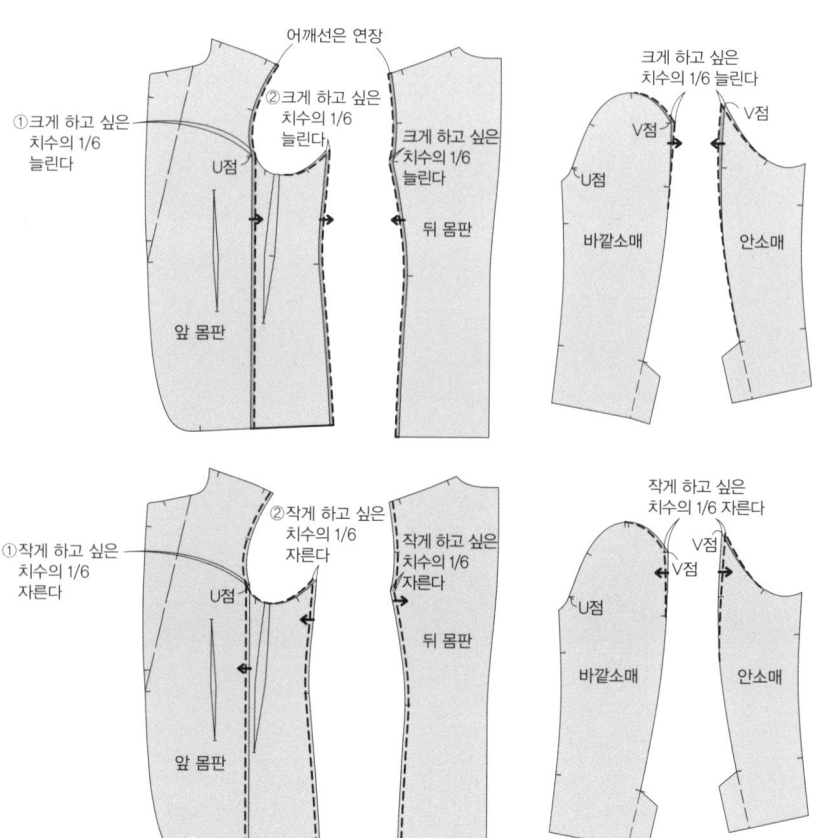

• 옷 너비를 크게 한다

앞 몸판은 U점에서 식서 방향선에 평행으로 잘라서 벌리고, 옆쪽으로 크게 하고 싶은 치수의 1/6 평행으로 늘린다. 그다음에 옆을 다시 1/6 늘린다. 뒤 몸판은 크게 하고 싶은 치수의 1/6을 옆에서 늘린다. 안소매·바깥소매는 V점 쪽을 각각 1/6 늘린다. 크게 하는 치수는 전체 둘레에서 3cm 정도까지.

• 옷 너비를 작게 한다

앞 몸판은 U점에서 식서 방향선에 평행으로 잘라서 벌리고, 옆쪽을 작게 하고 싶은 치수의 1/6 평행으로 자른다. 그다음에 옆을 다시 1/6 자른다. 뒤 몸판은 작게 하고 싶은 치수의 1/6을 옆에서 자른다. 안소매·바깥소매는 V점 쪽을 각각 1/6 자른다. 작게 하는 치수는 전체 둘레에서 3cm 정도까지.

옷 길이를 변경한다

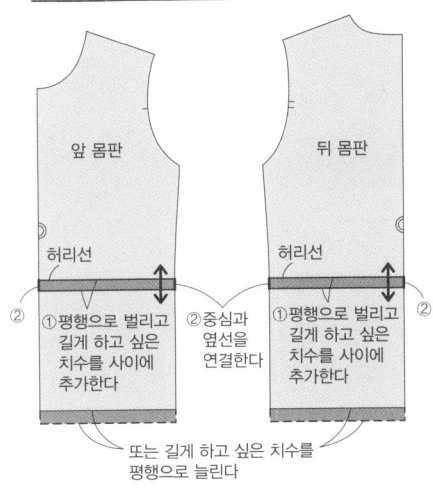

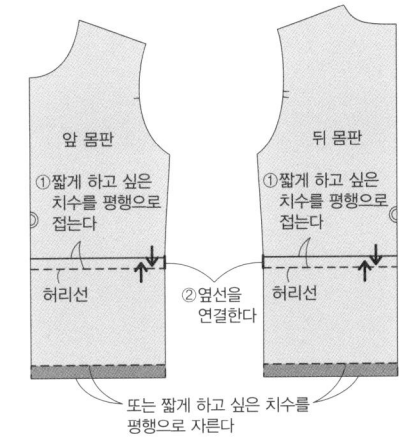

· 옷 길이를 길게 한다

허리선을 잘라서 벌리고, 길게 하고 싶은 치수를 사이에 추가해서, 옆선과 중심선을 다시 연결한다. 또는 밑단선을 평행으로 늘리는데, 밑단이 퍼진 디자인은 밑단 너비도 넓어지니 주의하자.

· 옷 길이를 짧게 한다

허리선에서 짧게 하고 싶은 치수를 접고, 옆선을 다시 연결한다. 또는 밑단선을 평행으로 자르는 방법도 있는데, 밑단이 퍼진 디자인은 밑단 너비도 좁아지니 주의하자.

소매길이를 변경한다

〈긴소매〉

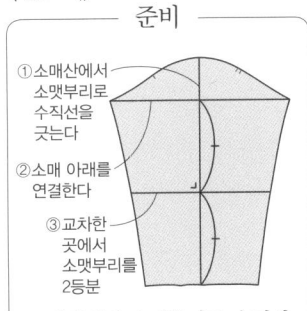

준비
① 소매산에서 소맷부리로 수직선을 긋는다
② 소매 아래를 연결한다
③ 교차한 곳에서 소맷부리를 2등분

소매산에서 소맷부리로 수직선을 긋는다. 소매 아래를 연결하고 2개의 선이 교차하는 부분에서 소맷부리까지를 2등분해 수평선을 긋는다.

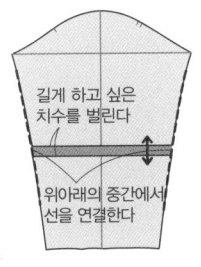

길게 하고 싶은 치수를 벌린다
위아래의 중간에서 선을 연결한다

· 길게 한다

2등분한 수평선에서 잘라서 벌리고, 길게 하고 싶은 치수를 사이에 추가한다. 소매 밑선은 위아래의 중간에서 선을 자연스럽게 연결한다.

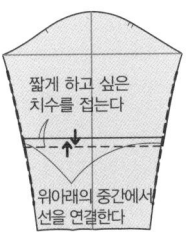

짧게 하고 싶은 치수를 접는다
위아래의 중간에서 선을 연결한다

· 짧게 한다

2등분한 수평선에서 짧게 하고 싶은 치수를 접고, 소매 밑선을 자연스럽게 연결한다.

〈반소매〉

② 소매 아래와 새로운 소맷부리의 끝을 연결한다
① 길게 하고 싶은 치수를 소맷부리와 평행으로

· 길게 한다

소맷부리에서 길게 하고 싶은 치수를 평행으로 늘린다. 소맷부리 너비는 바뀌지 않게 주의. 평행으로 늘린 양 끝과 소매 아래를 연결한다.

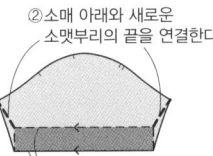

② 소매 아래와 새로운 소맷부리의 끝을 연결한다
① 짧게 하고 싶은 치수를 소맷부리와 평행으로 자른다

· 짧게 한다

소맷부리에서 짧게 하고 싶은 치수를 평행으로 자른다. 소맷부리 너비는 바뀌지 않게 주의. 자른 양 끝과 소매 아래를 연결한다.

〈2장 소매〉

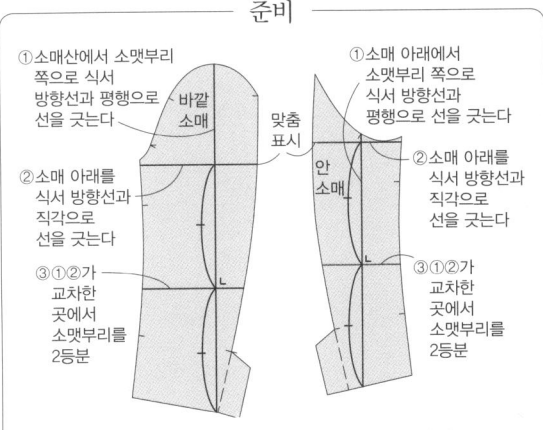

준비
① 소매산에서 소맷부리 쪽으로 식서 방향선과 평행으로 선을 긋는다
② 소매 아래를 식서 방향선과 직각으로 선을 긋는다
③ ①②가 교차한 곳에서 소맷부리를 2등분

바깥 소매
맞춤 표시

① 소매 아래에서 소맷부리 쪽으로 식서 방향선과 평행으로 선을 긋는다
② 소매 아래를 식서 방향선과 직각으로 선을 긋는다
③ ①②가 교차한 곳에서 소맷부리를 2등분

안 소매

소매산 또는 소매 아래에서 소맷부리로 수직선을 긋는다. 소매 아래를 연결하고, 2개의 선이 교차하는 부분에서 소맷부리까지를 2등분해 수평선을 긋는다.

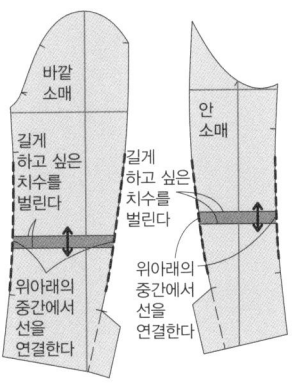

바깥 소매
길게 하고 싶은 치수를 벌린다
길게 하고 싶은 치수를 벌린다
안 소매
위아래의 중간에서 선을 연결한다
위아래의 중간에서 선을 연결한다

· 길게 한다

2등분한 수평선에서 잘라서 벌리고, 길게 하고 싶은 치수를 사이에 추가한다. 소매 밑선은 위아래의 중간에서 선을 자연스럽게 연결한다.

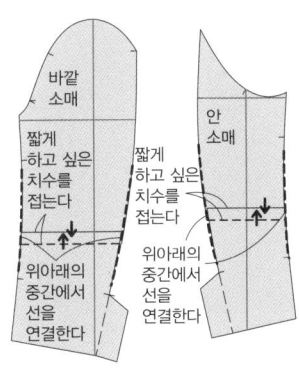

바깥 소매
짧게 하고 싶은 치수를 접는다
짧게 하고 싶은 치수를 접는다
안 소매
위아래의 중간에서 선을 연결한다
위아래의 중간에서 선을 연결한다

· 짧게 한다

2등분한 수평선에서 짧게 하고 싶은 치수를 접고, 소매 밑선을 자연스럽게 연결한다.

팬츠의 밑아래 길이를 변경한다

― 준비 ―

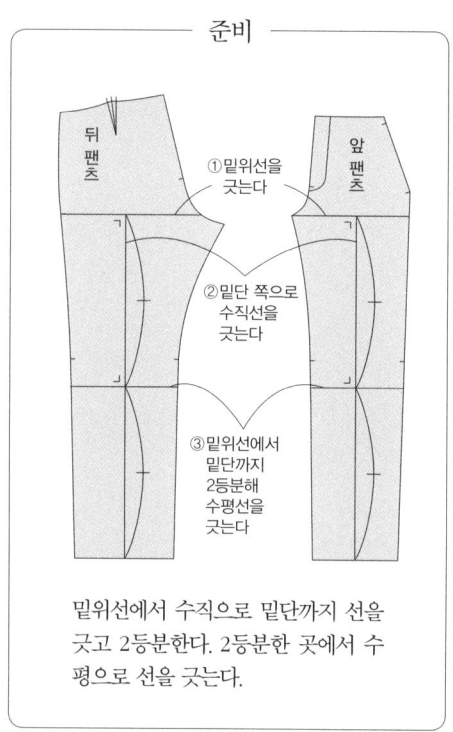

①밑위선을 긋는다
②밑단 쪽으로 수직선을 긋는다
③밑위선에서 밑단까지 2등분해 수평선을 긋는다

뒤팬츠 앞팬츠

밑위선에서 수직으로 밑단까지 선을 긋고 2등분한다. 2등분한 곳에서 수평으로 선을 긋는다.

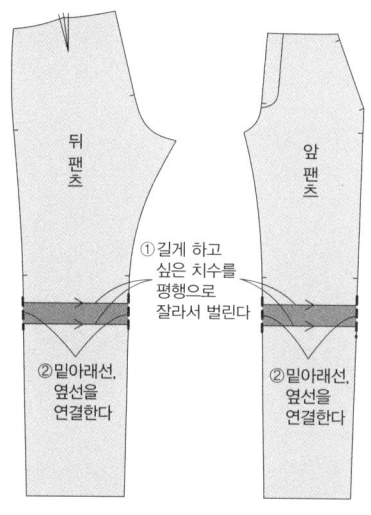

①길게 하고 싶은 치수를 평행으로 잘라서 벌린다
②밑아래선, 옆선을 연결한다

뒤팬츠 앞팬츠

• 밑아래 길이를 길게 한다
2등분한 선을 평행으로 잘라서 벌리고, 사이에 길게 하고 싶은 치수를 추가해 밑아래선과 옆선을 자연스럽게 연결한다.

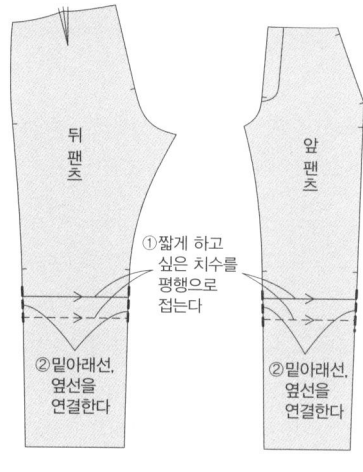

①짧게 하고 싶은 치수를 평행으로 접는다
②밑아래선, 옆선을 연결한다

뒤팬츠 앞팬츠

• 밑아래 길이를 짧게 한다
2등분한 선에서 짧게 하고 싶은 치수를 평행으로 접고, 밑아래선과 옆선을 자연스럽게 연결한다.

팬츠의 너비를 변경한다

― 준비 ―

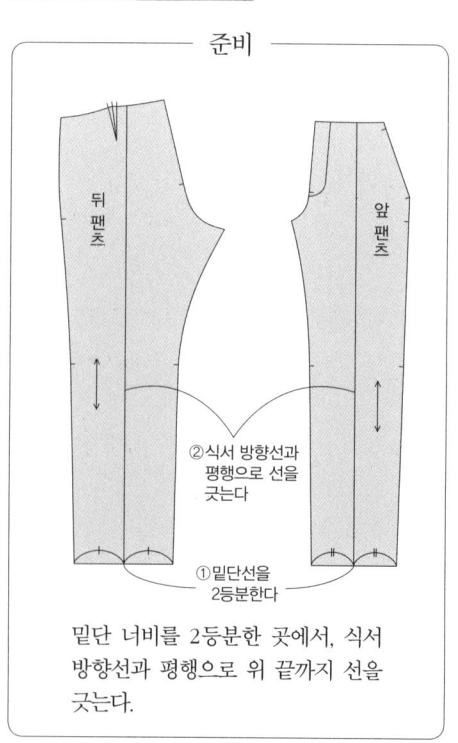

②식서 방향선과 평행으로 선을 긋는다
①밑단선을 2등분한다

뒤팬츠 앞팬츠

밑단 너비를 2등분한 곳에서, 식서 방향선과 평행으로 위 끝까지 선을 긋는다.

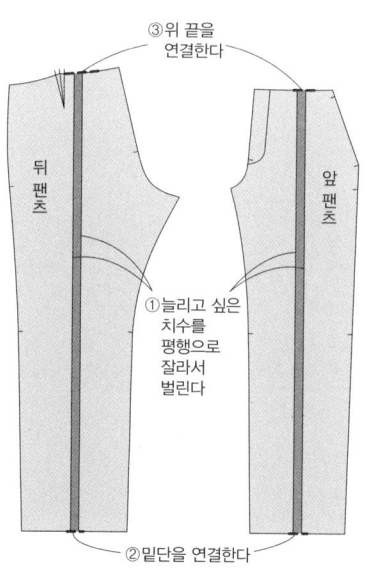

③위 끝을 연결한다
①늘리고 싶은 치수를 평행으로 잘라서 벌린다
②밑단을 연결한다

뒤팬츠 앞팬츠

• 팬츠의 너비를 늘린다
2등분한 선에서 늘리고 싶은 너비의 1/4을 평행으로 잘라서 벌린다. 위 끝과 밑단은 자연스럽게 연결한다.

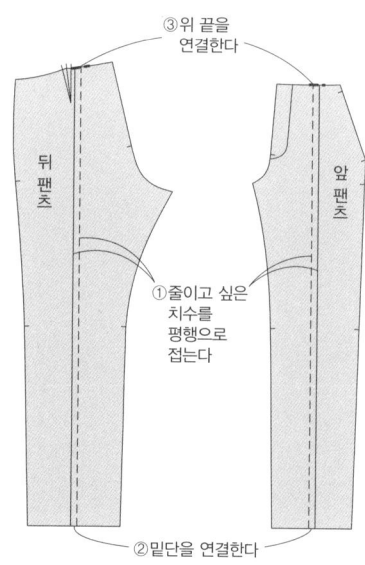

③위 끝을 연결한다
①줄이고 싶은 치수를 평행으로 접는다
②밑단을 연결한다

뒤팬츠 앞팬츠

• 팬츠의 너비를 줄인다
2등분한 선에서 줄이고 싶은 너비의 1/4을 접는다. 위 끝과 밑단은 자연스럽게 연결한다.

A. 클레릭 셔츠 P.4

실물 대형 옷본(1면 A)

1 앞 몸판, 2 뒤 요크, 3 뒤 몸판, 4 앞단, 5 소매,
6 커프스, 7 뾰족단, 8 밑덧단, 9 포켓, 10 칼라
밴드, 11 칼라, 12 덧천(거싯)

완성 사이즈

(왼쪽부터 S/M/L/LL/3L)

옷 길이　　74/76/78/80/82cm
가슴둘레　107/111/115/121/127cm
화장　　　80/82/84/86/88cm

재료

[50수 브로드클로스(런던 스트라이프)]
108cm 너비×210/215/220/225/230cm
[브로드클로스(흰색)] 70×65cm
[지름 1.15cm 조개 단추] 13개
[접착심지] 60×80cm
* 재봉실은 90번을 사용한다.

재단 배치도

50수 브로드클로스(런던 스트라이프)

앞단
(1장)　(1.5)　　(겉)

(0)

오른쪽
앞 몸판
(1장)

왼쪽
앞 몸판
(1장)

덧천
(2장)　(0)

(2)

밑덧단
(2장)　앞　　뒤

소매
(2장)　(0.4)

뾰족단
(2장)　(0.7)

포켓
(1장)

뒤 몸판
(1장)

골선

뒤 요크
(4장)　(0.4)

210
/
215
/
220
/
225
/
230
cm

108cm 너비

★ ○는 안쪽에 접착심지를 붙인다
★★ ○안의 숫자는 시접. 그 외의 시접은 1cm
★★★ 숫자는 순서대로 S/M/L/LL/3L 사이즈

브로드클로스(흰색)

겉
커프스
(2장)　(0.7)

칼라 밴드
(2장)　(0.7)

안
커프스
(2장)

칼라
(2장)

겉 칼라만 접착심지

65
cm

70cm

바느질 순서

준비　겉 칼라, 칼라 밴드, 겉 커프스, 앞단에
접착심지를 붙인다(재단 배치도 참조).

1 포켓을 만들어 단다

①시접을 접는다

포켓
(안)

②안쪽으로 접어
스티치

0.2

포켓
(안)

③접는다

④시접의 모서리를
0.5cm 자른다

(안)

0.3

왼쪽 앞 몸판
(겉)

(겉)

(겉)

0.2

⑤포켓 다는 위치에
박는다

69

2 앞 끝을 박는다

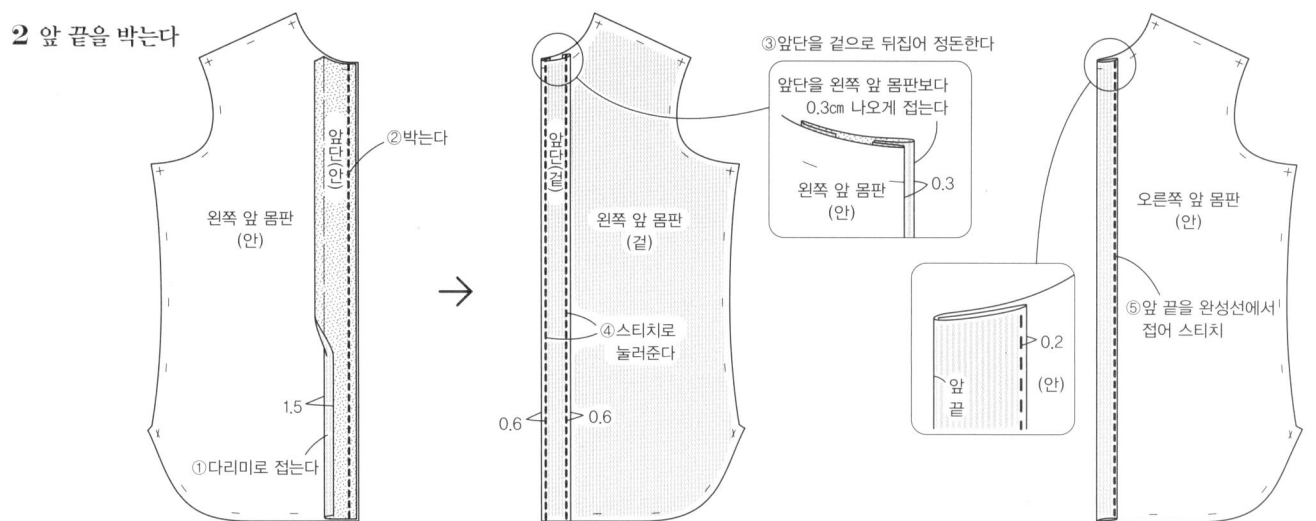

왼쪽 앞 몸판
(안)

②박는다

앞단(안)

1.5

①다리미로 접는다

→

앞단(겉)

왼쪽 앞 몸판
(겉)

④스티치로
눌러준다

0.6 ← → 0.6

③앞단을 겉으로 뒤집어 정돈한다

앞단을 왼쪽 앞 몸판보다
0.3cm 나오게 접는다

왼쪽 앞 몸판
(안)

0.3

앞
끝

0.2

(안)

오른쪽 앞 몸판
(안)

⑤앞 끝을 완성선에서
접어 스티치

3 뒤 몸판을 만들고, 어깨를 박는다
밑단을 마무리한다

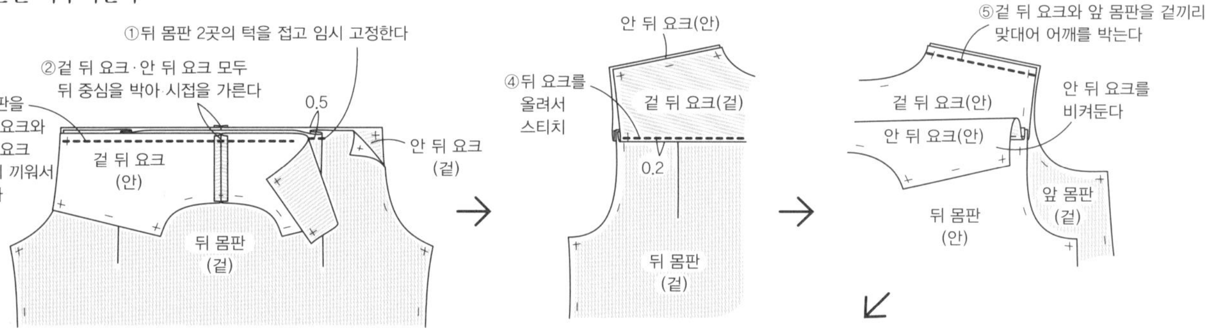

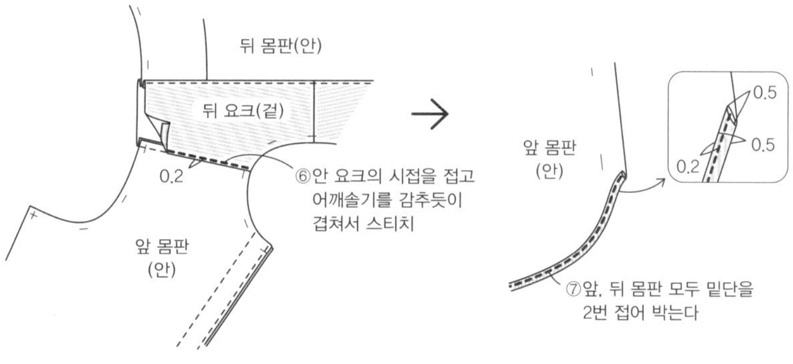

②겉 뒤 요크·안 뒤 요크 모두
뒤 중심을 박아 시접을 가른다

①뒤 몸판 2곳의 턱을 접고 임시 고정한다

③뒤 몸판을
겉 뒤 요크와
안 뒤 요크
사이에 끼워서
박는다

겉 뒤 요크
(안)

0.5

안 뒤 요크
(겉)

뒤 몸판
(겉)

→

안 뒤 요크(안)

④뒤 요크를
올려서
스티치

겉 뒤 요크(겉)

0.2

뒤 몸판
(겉)

→

⑤겉 뒤 요크와 앞 몸판을 겉끼리
맞대어 어깨를 박는다

겉 뒤 요크(안)

안 뒤 요크(겉)

안 뒤 요크를
비껴둔다

뒤 몸판
(안)

앞 몸판
(겉)

↙

4～8의 만드는 법은 P.12～15 참조

뒤 몸판(안)

뒤 요크(겉)

0.2

⑥안 요크의 시접을 접고
어깨슬기를 감추듯이
겹쳐서 스티치

앞 몸판
(안)

→

0.5

0.5

0.2

앞 몸판
(안)

⑦앞, 뒤 몸판 모두 밑단을
2번 접어 박는다

9 커프스를 만들어 단다

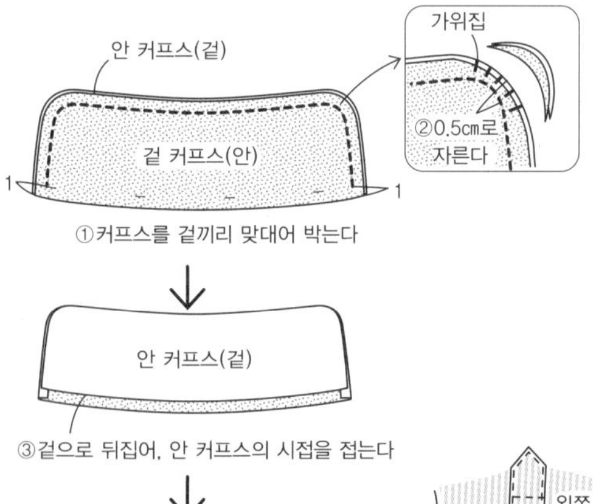

안 커프스(겉)

겉 커프스(안)

가위집

②0.5cm로
자른다

1 ←   → 1

①커프스를 겉끼리 맞대어 박는다

↓

안 커프스(겉)

③겉으로 뒤집어, 안 커프스의 시접을 접는다

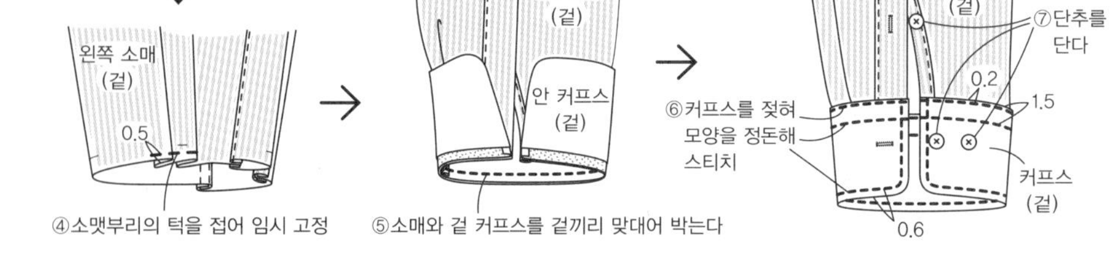

↓

왼쪽 소매
(겉)

0.5

④소맷부리의 턱을 접어 임시 고정

→

왼쪽 소매
(겉)

안 커프스
(겉)

⑤소매와 겉 커프스를 겉끼리 맞대어 박는다

왼쪽 소매
(겉)

⑦단추를
단다

0.2

1.5

⑥커프스를 젖혀
모양을 정돈해
스티치

커프스
(겉)

0.6

10 단춧구멍을 만들고
단추를 단다

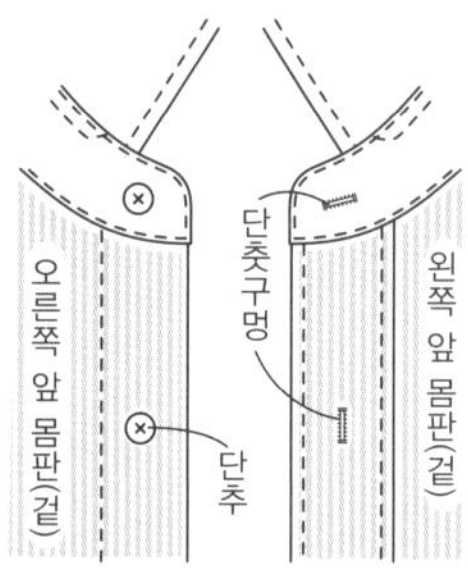

오른쪽 앞 몸판(겉)

단춧구멍

왼쪽 앞 몸판(겉)

단추

B. 버튼다운 셔츠 P.6

실물 대형 옷본(1면 B)

1 앞 몸판, 2 뒤 요크, 3 뒤 몸판, 4 앞단, 5 소매,
6 커프스, 7 뽀족단, 8 밑덧단, 9 포켓, 10 칼라
밴드, 11 칼라, 12 덧천

완성 사이즈

(왼쪽부터 S/M/L/LL/3L)
옷 길이 74/76/78/80/82cm
가슴둘레 107/111/115/121/127cm
화장 80/82/84/86/88cm

재료

[옥스퍼드(흰색)/30수 선염 비엘라 체크]
110/112cm 너비×240/245/250/255/260cm
[지름 1.15cm 조개 단추] 13개
[지름 0.9cm 조개 단추] 2개(칼라용)
[펠트] 적당량(보강용)
[접착심지] 60×80cm
* 재봉실은 90번을 사용한다.

재단 배치도

옥스퍼드(흰색)/30수 선염 비엘라 체크

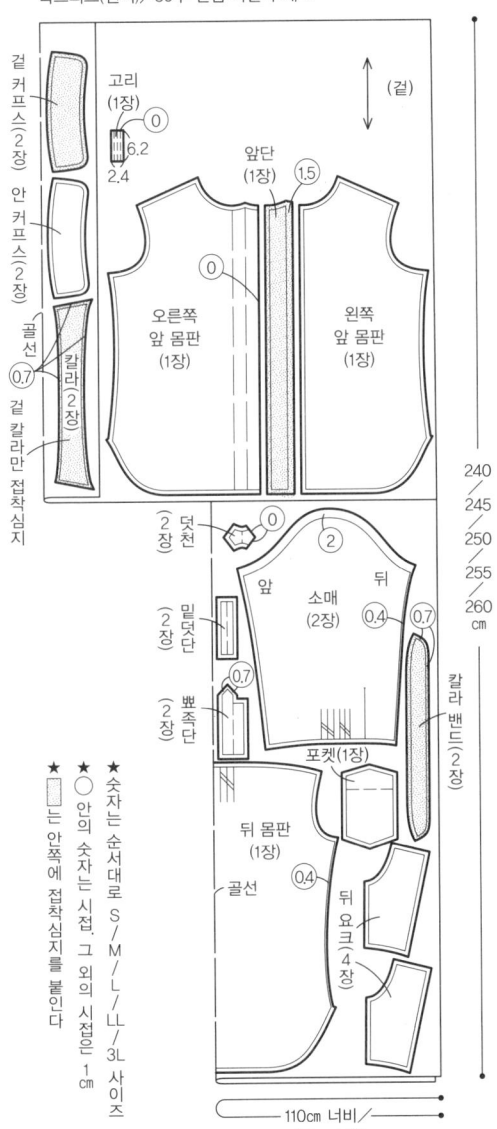

★ 숫자는 순서대로 S／M／L／LL／3L 사이즈

★★ 안의 숫자는 시접. 그 외의 시접은 1cm

□는 안쪽에 접착심지를 붙인다

바느질 순서

준비 겉 칼라, 칼라 밴드, 앞단, 커프스에
접착심지를 붙인다(재단 배치도 참조).

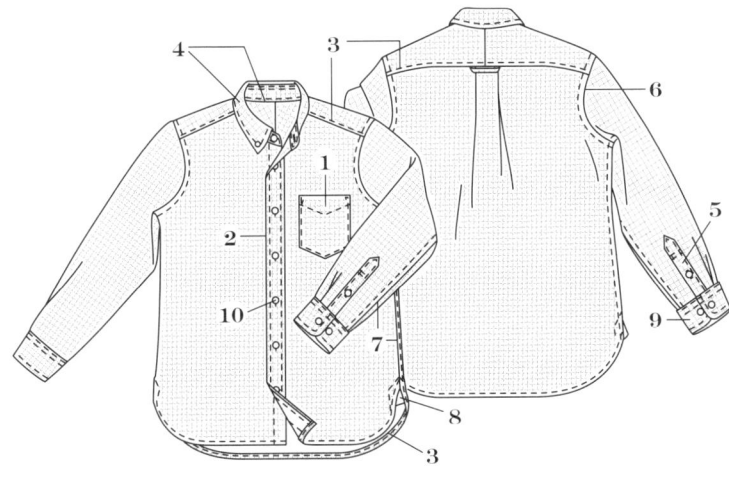

1, 2 만드는 법은 P.69~70 **1, 2** 참조

3 뒤 몸판을 만들고, 어깨를 박는다
밑단을 마무리한다

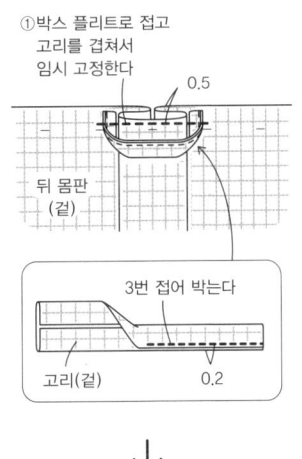

①박스 플리트로 접고
고리를 겹쳐서
임시 고정한다

0.5

뒤 몸판
(겉)

3번 접어 박는다

고리(겉) 0.2

↓

②~⑦은 P.70 **3**의 ②~⑦ 참조

4~8의 만드는 법은 P.12~15 참조

9의 만드는 법은 P.70의 **9** 참조

10 단춧구멍을 만들고, 단추를 단다

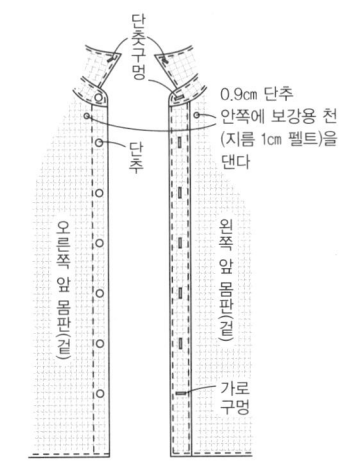

단춧구멍

0.9cm 단추
안쪽에 보강용 천
(지름 1cm 펠트)을
댄다

단추

오른쪽 앞 몸판(겉)

왼쪽 앞 몸판(겉)

가로 구멍

C. 밀리터리 셔츠 P.7

실물 대형 옷본(2면 C)

1 앞 몸판, 2 뒤 요크, 3 뒤 몸판, 4 앞단, 5 소매,
6 커프스, 7 칼라 밴드, 8 칼라, 9 견장, 10 오른
쪽 플랩, 11 포켓, 12 왼쪽 작은 플랩

완성 사이즈

(왼쪽부터 S/M/L/LL/3L)
옷 길이 71/73/75/77/79cm
가슴둘레 98/112/116/122/128cm
화장 45.4/47.2/49/50.8/52.6cm

재료

[코튼 트윌(아미 그린)]
110cm 너비×210/215/220/225/230cm
[지름 1.3cm 캐츠아이 단추] 11개
[접착심지] 60×80cm
＊스티치와 단춧구멍 재봉실은 윗실만 30번을 사용한다.

재단 배치도

코튼 트윌(아미 그린)

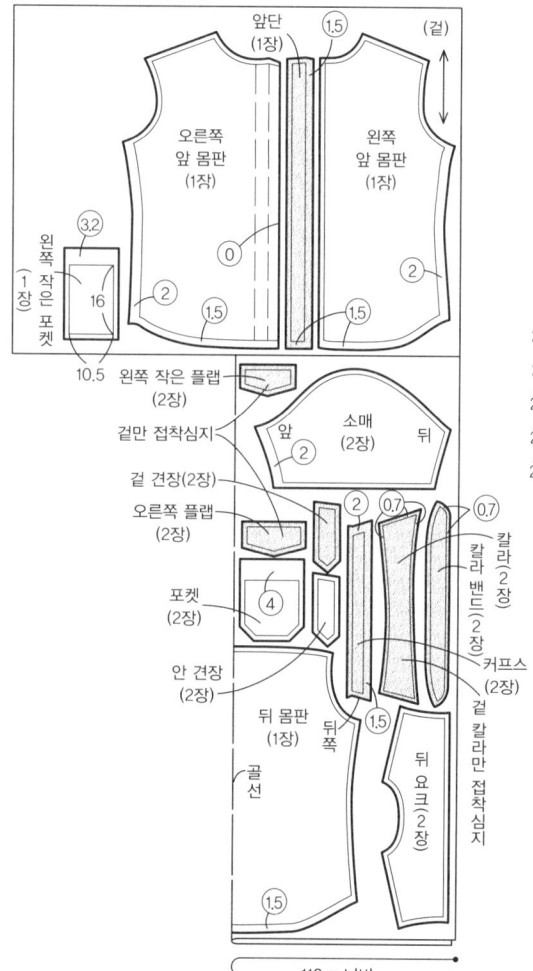

210
215
220
225
230
cm

110cm 너비

★ ○안의 숫자는 시접.
그 외의 시접은 1cm

★ ▭는 안쪽에 접착심지를 붙인다

★ 숫자는 순서대로 S/M/L/LL/3L 사이즈

바느질 순서   ※ 4, 7의 스티치 너비는 아래 그림 참조

준비 겉 칼라, 칼라 밴드, 커프스, 좌우 겉 플랩,
겉 견장, 앞단에 접착심지를 붙인다
(재단 배치도 참조).

1 포켓을 만들어 단다

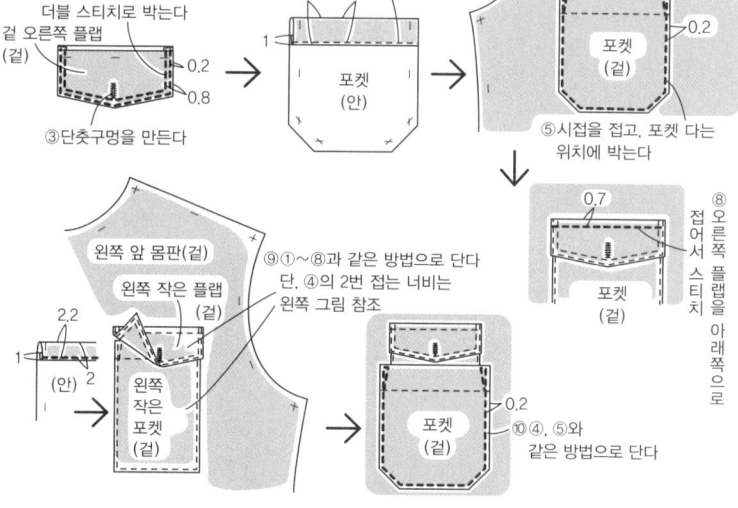

①오른쪽 플랩을 겉끼리 맞대어 박는다

겉 오른쪽 플랩
(안)

안 오른쪽 플랩
(겉)

②겉으로 뒤집어,
더블 스티치로 박는다
겉 오른쪽 플랩
(겉)
0.2
0.8

③단춧구멍을 만든다

④포켓 입구를
2번 접어 박는다
3 2.8
1
포켓
(안)

⑥오른쪽 플랩을 다는
위치에 박는다
0.3
되돌아박기

오른쪽 앞 몸판
(겉)

⑦시접을
0.5cm로
자른다

포켓
(겉)
0.2

⑤시접을 접고, 포켓 다는
위치에 박는다

0.7
포켓
(겉)

⑧접착심지를
접어서
스티치

오른쪽
겉 플랩을
아래쪽으로

⑨①~⑧과 같은 방법으로 단다
단, ④의 2번 접는 너비는
왼쪽 그림 참조

왼쪽 앞 몸판(겉)

왼쪽 작은 플랩
(겉)

2.2
1
(안) 2

왼쪽
작은
포켓
(겉)

포켓
(겉)
0.2

⑩④, ⑤와
같은 방법으로 단다

2 앞 끝을 박는다(P.70의 **2** 참조)

3 뒤 몸판을 만들고, 어깨를 박는다

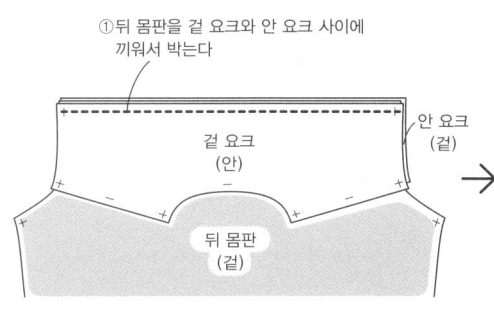

①뒤 몸판을 겉 요크와 안 요크 사이에 끼워서 박는다

안 요크(겉)

겉 요크(안)

뒤 몸판(겉)

겉 요크(겉)

안 요크(안)

0.2

②요크를 올려서 스티치

뒤 몸판(겉)

③안 요크를 비켜서 어깨를 박는다

뒤 몸판(안)

안 요크(겉)

겉 요크(안)

앞 몸판(안)

앞 몸판(안)

0.2

④안 요크의 시접을 접고, 어깨솔기를 감추듯이 겹쳐서 스티치

4 칼라를 만들어 단다
(P.13~14 참조. 단, 스티치 너비는 바느질 순서의 그림 참조)

5 소매를 만든다

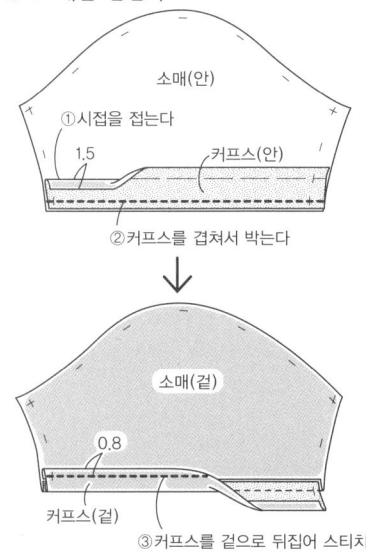

소매(안)

①시접을 접는다

1.5

커프스(안)

②커프스를 겹쳐서 박는다

소매(겉)

0.8

커프스(겉)

③커프스를 겉으로 뒤집어 스티치

7 소매 밑에서 옆을 박는다
(P.15 참조. 단, 스티치 너비는 바느질 순서의 그림 참조)

8 밑단을 마무리한다

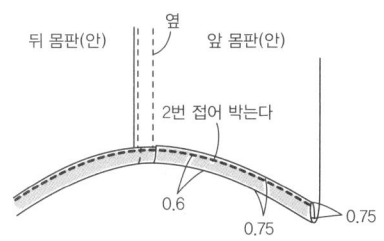

뒤 몸판(안)

옆

앞 몸판(안)

2번 접어 박는다

0.6

0.75

0.75

0.75

6 견장을 만들고, 소매를 붙인다

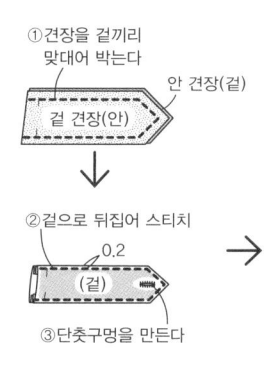

①견장을 겉끼리 맞대어 박는다

겉 견장(안)

안 견장(겉)

②겉으로 뒤집어 스티치

0.2

(겉)

③단춧구멍을 만든다

이음 위치에 맞추어 요크 쪽에 단다

앞 몸판(안)

안 요크(겉)

견장 겉쪽

소매(안)

④견장을 끼우고, 몸판과 소매를 겉끼리 맞대어 박는다

⑤시접을 2장 함께 마무리해서, 몸판 쪽으로 눕힌다

9 단춧구멍을 만들고, 단추를 단다

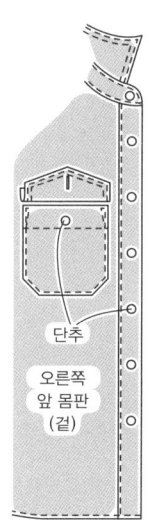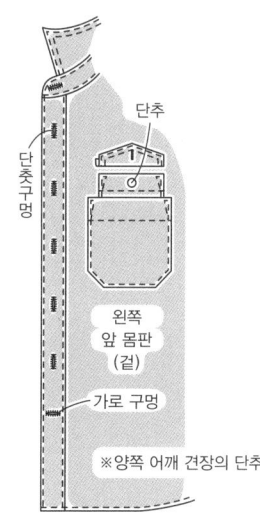

단추

단추구멍

단추

오른쪽 앞 몸판(겉)

왼쪽 앞 몸판(겉)

가로 구멍

※양쪽 어깨 견장의 단추도 단다

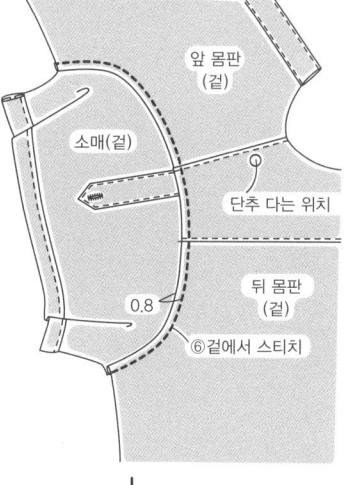

앞 몸판(겉)

소매(겉)

단추 다는 위치

0.8

뒤 몸판(겉)

⑥겉에서 스티치

⑦0.5cm 늘림시접을 두고 접는다

D. 데님 셔츠 P.8

실물 대형 옷본(2면 D)	완성 사이즈	재료
1 앞 몸판, 2 뒤 요크, 3 뒤 몸판, 4 앞단, 5 소매, 6 커프스, 7 칼라 밴드, 8 칼라, 9 뾰족단, 10 밑 덧단, 11 포켓	(왼쪽부터 S/M/L/LL/3L) 옷 길이 71/73/75/77/79cm 가슴둘레 110/114/118/124/130cm 화장 82/84/86/88/90cm	[5.5온스 인디고 데님] 136cm 너비×240/245/250/255/260cm [지름 1.3cm 조개 단추] 13개 [지름 1.15cm 조개 단추] 2개(뾰족단용) [접착심지] 60×80cm

재단 배치도

5.5온스 인디고 데님

겉 커프스(2장) 골선 안 커프스(2장) 칼라(2장) 겉 칼라만 접착심지

포켓(2장)

안 포켓(1장)
14.5 / 10.5

앞단(1장)

(겉)

오른쪽 앞 몸판(1장)

왼쪽 앞 몸판(1장)

240 / 245 / 250 / 255 / 260 cm

앞 소매 (2장) 뒤

밑덧단(2장)

칼라 밴드(2장)

뾰족단(2장)

골선

뒤 몸판(1장)

뒤 요크(2장)

136cm 너비

★ 는 안쪽에 접착심지를 붙인다
★★ 안의 숫자는 시접. 그 외의 시접은 1cm
★★★ 숫자는 순서대로 S/M/L/LL/3L 사이즈

바느질 순서 ※ 4, 6, 7, 8의 스티치 너비는 아래 그림 참조

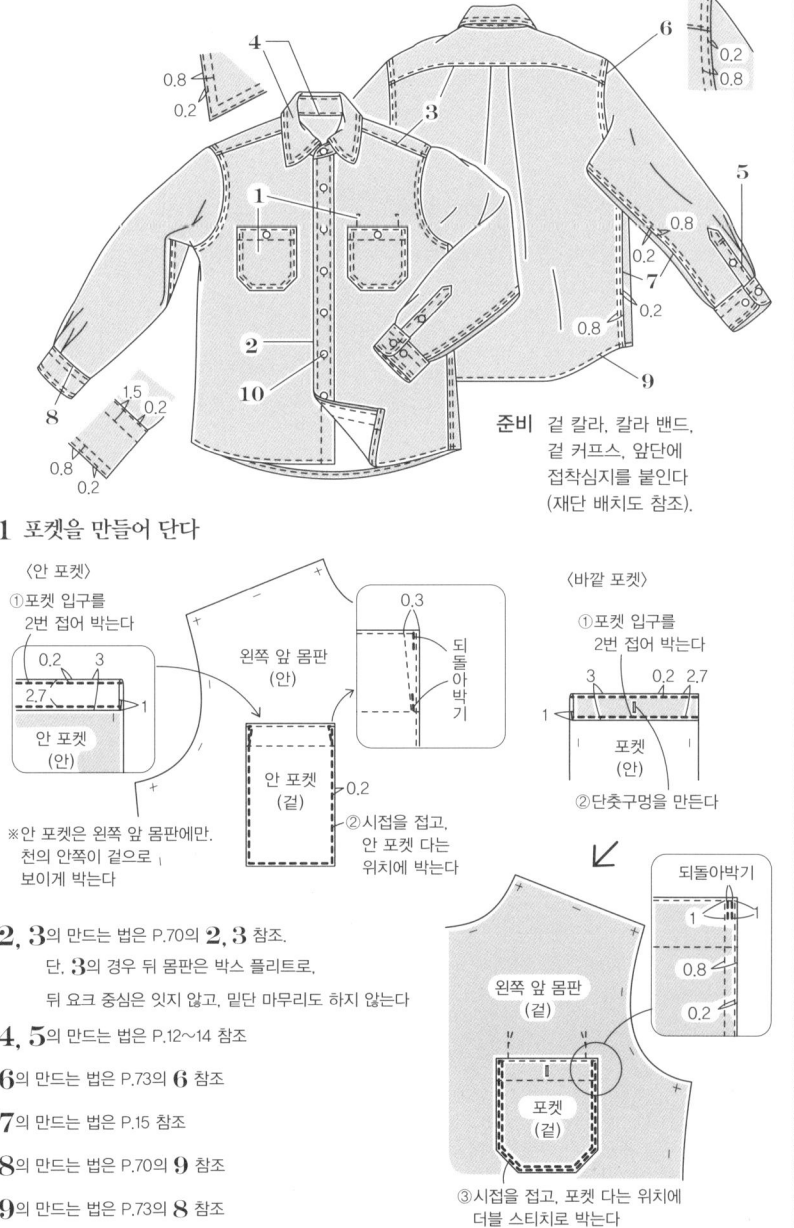

준비 겉 칼라, 칼라 밴드, 겉 커프스, 앞단에 접착심지를 붙인다 (재단 배치도 참조).

1 포켓을 만들어 단다

〈안 포켓〉
① 포켓 입구를 2번 접어 박는다

왼쪽 앞 몸판(안)

안 포켓(안)

안 포켓(겉)

② 시접을 접고, 안 포켓 다는 위치에 박는다

※안 포켓은 왼쪽 앞 몸판에만. 천의 안쪽이 겉으로 보이게 박는다

〈바깥 포켓〉
① 포켓 입구를 2번 접어 박는다

포켓(안)

② 단춧구멍을 만든다

왼쪽 앞 몸판(겉)

포켓(겉)

③ 시접을 접고, 포켓 다는 위치에 더블 스티치로 박는다

※오른쪽 몸판도 같은 방법으로 단다

2, 3의 만드는 법은 P.70의 2, 3 참조

단. 3의 경우 뒤 몸판은 박스 플리트로, 뒤 요크 중심은 잇지 않고, 밑단 마무리도 하지 않는다

4, 5의 만드는 법은 P.12~14 참조

6의 만드는 법은 P.73의 6 참조

7의 만드는 법은 P.15 참조

8의 만드는 법은 P.70의 9 참조

9의 만드는 법은 P.73의 8 참조

10 단춧구멍을 만들고, 단추를 단다

E. 아웃도어 셔츠 P.9

실물 대형 옷본(2면 E)

1 앞 몸판, 2 뒤 요크, 3 뒤 몸판, 4 앞단, 5 소매,
6 커프스, 7 칼라 밴드, 8 칼라, 9 뾰족단, 10 밑
덧단, 11 플랩, 12 포켓

완성 사이즈

(왼쪽부터 S/M/L/LL/3L)

옷 길이 71/73/75/77/79cm
가슴둘레 110/114/118/124/130cm
화장 82/84/86/88/90cm

재료

[비엘라(버펄로 체크)]
110cm 너비×240/245/250/255/260cm

[지름 1.3cm 캐츠아이 단추] 13개

[지름 1.15cm 캐츠아이 단추] 2개(뾰족단용)

[접착심지] 55×75cm

※ 스티치와 단춧구멍 재봉실은 윗실만 30번을 사용한다.

바느질 순서 ※ 4, 7, 8의 스티치 너비는 아래 그림 참조

준비 겉 칼라, 칼라 밴드, 겉 커프스, 겉 플랩, 앞단에 접착심지를 붙인다(재단 배치도 참조).

재단 배치도

비엘라(버펄로 체크)

겉 커프스(2장)
골선
안 커프스(2장)
칼라(2장)
겉 칼라만 접착심지

포켓(2장)

4.2 4.2

겉 플랩(2장)
안 플랩(2장)

15

오른쪽 앞 몸판(1장)
앞단(1장)
왼쪽 앞 몸판(1장)

240/245/250/255/260cm

앞 소매(2장) 뒤

밑덧단(2장)

뾰족단(2장)

칼라 밴드(2장)

골선 뒤 몸판(1장) 뒤 요크(2장)

110cm 너비

★ ★★ ★★★
는 안쪽에 접착심지를 붙인다
안의 숫자는 시접. 그 외의 시접은 1cm
숫자는 순서대로 S/M/L/LL/3L 사이즈

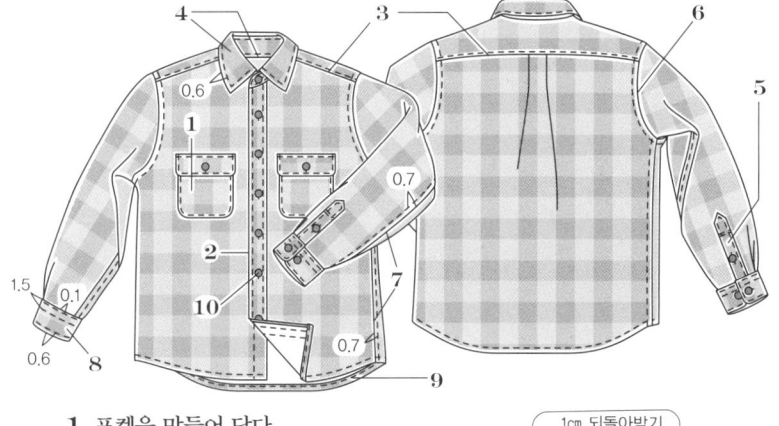

1 포켓을 만들어 단다

P.72 1의 ①~⑧과 같은 방법으로 박는다

왼쪽 앞 몸판(겉)
안 플랩(겉)
포켓(겉)
포켓(안)

1cm 되돌아박기

⑧플랩을 아래쪽으로 접어서 스티치

※오른쪽도 같은 방법으로 단다

2, 3의 만드는 법은 P.74 2, 3 참조 **4, 5의 만드는 법은 P.12~14 참조**

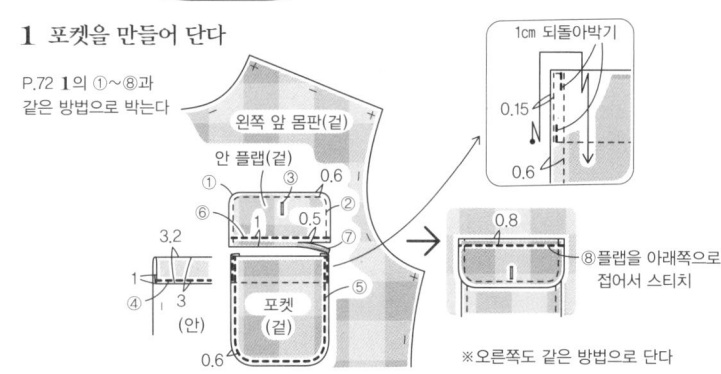

6 소매를 붙인다

앞 몸판(안)
왼쪽 소매(안)
뒤 몸판(안)

①몸판과 소매를 겉끼리 맞대어 박는다

②시접을 2장 함께 마무리해서, 몸판 쪽으로 눕힌다

앞 몸판(겉)
③겉에서 스티치
왼쪽 소매(겉)
뒤 몸판(겉)

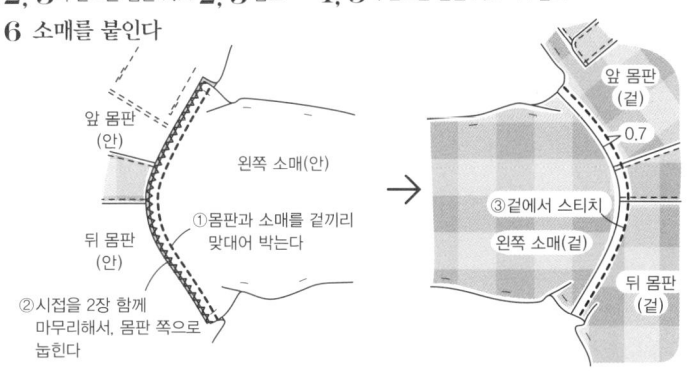

7의 만드는 법은 P.15 참조 **8의 만드는 법은 P.70의 9 참조**

9의 만드는 법은 P.73의 8 참조 **10 단춧구멍을 만들고, 단추를 단다**

G. 폴로 셔츠 P.11

실물 대형 옷본(4면 G)

1 앞 몸판, 2 뒤 몸판, 3 소매, 4 앞단 · 밑덧단,
5 칼라(칼라는 니트 천으로 만드는 경우만)

완성 사이즈

(왼쪽부터 S/M/L/LL/3L)

옷 길이	66/68/70/72/74cm
가슴둘레	100/104/108/114/120cm
화장	42/43.7/45.5/47.3/49cm

재료

[피케 니트(블루)] 170cm 너비×100/100/105/105/110cm
[리브 니트(폴로 칼라)] 8.5cm 너비×37/38.5/40/42/43.7cm 1장
[리브 니트(소맷부리)] 3.5cm 너비×29.8/30.4/31/32.4/34cm 2장
[접착심지] 25×15cm   [지름 1.15cm 단추] 2개
[1cm 너비 하프 바이어스테이프] 40cm
* 니트용 재봉실을 사용한다.
〈칼라와 소맷부리를 니트 천으로 만드는 경우〉
[프레이즈 니트] 70×35cm   [접착심지] 45×30cm

재단 배치도

피케 니트(블루)

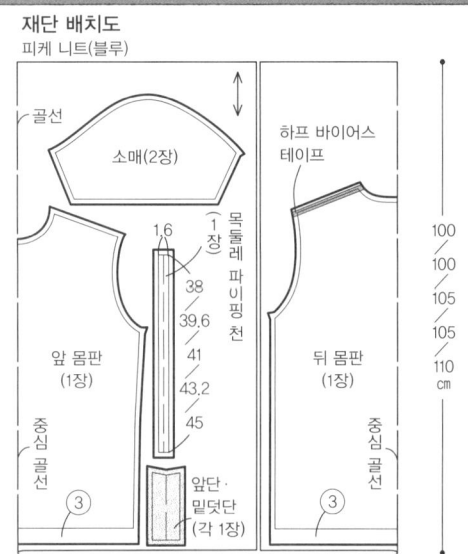

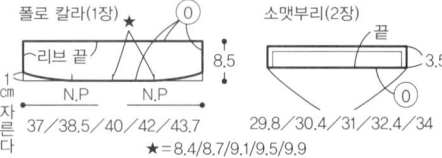

〈리브 니트의 경우(시접 포함)〉

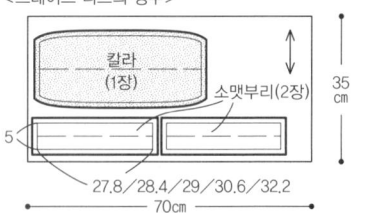

★ ○ 안의 숫자는 시접. 그 외의 시접은 1cm
★ □는 안쪽에 접착심지를 붙인다 ★ ▨는 안쪽에
하프 바이어스테이프를 붙인다
★ 숫자는 순서대로 S/M/LL/3L 사이즈
〈목둘레 파이핑 천 치수〉

○=8.6/9/9.3/9.8/10.2   ■=10.4/10.8/11.2/11.8/12.3

바느질 순서

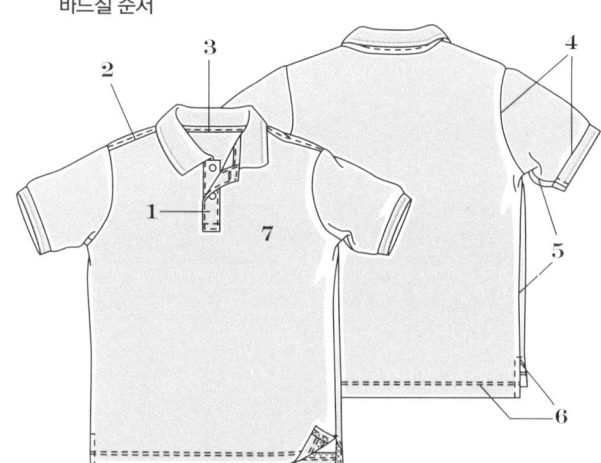

준비 뒤 몸판의 어깨에 하프 바이어스테이프를 완성선에 걸치듯이 붙인다.
앞단 · 밑덧단에 접착심지를 붙인다. 칼라를 프레이즈 니트로 만드는 경우는 칼라에도 붙인다
(재단 배치도 참조). 다리미로 밑단 시접을 접고, 목둘레 파이핑 천을 1번 접는다.

1 앞단을 만든다

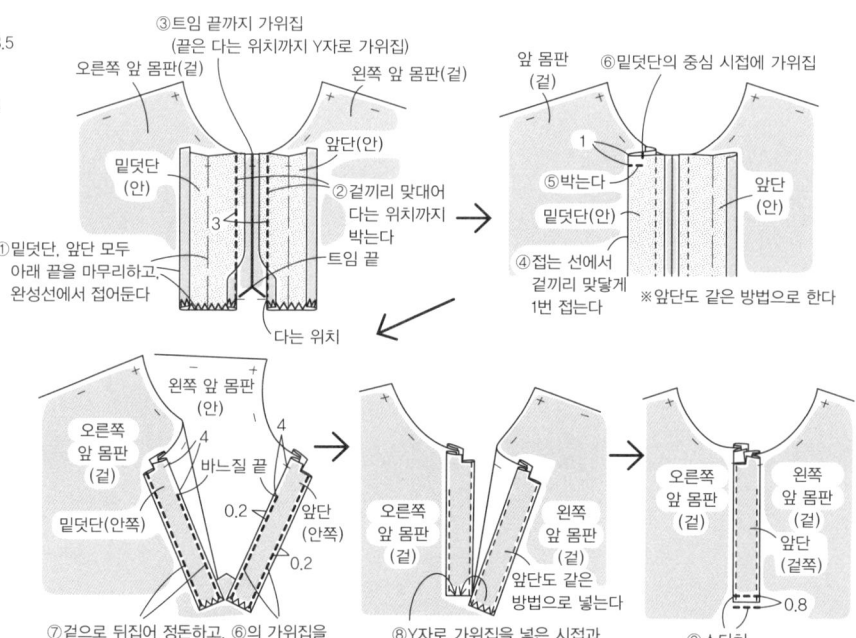

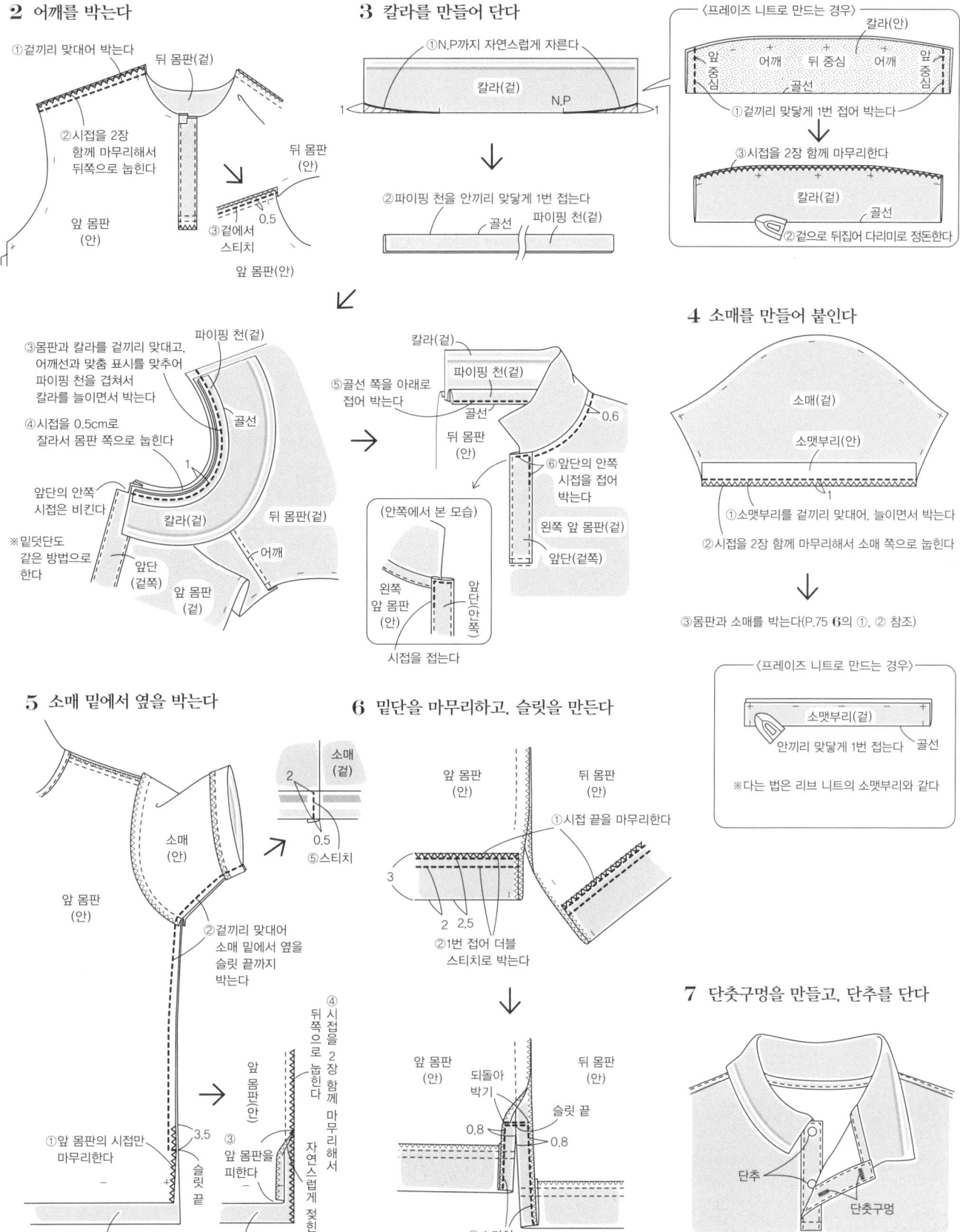

2 어깨를 박는다

①겉끼리 맞대어 박는다
뒤 몸판(겉)
②시접을 2장 함께 마무리해서 뒤쪽으로 눕힌다
③겉에서 스티치
뒤 몸판(안)
0.5
앞 몸판(안)
앞 몸판(안)

3 칼라를 만들어 단다

①N.P까지 자연스럽게 자른다
칼라(겉)
N.P
1 1

②파이핑 천을 안끼리 맞닿게 1번 접는다
골선
파이핑 천(겉)

③몸판과 칼라를 겉끼리 맞대고, 어깨선과 맞춤 표시를 맞추어 파이핑 천을 겹쳐서 칼라를 늘이면서 박는다
④시접을 0.5cm로 잘라서 몸판 쪽으로 눕힌다
파이핑 천(겉)
골선
1
칼라(겉)
뒤 몸판(겉)
어깨
앞단의 안쪽 시접은 비킨다
※밑덧단도 같은 방법으로 한다
앞단(겉쪽)
앞 몸판(겉)

칼라(겉)
⑤골선 쪽을 아래로 접어 박는다
파이핑 천(겉)
골선
뒤 몸판(안)
0.6
⑥앞단의 안쪽 시접을 접어 박는다
왼쪽 앞 몸판(겉)
앞단(겉쪽)
(안쪽에서 본 모습)
왼쪽 앞 몸판(안)
앞단(안쪽)
시접을 접는다

〈프레이즈 니트로 만드는 경우〉
칼라(안)
앞 중심 어깨 뒤 중심 어깨 앞 중심
골선
①겉끼리 맞닿게 1번 접어 박는다
③시접을 2장 함께 마무리한다
칼라(겉)
골선
②겉으로 뒤집어 다리미로 정돈한다

4 소매를 만들어 붙인다

소매(겉)
소맷부리(안)
1
①소맷부리를 겉끼리 맞대어, 늘이면서 박는다
②시접을 2장 함께 마무리해서 소매 쪽으로 눕힌다
③몸판과 소매를 박는다(P.75 6의 ①, ② 참조)

〈프레이즈 니트로 만드는 경우〉
소맷부리(겉)
안끼리 맞닿게 1번 접는다
골선
※다는 법은 리브 니트의 소맷부리와 같다

5 소매 밑에서 옆을 박는다

앞 몸판(안)
소매(안)
②겉끼리 맞대어 소매 밑에서 옆을 슬릿 끝까지 박는다
소매(겉)
2
0.5
⑤스티치
①앞 몸판의 시접만 마무리한다
3.5
슬릿 끝
③앞 몸판을 피한다
앞 몸판(안)
④시접을 2장 함께 마무리해서 자연스럽게 젖힌다
뒤쪽으로 눕힌다
뒤 몸판(겉)
뒤 몸판(겉)

6 밑단을 마무리하고, 슬릿을 만든다

앞 몸판(안)
뒤 몸판(안)
①시접 끝을 마무리한다
3
2 2.5
②1번 접어 더블 스티치로 박는다

앞 몸판(안)
뒤 몸판(안)
되돌아 박기
슬릿 끝
0.8
0.8
③스티치

7 단춧구멍을 만들고, 단추를 단다

단추
단춧구멍

F. 보트넥 커트 앤드 소운 P.10

실물 대형 옷본(2면 F)

1 앞 몸판, 2 뒤 몸판, 3 소매, 4 덧대는 천

완성 사이즈

(왼쪽부터 S/M/L/LL/3L)
옷 길이　62/64/66/68/70cm
가슴둘레　96/100/104/110/116cm
화장　　　73/75/77/79/81cm

재료

[저지(패널 보더)]
155cm 너비×130/135/140/145/150cm
[1cm 너비 하프 바이어스테이프] 140cm
* 니트용 재봉실을 사용한다.

재단 배치도

★ ◯ 안의 숫자는 시접.
　그 외의 시접은 1cm
★ ▨는 안쪽에 하프
　바이어스테이프를 붙인다
★ 숫자는 순서대로 S/M/L/LL/3L
　사이즈

바느질 순서

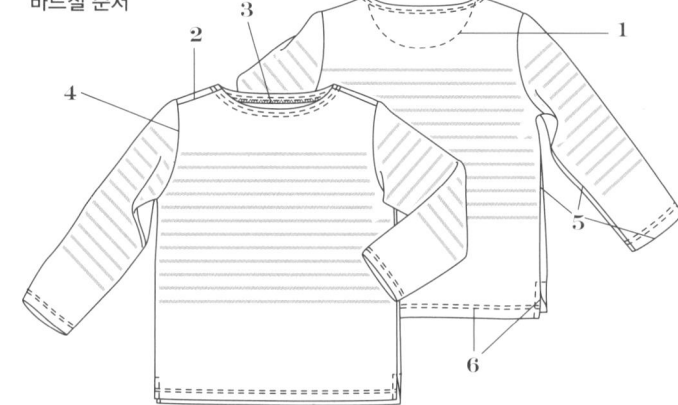

준비　뒤 몸판의 어깨와 앞·뒤 몸판의 목둘레에
1cm 너비의 하프 바이어스테이프를 완성선에
걸치듯이 붙인다(재단 배치도 참조).

2 어깨를 박는다(P.77 **2**의 ①, ② 참조)

3 목둘레를 마무리한다

1 덧대는 천을 단다

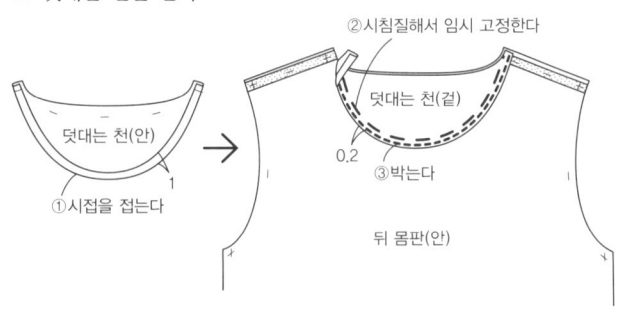

4 소매를 붙인다(P.75 **6**의 ①, ② 참조)

5 소매 밑에서 옆을 박고, 소맷부리를 박는다

①~④는 P.77 **5**의 ①~④와 같다

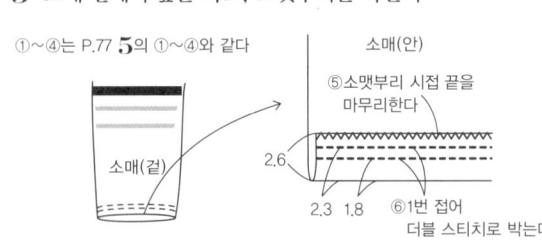

6 밑단을 마무리하고, 슬릿을 만든다

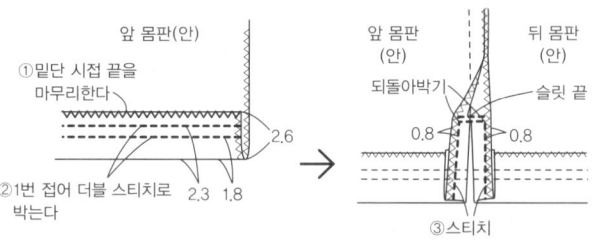

H. 드레스 팬츠 P.16

실물 대형 옷본(1면 H)

1 앞 팬츠, 2 뒤 팬츠, 3 안단, 4 겉 밑덧단, 5 안 밑덧단, 6 태브, 7 옆 포켓 안단, 8 옆 포켓 주머니 천, 9 옆 포켓 맞단, 10 뒤 포켓 주머니 천, 11 뒤 포켓 입술감, 12 파이핑 천, 13 뒤 포켓 맞단, 14 무릎 안감

완성 사이즈

(왼쪽부터 S/M/L/LL/3L)
허리둘레 76/80/84/90/96cm
엉덩이둘레 95/99/103/109/115cm
총 옆 길이 103.5/104/104.5/105/105.5cm

* 허리둘레 치수는 박아서 줄이는 분량을 고려해 옷본의 치수보다 2cm 작게 표시했다.

재료

[울 플라노(라이트 그레이)] 110cm 너비×250cm
[슬리크] 90cm 너비×100cm [얇은 평직의 안감] 70×70cm
[접착심지] 40×40cm [3.3cm 너비 이너 벨트(벨트 심지)] 110cm
[허리 안감] 7.5~8cm 너비×85.5/89.5/93.5/99.5/105.5cm
[지퍼] 14/15/15/16/16cm 1개
[지름 1.5cm 단추] 2개 [갈고리단추] 1쌍
* 단춧구멍은 30번 재봉실을 사용한다.

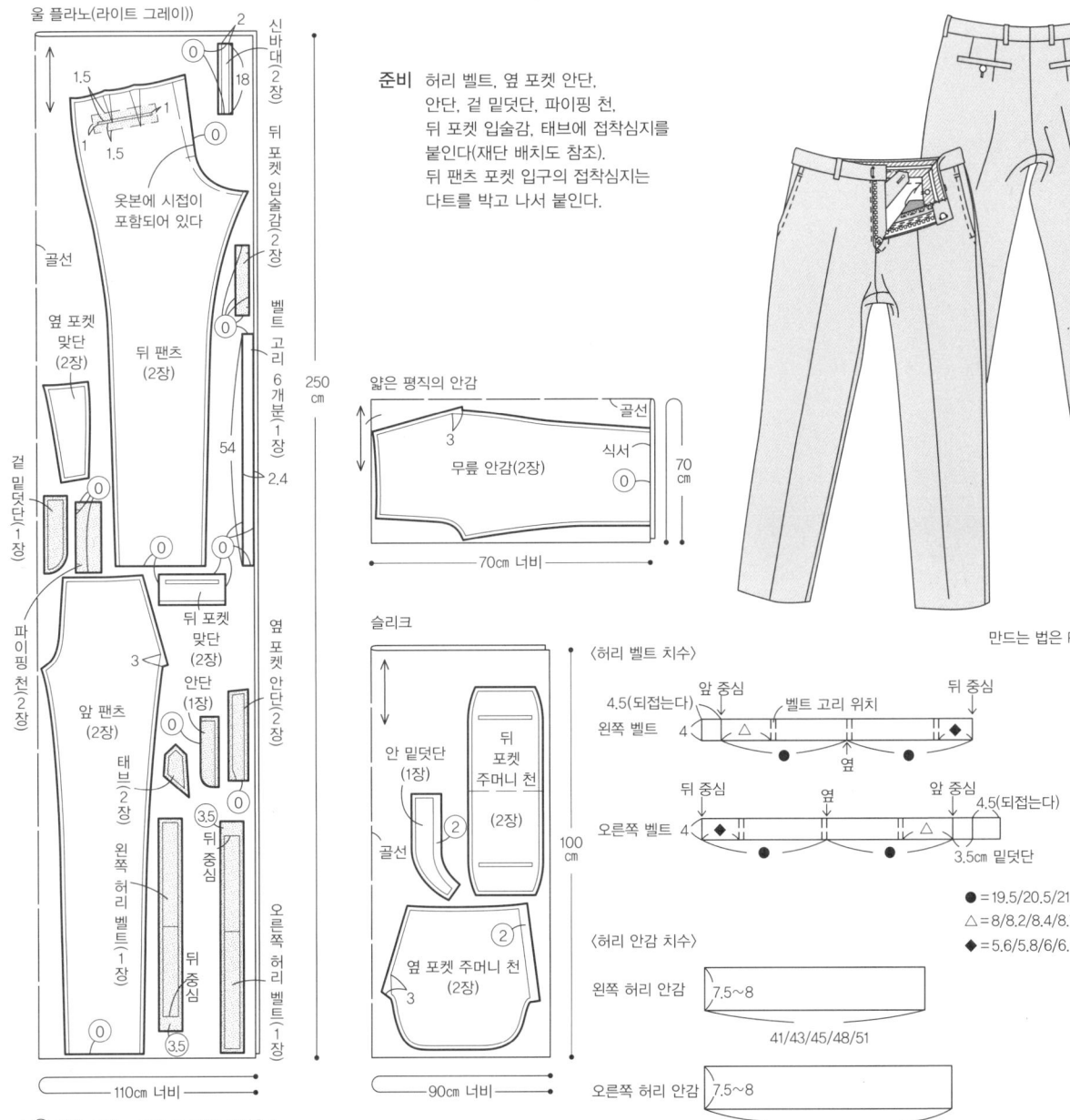

재단 배치도

울 플라노(라이트 그레이))

준비 허리 벨트, 옆 포켓 안단, 안단, 겉 밑덧단, 파이핑 천, 뒤 포켓 입술감, 태브에 접착심지를 붙인다(재단 배치도 참조). 뒤 팬츠 포켓 입구의 접착심지는 다트를 박고 나서 붙인다.

만드는 법은 P.24~31 참조

〈허리 벨트 치수〉

● = 19.5/20.5/21.5/23/24.5
△ = 8/8.2/8.4/8.7/9
◆ = 5.6/5.8/6/6.3/6.6

〈허리 안감 치수〉

왼쪽 허리 안감 7.5~8
41/43/45/48/51

오른쪽 허리 안감 7.5~8
44.5/46.5/48.5/51.5/54.5

★ ○ 안의 숫자는 시접. 그 외의 시접은 1cm
★ ▨ 는 안쪽에 접착심지를 붙인다 ★ 숫자는 순서대로 S/M/L/LL/3L 사이즈

I. 치노 팬츠 P.18

실물 대형 옷본(5면 I)

1 앞 팬츠, 2 뒤 팬츠, 3 안단, 4 밑덧단, 5 옆 포켓 주머니 천, 6 맞단, 7 옆 포켓 입구 안단, 8 뒤 포켓

완성 사이즈

(왼쪽부터 S/M/L/LL/3L)

허리둘레　76/80/84/90/96cm
엉덩이둘레　94/98/102/108/114cm
총 옆 길이　98/100.5/103/105.5/108cm

＊ 허리둘레 치수는 박아서 줄이는 분량을 고려해 옷본의 치수보다 2cm 작게 표시했다.

재료

[치노 클로스(베이지)]
112cm 너비×220/225/230/235/240cm
[슬리크] 120cm 너비×40cm
[접착심지] 40×100cm
[지퍼] 13/14/14/15/15cm 1개
[지름 1.5cm 단추] 2개

재단 배치도

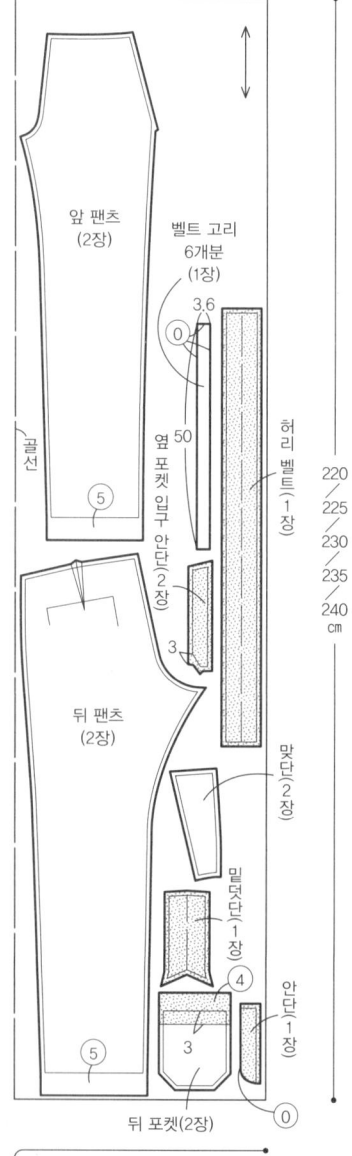

치노 클로스(베이지)

앞 팬츠
(2장)

벨트 고리
6개분
(1장)

3.6

0

50

옆 포켓 입구 안단 (2장)

골선

5

허리 벨트 (1장)

뒤 팬츠
(2장)

3

맞단
(2장)

밑덧단
(1장)

4

안단
(1장)

5

3

0

뒤 포켓(2장)

112cm 너비

220
225
230
235
240
cm

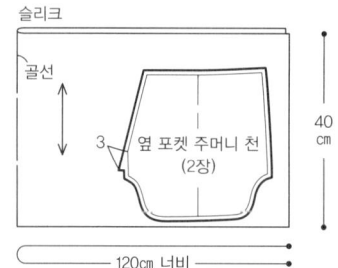

슬리크

골선

3 옆 포켓 주머니 천
(2장)

40 cm

120cm 너비

★ ◯ 안의 숫자는 시접. 그 외의 시접은 1cm
★ ▭는 안쪽에 접착심지를 붙인다
★ 숫자는 순서대로 S/M/L/LL/3L 사이즈
★ 허리 벨트 치수는 P.82

준비 허리 벨트, 옆 포켓 입구 안단, 안단, 밑덧단, 뒤 포켓 입구에 접착심지를 붙인다(재단 배치도 참조).

바느질 순서

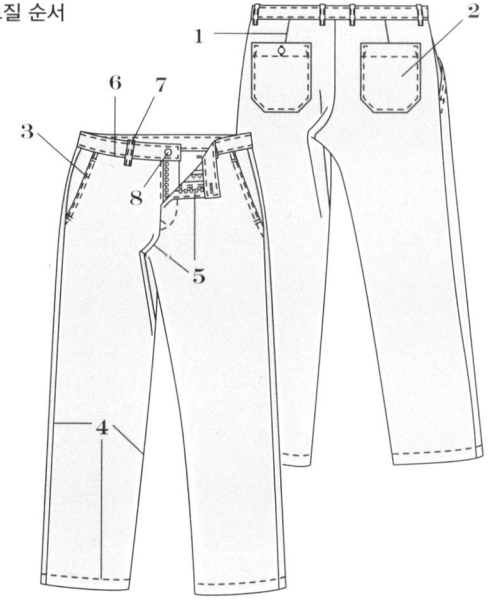

1
6
7
3
8
5
2
4

---

1 뒤 다트를 박는다

다트를 박아 중심 쪽으로 눕힌다

왼쪽 뒤 팬츠(안)

※오른쪽 팬츠도 같은 방법

---

2 뒤 포켓을 만들어 단다

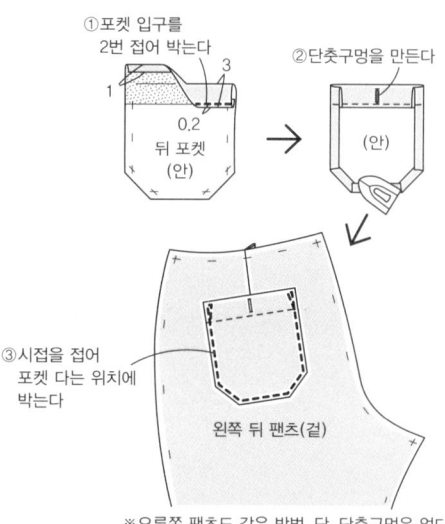

①포켓 입구를
2번 접어 박는다

3
1
0.2
뒤 포켓
(안)

②단춧구멍을 만든다

(안)

③시접을 접어
포켓 다는 위치에
박는다

왼쪽 뒤 팬츠(겉)

※오른쪽 팬츠도 같은 방법. 단, 단춧구멍은 없다

3 옆 포켓을 만든다

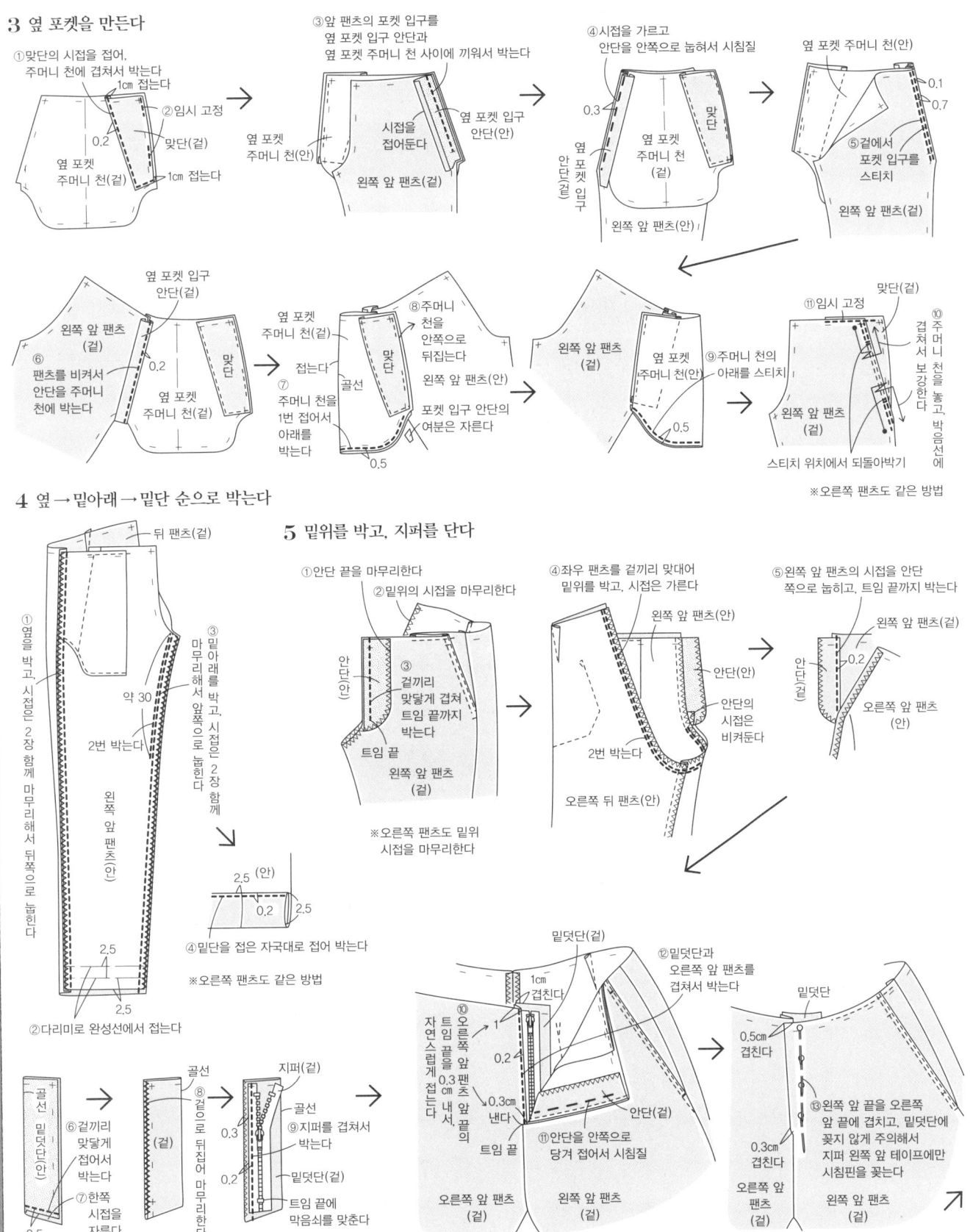

①맞단의 시접을 접어, 주머니 천에 겹쳐서 박는다
1cm 접는다
②임시 고정
0.2
맞단(겉)
옆 포켓 주머니 천(겉)
1cm 접는다

③앞 팬츠의 포켓 입구를 옆 포켓 입구 안단과 옆 포켓 주머니 천 사이에 끼워서 박는다
옆 포켓 주머니 천(안)
시접을 접어둔다
옆 포켓 입구 안단(안)
왼쪽 앞 팬츠(겉)

④시접을 가르고 안단을 안쪽으로 눕혀서 시침질
0.3
옆 포켓 주머니 천(겉)
안단(겉)
옆 포켓 입구
왼쪽 앞 팬츠(안)

옆 포켓 주머니 천(안)
0.1
0.7
⑤겉에서 포켓 입구를 스티치
왼쪽 앞 팬츠(겉)

옆 포켓 입구 안단(겉)
왼쪽 앞 팬츠(겉)
⑥팬츠를 비켜서 안단을 주머니 천에 박는다
0.2
맞단
옆 포켓 주머니 천(겉)

옆 포켓 주머니 천(겉)
⑦주머니 천을 1번 접어서 아래를 박는다
접는다
골선
맞단
0.5
⑧주머니 천을 안쪽으로 뒤집는다
왼쪽 앞 팬츠(안)
포켓 입구 안단의 여분은 자른다

왼쪽 앞 팬츠(겉)
옆 포켓 주머니 천(안)
⑨주머니 천의 아래를 스티치
0.5

⑪임시 고정
맞단(겉)
⑩주머니 천을 놓고, 박음선에 겹쳐서 보강한다
왼쪽 앞 팬츠(겉)
스티치 위치에서 되돌아박기
※오른쪽 팬츠도 같은 방법

4 옆 → 밑아래 → 밑단 순으로 박는다

뒤 팬츠(겉)
①옆을 박고, 시접은 2장 함께 마무리해서 뒤쪽으로 눕힌다
약 30
③밑아래를 마무리해서 앞쪽으로 눕힌다
2번 박는다
왼쪽 앞 팬츠(안)
2.5
2.5
②다리미로 완성선에서 접는다

2.5 (안)
0.2
2.5
④밑단을 접은 자국대로 접어 박는다
※오른쪽 팬츠도 같은 방법

골선
밑덧단(안)
⑥겉끼리 맞닿게 접어서 박는다
⑦한쪽 시접을 자른다
0.5

(겉)
⑧겉으로 뒤집어 마무리한다
0.3

골선
지퍼(겉)
⑨지퍼를 겹쳐서 박는다
밑덧단(겉)
0.2
트임 끝에 막음쇠를 맞춘다

5 밑위를 박고, 지퍼를 단다

①안단 끝을 마무리한다
②밑위의 시접을 마무리한다
안단(안)
③겉끼리 맞닿게 겹쳐 트임 끝까지 박는다
트임 끝
왼쪽 앞 팬츠(겉)
※오른쪽 팬츠도 밑위 시접을 마무리한다

④좌우 팬츠를 겉끼리 맞대어 밑위를 박고, 시접은 가른다
왼쪽 앞 팬츠(안)
안단(안)
안단의 시접은 비켜둔다
2번 박는다
오른쪽 뒤 팬츠(안)

⑤왼쪽 앞 팬츠의 시접을 안단 쪽으로 눕히고, 트임 끝까지 박는다
왼쪽 앞 팬츠(겉)
안단(겉)
0.2
오른쪽 앞 팬츠(안)

밑덧단(겉)
1cm 겹친다
⑩오른쪽 앞 팬츠 앞 끝을 자연스럽게 접는다
0.2
0.3cm 낸다
트임 끝
⑪안단을 안쪽으로 당겨 접어서 시침질
안단(겉)
오른쪽 앞 팬츠(겉)
왼쪽 앞 팬츠(겉)

⑫밑덧단과 오른쪽 앞 팬츠를 겹쳐서 박는다
밑덧단
0.5cm 겹친다
0.3cm 겹친다
오른쪽 앞 팬츠(겉)
⑬왼쪽 앞 끝을 오른쪽 앞 끝에 겹치고, 밑덧단에 꽂지 않게 주의해서 지퍼 왼쪽 앞 테이프에만 시침핀을 꽂는다
왼쪽 앞 팬츠(겉)

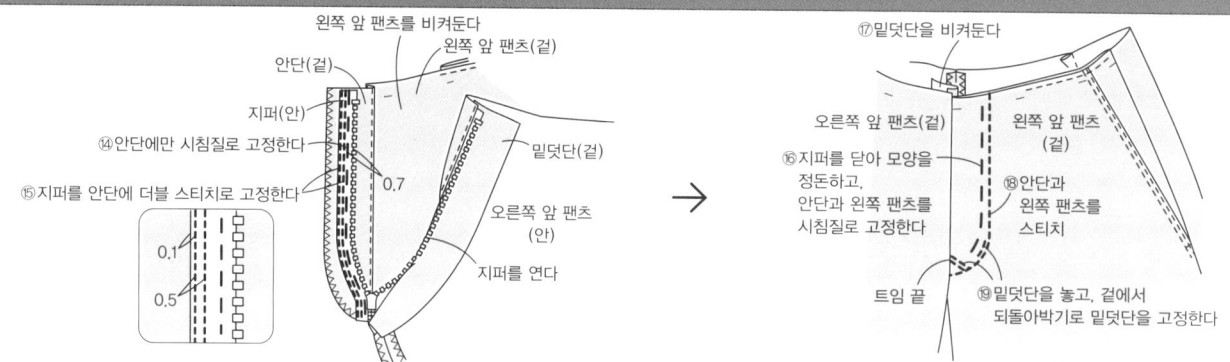

6 허리 벨트를 단다

〈허리 벨트 치수〉

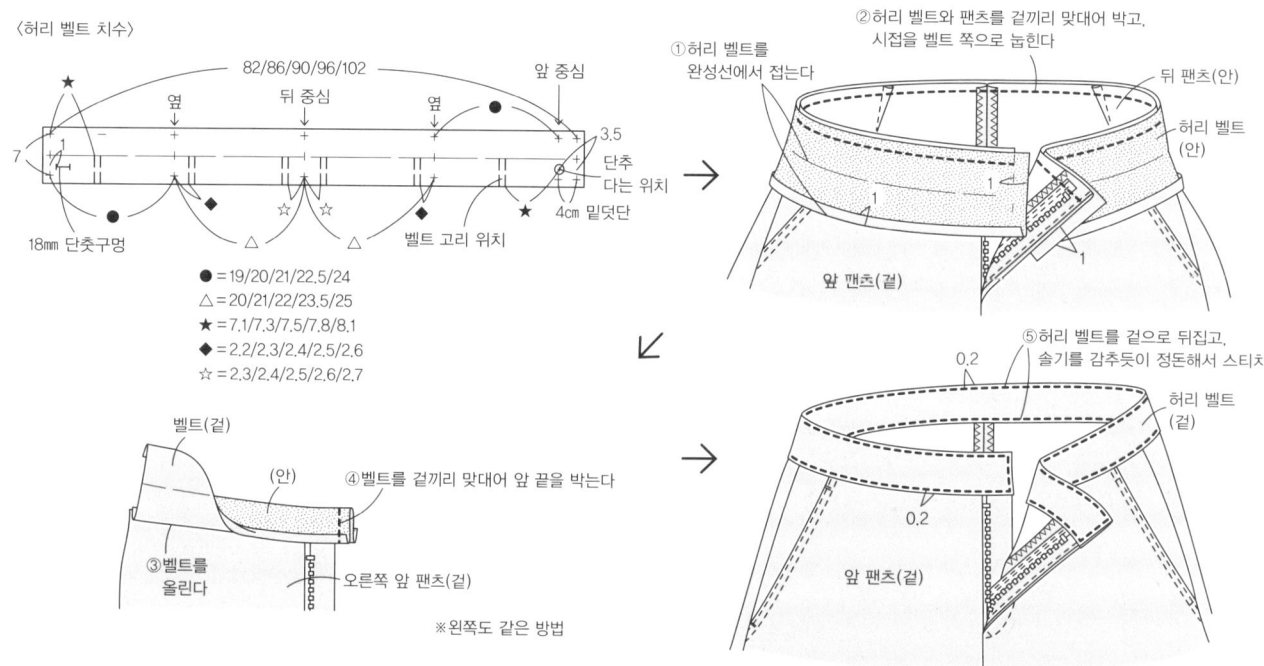

★ 82/86/90/96/102 앞 중심
옆 뒤 중심 옆 3.5
7 1 단추 다는 위치
4cm 밑덧단
18mm 단춧구멍 벨트 고리 위치

● = 19/20/21/22.5/24
△ = 20/21/22/23.5/25
★ = 7.1/7.3/7.5/7.8/8.1
◆ = 2.2/2.3/2.4/2.5/2.6
☆ = 2.3/2.4/2.5/2.6/2.7

벨트(겉)
(안)
④벨트를 겉끼리 맞대어 앞 끝을 박는다
③벨트를 올린다
오른쪽 앞 팬츠(겉)

※왼쪽도 같은 방법

7 벨트 고리를 만들어 단다

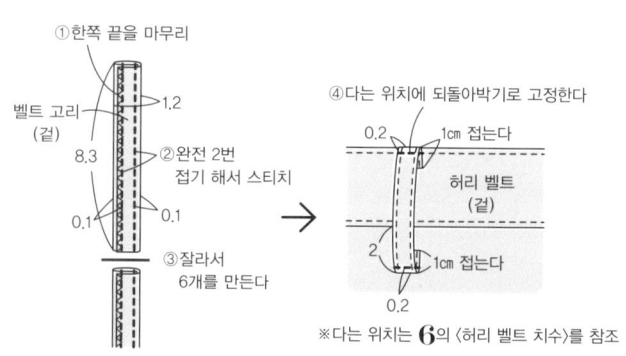

①한쪽 끝을 마무리
벨트 고리 (겉)
1.2
8.3
0.1   0.1
②완전 2번 접기 해서 스티치
③잘라서 6개를 만든다

④다는 위치에 되돌아박기로 고정한다
0.2   1cm 접는다
허리 벨트 (겉)
2   1cm 접는다
0.2

※다는 위치는 **6**의 〈허리 벨트 치수〉를 참조

8 단춧구멍을 만들고, 단추를 단다

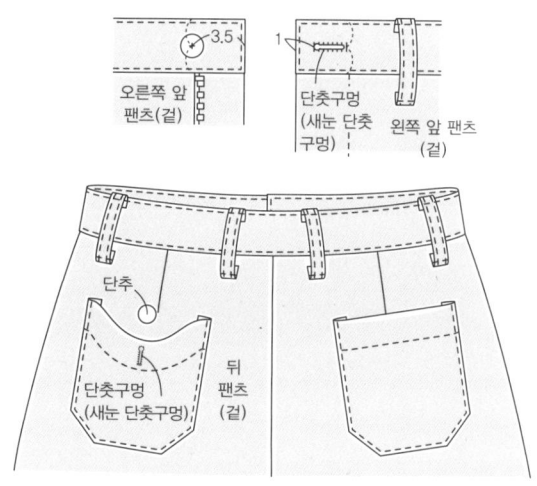

3.5   1
오른쪽 앞 팬츠(겉)
단춧구멍 (새눈 단춧 구멍)
왼쪽 앞 팬츠 (겉)

단추
단춧구멍 (새눈 단춧구멍)
뒤 팬츠 (겉)

K. 스웨트 팬츠 P.22

실물 대형 옷본(4면 K)

1 앞 팬츠, 2 뒤 팬츠, 3 옆 포켓, 4 뒤 포켓

완성 사이즈

(왼쪽부터 S/M/L/LL/3L)

허리둘레　84/88/92/98/104cm
엉덩이둘레　97/101/105/111/117cm
총 옆 길이　94/96.5/99/101.5/104cm

재료

[울 코튼 기모 니트] 158cm 너비×130/135/140/145/150cm
[울 넵 리브 니트] 120cm 너비×35cm
[접착심지] 25×5cm　[1cm 너비 하프 바이어스테이프] 155cm
[5cm 너비 고무줄] 74/78/82/88/94cm
[1.1cm 너비 코튼 끈] 151/155/159/165/171cm
＊니트용 재봉실을 사용한다.

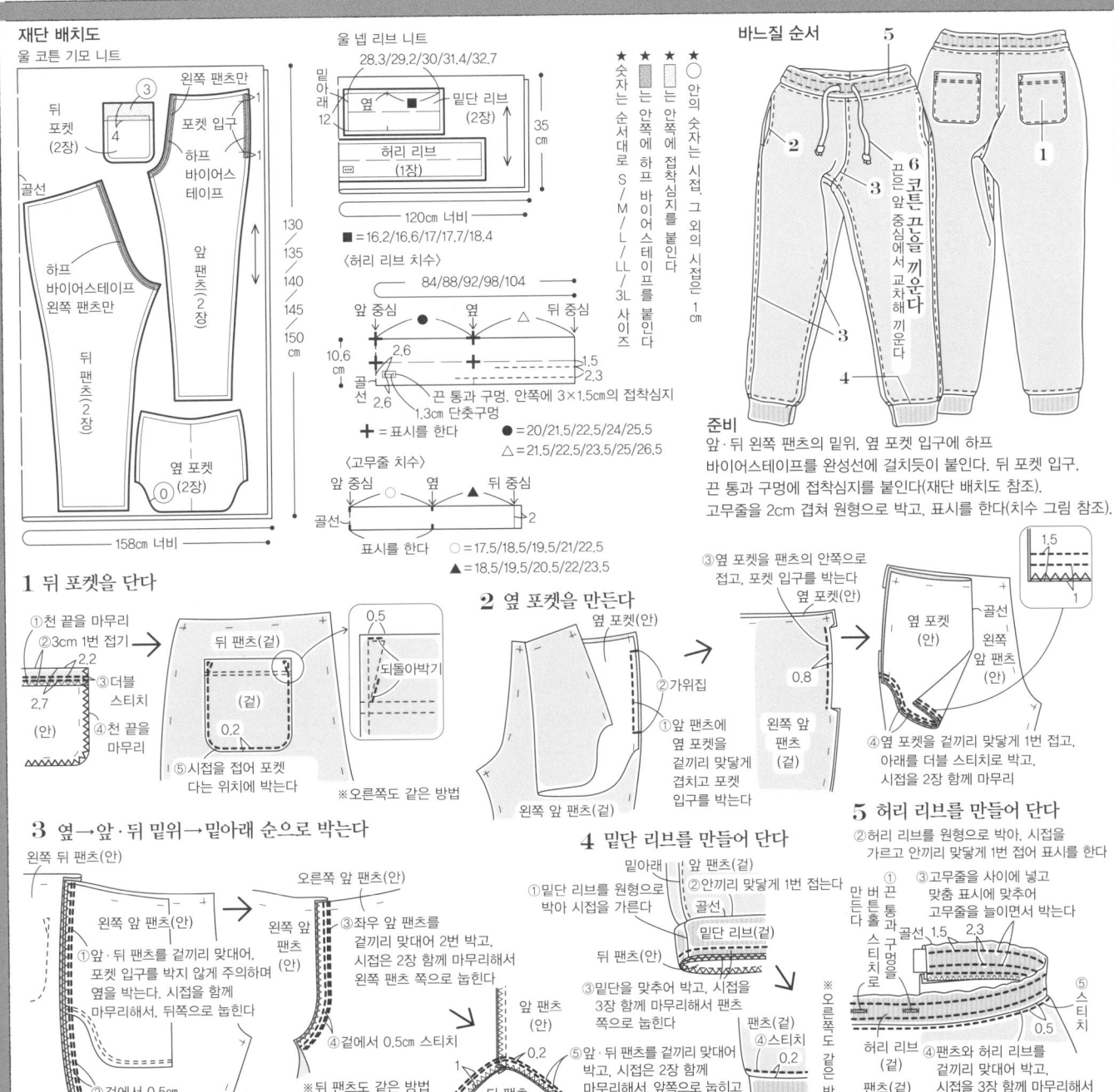

재단 배치도
울 코튼 기모 니트

바느질 순서

준비
앞·뒤 왼쪽 팬츠의 밑위, 옆 포켓 입구에 하프
바이어스테이프를 완성선에 걸치듯이 붙인다. 뒤 포켓 입구,
끈 통과 구멍에 접착심지를 붙인다(재단 배치도 참조).
고무줄을 2cm 겹쳐 원형으로 박고, 표시를 한다(치수 그림 참조).

1 뒤 포켓을 단다

2 옆 포켓을 만든다

3 옆→앞·뒤 밑위→밑아래 순으로 박는다

4 밑단 리브를 만들어 단다

5 허리 리브를 만들어 단다

83

J. 진 P.20

실물 대형 옷본(6면 J)

1 앞 팬츠, 2 뒤 팬츠, 3 뒤 요크, 4 안단, 5 밑
덧단, 6 옆 포켓 주머니 천, 7 옆 포켓 맞단, 8
코인 포켓, 9 뒤 포켓

완성 사이즈

(왼쪽부터 S/M/L/LL/3L)
허리둘레　78/82/86/92/98cm
엉덩이둘레　97/101/105/111/117cm
총 옆 길이　99.5/102/104.5/107/109.5cm
* 허리둘레 치수는 박아서 줄이는 분량을 고려해
옷본의 치수보다 2cm 작게 표시했다.

재료

[14온스 셀비지 데님] 82cm 너비×210/215/220/225/255cm
[슬리크] 90cm 너비×30cm
[접착심지] 30×90/100/100/110/110cm
[1cm 너비 하프 바이어스테이프] 40/40/40/45/45cm
[지퍼] 12/13/13/14/14cm 1개
[지름 1.7cm 캔턴 버튼] 1개
[리벳] 6개
* 스티치는 30번 재봉실을 사용한다.

재단 배치도

14온스 셀비지 데님

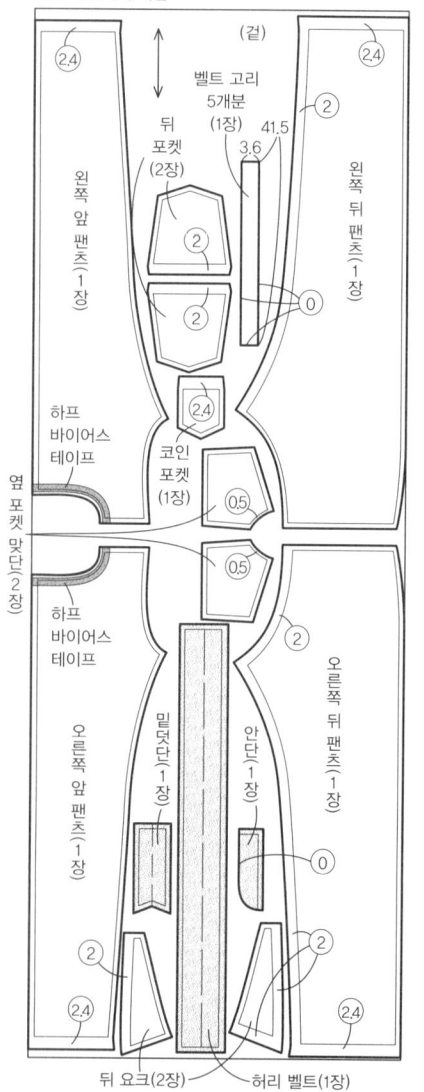

뒤 요크(2장)　허리 벨트(1장)

├── 82cm 너비 ──┤

★ ◯ 안의 숫자는 시접. 그 외의 시접은 1cm
★ ▭는 안쪽에 접착심지를 붙인다
★ ▨는 안쪽에 하프 바이어스테이프를 붙인다
★ 숫자는 순서대로 S/M/L/LL/3L 사이즈
★ 앞·뒤 팬츠의 옆은 천의 식서를 이용한다 　★ 허리 벨트 치수는 P.103

슬리크

옆 포켓 주머니 천(2장)

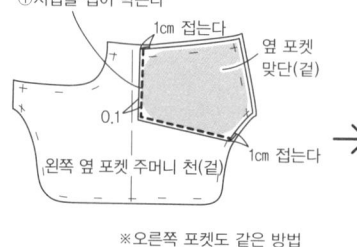

골선

├── 90cm 너비 ──┤

준비 앞 팬츠의 옆 포켓 입구에 1cm 너비의
하프 바이어스테이프를 완성선에
걸치듯이 붙인다. 허리 벨트, 안단,
밑덧단에 접착심지를 붙인다
(재단 배치도 참조).

바느질 순서

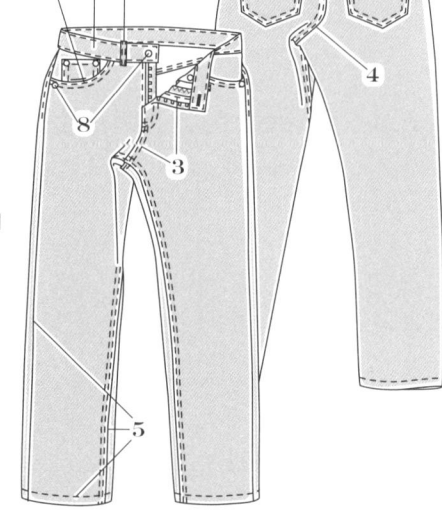

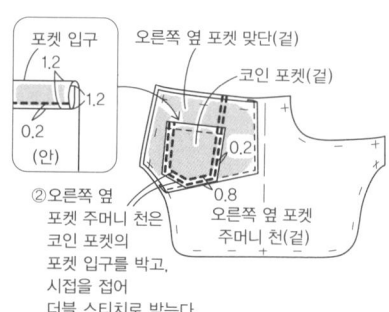

1 옆 포켓을 만든다

①시접을 접어 박는다
1cm 접는다
옆 포켓 맞단(겉)
0.1
1cm 접는다
왼쪽 옆 포켓 주머니 천(겉)

※오른쪽 포켓도 같은 방법

포켓 입구
1.2
0.2 (안)
1.2
오른쪽 옆 포켓 맞단(겉)
코인 포켓(겉)
0.2
0.8
오른쪽 옆 포켓 주머니 천(겉)

②오른쪽 옆
포켓 주머니 천은
코인 포켓의
포켓 입구를 박고,
시접을 접어
더블 스티치로 박는다

③앞 팬츠와 주머니 천을 겉끼리
맞대어 포켓 입구를 박는다

④곡선에 가위집
0.8
옆 포켓 주머니 천(안)
왼쪽 앞 팬츠(겉)

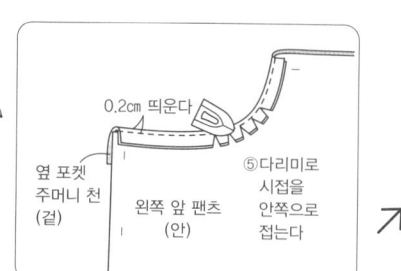

0.2cm 띄운다
옆 포켓 주머니 천(겉)
왼쪽 앞 팬츠(안)
⑤다리미로
시접을
안쪽으로
접는다

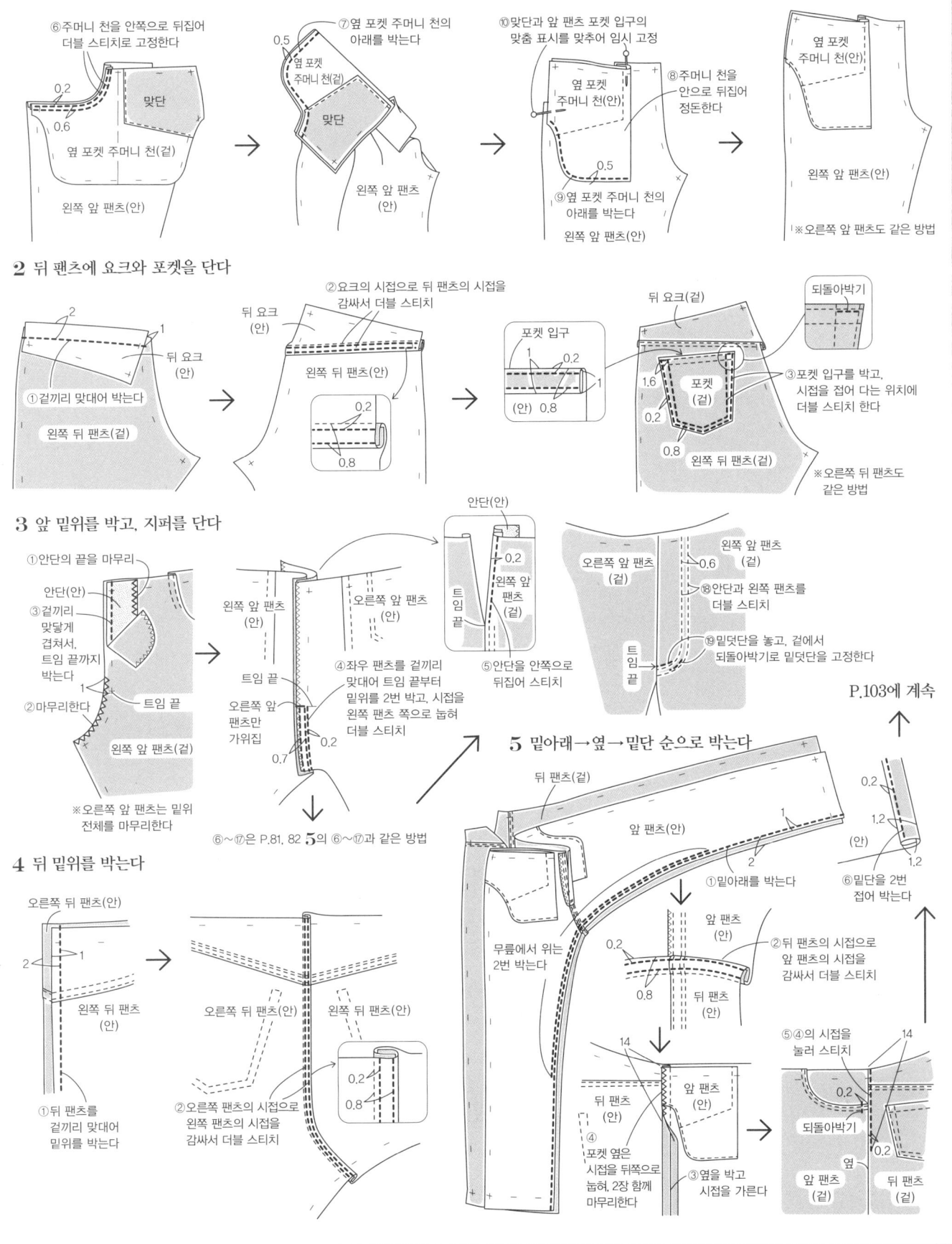

⑥주머니 천을 안쪽으로 뒤집어 더블 스티치로 고정한다
0.2
0.6
맞단
옆 포켓 주머니 천(겉)
왼쪽 앞 팬츠(안)

⑦옆 포켓 주머니 천의 아래를 박는다
0.5
옆 포켓 주머니 천(겉)
맞단
왼쪽 앞 팬츠(안)

⑩맞단과 앞 팬츠 포켓 입구의 맞춤 표시를 맞추어 임시 고정
옆 포켓 주머니 천(안)
⑧주머니 천을 안으로 뒤집어 정돈한다
0.5
⑨옆 포켓 주머니 천의 아래를 박는다
왼쪽 앞 팬츠(안)

옆 포켓 주머니 천(안)
왼쪽 앞 팬츠(안)
※오른쪽 앞 팬츠도 같은 방법

2 뒤 팬츠에 요크와 포켓을 단다

2
1
뒤 요크(안)
①겉끼리 맞대어 박는다
왼쪽 뒤 팬츠(겉)

②요크의 시접으로 뒤 팬츠의 시접을 감싸서 더블 스티치
뒤 요크(안)
왼쪽 뒤 팬츠(안)
0.2
0.8

포켓 입구
1
0.2
1.6
(안) 0.8

뒤 요크(겉)
포켓(겉)
0.2
0.8
왼쪽 뒤 팬츠(겉)
되돌아박기
③포켓 입구를 박고, 시접을 접어 다는 위치에 더블 스티치 한다
※오른쪽 뒤 팬츠도 같은 방법

3 앞 밑위를 박고, 지퍼를 단다

①안단의 끝을 마무리
안단(안)
③겉끼리 맞닿게 겹쳐서, 트임 끝까지 박는다
1
②마무리한다
트임 끝
왼쪽 앞 팬츠(겉)
※오른쪽 앞 팬츠는 밑위 전체를 마무리한다

왼쪽 앞 팬츠(안)
오른쪽 앞 팬츠(안)
트임 끝
④좌우 팬츠를 겉끼리 맞대어 트임 끝부터 밑위를 2번 박고, 시접을 왼쪽 팬츠 쪽으로 눕혀 더블 스티치
오른쪽 앞 팬츠만 가위집
0.2
0.7

안단(안)
0.2
왼쪽 앞 팬츠(겉)
트임 끝
⑤안단을 안쪽으로 뒤집어 스티치

오른쪽 앞 팬츠(겉)
왼쪽 앞 팬츠(겉)
0.6
⑱안단과 왼쪽 팬츠를 더블 스티치
⑲밑덧단을 놓고, 겉에서 되돌아박기로 밑덧단을 고정한다
트임 끝

P.103에 계속

⑥~⑰은 P.81, 82 5의 ⑥~⑰과 같은 방법

4 뒤 밑위를 박는다

오른쪽 뒤 팬츠(안)
2
1
왼쪽 뒤 팬츠(안)
①뒤 팬츠를 겉끼리 맞대어 밑위를 박는다

오른쪽 뒤 팬츠(안)
왼쪽 뒤 팬츠(안)
0.2
0.8
②오른쪽 팬츠의 시접으로 왼쪽 팬츠의 시접을 감싸서 더블 스티치

5 밑아래→옆→밑단 순으로 박는다

뒤 팬츠(겉)
앞 팬츠(안)
1
2
①밑아래를 박는다
무릎에서 위는 2번 박는다

앞 팬츠(안)
0.2
0.8
뒤 팬츠(안)
②뒤 팬츠의 시접으로 앞 팬츠의 시접을 감싸서 더블 스티치

14
뒤 팬츠(안)
앞 팬츠(안)
④포켓 옆은 시접을 뒤쪽으로 눕혀, 2장 함께 마무리한다
③옆을 박고 시접을 가른다

⑤④의 시접을 눌러 스티치
14
0.2
되돌아박기
앞 팬츠(겉)
0.2
옆
뒤 팬츠(겉)

0.2
1.2
(안)
1.2
⑥밑단을 2번 접어 박는다

L. 울 재킷 P.32

실물 대형 옷본(3면 L)

1 앞 몸판, 2 뒤 몸판, 3 안단, 4 바깥소매, 5 안
소매, 6 겉 칼라, 7 칼라 허리, 8 안 칼라, 9 겉
허리 포켓, 10 안 허리 포켓, 11 안 포켓 파이
핑 천, 12 안 포켓 주머니 천, 13 뒷길 안감, 14
안 바깥소매, 15 안 안소매, 16 안 벤트, 17 플
랩, 18 안 포켓 맞단, 19 가슴 포켓 입술감, 20
가슴 포켓 맞단, 21 가슴 포켓 주머니 천

완성 사이즈

(왼쪽부터 S/M/L/LL/3L)

옷 길이　　69/71/73/75/77cm
가슴둘레　98/102/106/112/118cm
화장　　　80/82/84/86/88cm

재료

[트위드] 148cm 너비×220/225/230/235/245cm
[폴리에스테르 안감] 110cm 너비×180cm
[슬리크] 120cm 너비×50cm　[접착심지] 90cm 너비×200cm
[지름 2cm 물소 뿔 단추] 2개　[지름 1.5cm 물소 뿔 단추] 8개
[두께 0.7~0.8cm 어깨 패드] 1쌍　[소매산 덧심] 1쌍
[1cm 너비 하프 바이어스테이프] 400/410/430/440/450cm
[1.2cm 너비 늘어짐 방지 테이프] 55/57/60/62/64cm
* 단춧구멍은 30번 재봉실을 사용한다.

재단 배치도

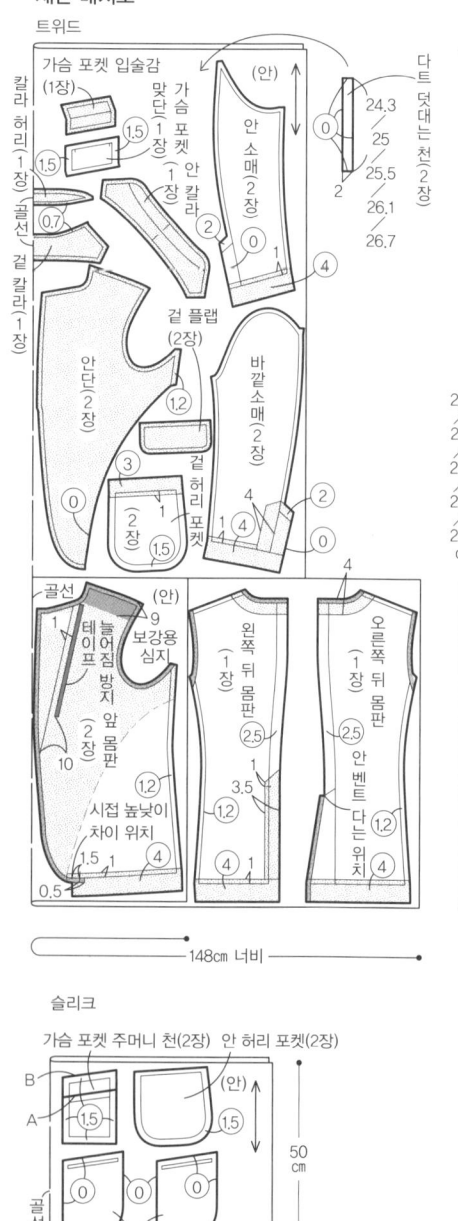

준비

앞 몸판, 안단, 가슴 포켓 입술감, 칼라 허리,
겉 칼라, 안 칼라, 겉 플랩, 허리 포켓 입구,
안 포켓 파이핑 천, 각 소맷부리, 각 몸판의 밑단,
벤트 부분에 접착심지를 붙인다(재단 배치도 참조).
앞 몸판의 앞 끝에서 진동 둘레, 뒤 몸판의 진동 둘레와
목둘레, 벤트 밑에 하프 바이어스테이프를 붙인다.
라펠의 꺾임선에 늘어짐 방지 테이프
(스트레이트 테이프)를 붙인다.
바이어스 천을 만든다.

바느질 순서

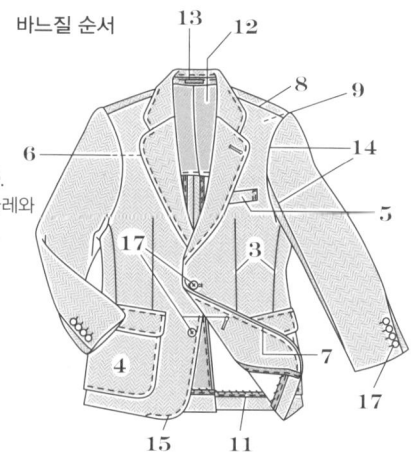

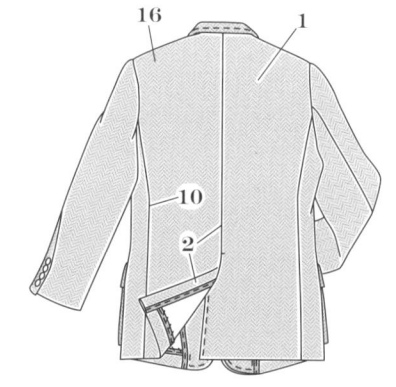

만드는 법은 P.42~57 참조

가슴 포켓 주머니 천의 재단

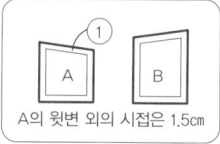

A의 윗변 외의 시접은 1.5cm

★ ○ 안의 숫자는 시접. 그 외의 시접은 1cm
★ ▨는 안쪽에 하프 바이어스테이프를 붙인다
★ ■는 안쪽에 늘어짐 방지 테이프(스트레이트 테이프)를 붙인다
★ □는 안쪽에 접착심지를 붙인다
★ 숫자는 순서대로 S/M/L/LL/3L 사이즈

M. 데님 재킷 P.34

실물 대형 옷본(3면 M)

1 앞 몸판, 2 뒤 몸판, 3 안단, 4 바깥소매, 5 안 소매, 6 겉 칼라, 7 칼라 허리, 8 안 칼라, 9 겉 허리 포켓, 10 안 허리 포켓, 11 안 포켓 파이핑 천, 12 안 포켓 주머니 천, 13 가슴 포켓, 14 안 가슴 포켓

완성 사이즈

(왼쪽부터 S/M/L/LL/3L)

옷 길이　69/71/73/75/77cm
가슴둘레　98/102/106/112/118cm
화장　　　80/82/84/86/88cm

재료

[리투아니아 리넨 데님] 145cm 너비×230/235/240/245/255cm
[폴리에스테르 안감] 110cm 너비×70cm
[접착심지] 90cm 너비×200cm
[지름 2cm 단추] 2개
[지름 1.5cm 단추] 6개
[1cm 너비 하프 바이어스테이프] 230/240/250/260/270cm
[1.2cm 너비 늘어짐 방지 테이프] 55/57/60/62/64cm
* 스티치와 단춧구멍은 30번 재봉실을 사용한다.

재단 배치도

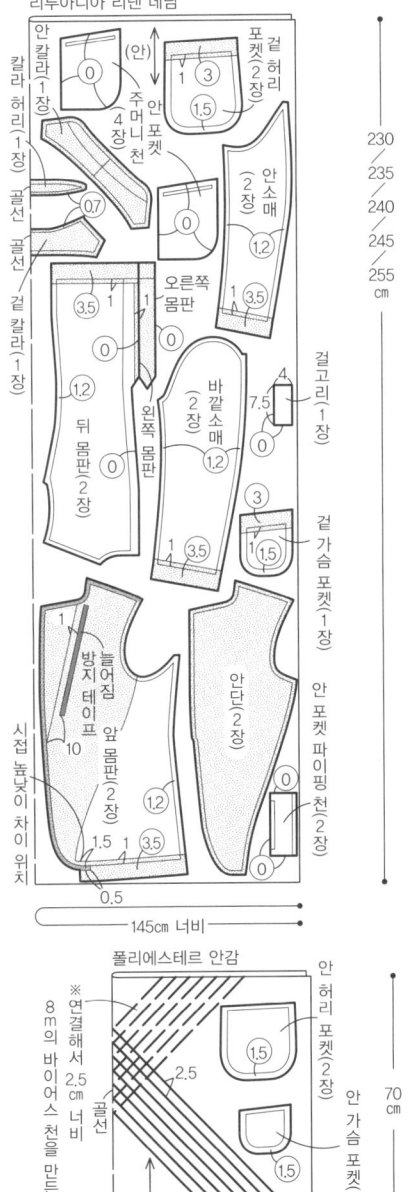

바느질 순서　※ 1, 2, 7, 8의 스티치 너비는 아래 그림 참조

★ ○ 안의 숫자는 시접. 그 외의 시접은 1cm
★ ▨는 안쪽에 하프 바이어스테이프를 붙인다
★ ▬는 안쪽에 늘어짐 방지 테이프(스트레이트 테이프)를 붙인다
★ ▢는 안쪽에 접착심지를 붙인다
★ 숫자는 순서대로 S/M/L/LL/3L 사이즈
★ 모양 잡기는 하지 않는다
★ 다트는 덧대는 천을 대지 않고 박는다
★ 뒤 몸판의 뒤 중심은 옷본에 이미 시접이 포함되어 있다

준비

앞 몸판, 안단, 칼라 허리, 겉 칼라, 안 칼라,
각 포켓 입구, 각 소맷부리, 각 몸판의 밑단, 벤트 부분에
접착심지를 붙인다(재단 배치도 참조).
앞 몸판의 앞 끝에서 어깨에 하프 바이어스테이프를 붙인다.
라펠의 꺾임선에 늘어짐 방지 테이프(스트레이트 테이프)를 붙인다.
바이어스 천을 만든다.

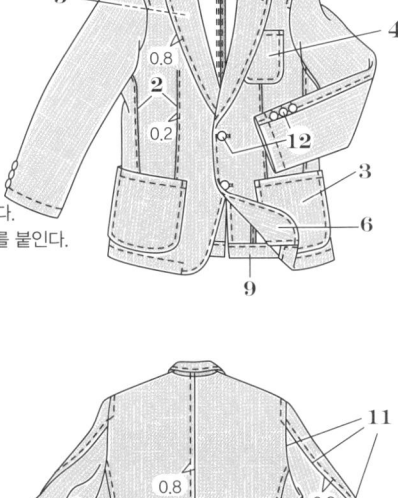

1 벤트를 만들면서 뒤 중심을 박는다
(P.98의 9 참조)

2~4 만드는 법은 P.43~44의 **3~6** 참조
　단, **2**의 경우 마무리 스티치는 바느질 순서의 그림 참조
　가슴 포켓은 패치 포켓

5 만드는 법은 P.46의 **6** 참조
　단, 안단 끝은 1번 접어 마무리한다
　안 포켓 맞단은 달지 않는다

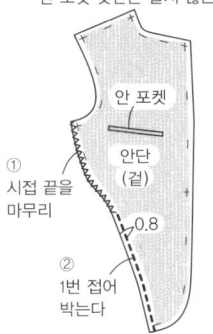

안 포켓
안단
(겉)
0.8
① 시접 끝을 마무리
② 1번 접어 박는다

6 만드는 법은 P.48의 **7** 참조

7, 8 만드는 법은 P.49의 **8**과 **10** 참조
　단, 시접은 2장 함께 바이어스 천을
　2번 접어 마무리하고 뒤쪽으로 눕혀서 스티치

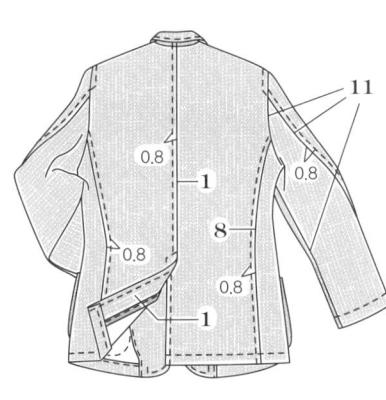

P.99에 계속

9 밑단을 마무리한다

(안)
0.2
1
2.5　2번 접어 박는다

10 칼라를 만들어 단다(P.50~52의 **13** 참조)

11 소매를 만들어 붙인다(P.99)

12 단춧구멍을 만들고, 단추를 단다

N. 니트 재킷 P.35

실물 대형 옷본(3면 N)

1 앞 몸판, 2 뒤 몸판, 3 안단, 4 바깥소매, 5 안소매, 6 겉 칼라, 7 칼라 허리, 8 안 칼라, 9 겉 허리 포켓, 10 안 허리 포켓, 11 안 포켓 파이핑 천, 12 안 포켓 주머니 천, 13 뒷길 안감

완성 사이즈

(왼쪽부터 S/M/L/LL/3L)
옷 길이　69/71/73/75/77cm
가슴둘레　98/102/106/112/118cm
화장　80/82/84/86/88cm

재료

[두께감 있는 니트] 136cm 너비×190/195/200/230/240cm
[폴리에스테르 안감] 110cm 너비×130cm
[접착심지(니트용)] 90cm 너비×180cm
[지름 2cm 단추] 2개　[지름 0.8cm 보강 단추] 2개
[1cm 너비 하프 바이어스테이프] 270/280/290/300/310cm
[1.2cm 너비 늘어짐 방지 테이프] 55/57/60/62/64cm

* 니트용 재봉실을 사용한다.
* 단춧구멍은 30번 재봉실을 사용한다.

재단 배치도

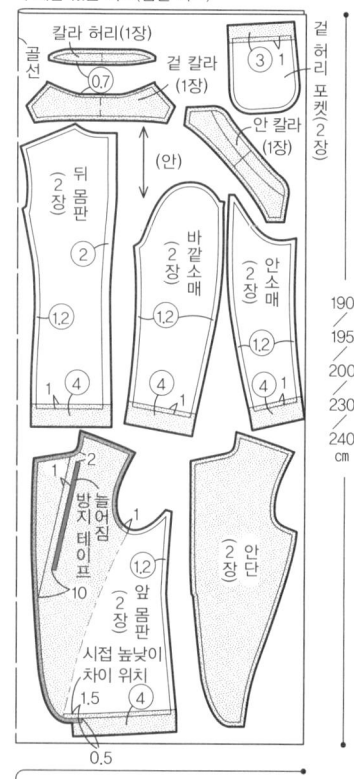

두께감 있는 니트(접결 니트)

★ ○ 안의 숫자는 시접. 그 외의 시접은 1cm
★ ▭ 은 안쪽에 접착심지를 붙인다
★ ▨ 은 안쪽에 하프 바이어스테이프를 붙인다
★ 숫자는 순서대로 S/M/L/LL/3L 사이즈
★ 모양 잡기는 하지 않는다
★ 다트는 덧대는 천을 대지 않고 박는다

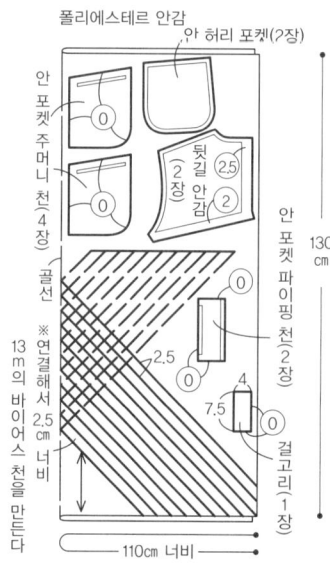

폴리에스테르 안감

바느질 순서

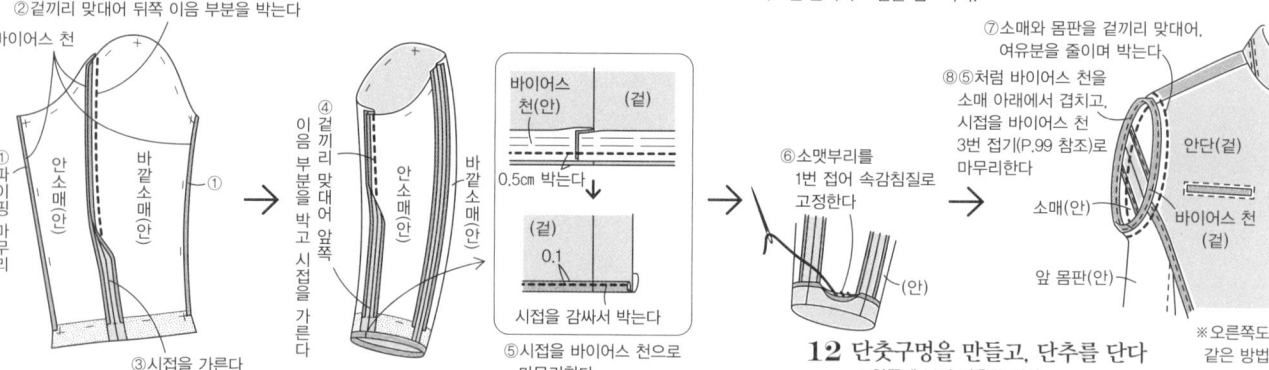

준비

앞 몸판, 안단, 칼라 허리, 겉 칼라, 안 칼라, 허리 포켓 입구, 각 소맷부리, 각 밑단에 접착심지를 붙인다(재단 배치도 참조).
앞 몸판의 앞 끝에서 소매 아래에 1cm 너비의 하프 바이어스테이프(스트레이트 테이프)를 붙인다.
라펠의 꺾임선에 늘어짐 방지 테이프(스트레이트 테이프)를 붙인다.
바이어스 천을 만든다. 앞 몸판의 옆, 뒤 몸판의 뒤 중심과 옆, 안단의 옆, 소매의 이음 부분 시접을 바이어스 천으로 마무리한다.

1~10 만드는 법은 P.42~52
2~4, 6~8, 10~13 참조
단, 2의 벤트는 없고, 안 포켓 맞단도 달지 않는다

주의: 니트 재킷은 소프트한 완성을 위해 마무리 스티치를 하지 않는다.
바느질 순서의 그림을 참조하자.

11 소매를 만들어 붙인다

②겉끼리 맞대어 뒤쪽 이음 부분을 박는다

바이어스 천
①파이핑 마무리
안소매(안)
바깥소매(안) ①
③시접을 가른다

이음끼리 맞대어 앞쪽 이음 부분을 박고 시접을 가른다
④
안소매(안)
바깥소매(안)

바이어스 천(안)
(겉)
0.5cm 박는다

(겉)
0.1
시접을 감싸서 박는다

⑤시접을 바이어스 천으로 마무리한다

⑥소맷부리를 1번 접어 속감침질로 고정한다
(안)

⑦소매와 몸판을 겉끼리 맞대어, 여유분을 줄이며 박는다
⑧⑤처럼 바이어스 천을 소매 아래에서 겹치고, 시접을 바이어스 천 3번 접기(P.99 참조)로 마무리한다

안단(겉)
바이어스 천(겉)
소매(안)
앞 몸판(겉)

※오른쪽도 같은 방법

12 단춧구멍을 만들고, 단추를 단다
※안쪽에 보강 단추를 단다

O. 더플 코트 P.36

실물 대형 옷본(4면 O)

1 앞 몸판, 2 뒤 몸판, 3 앞 안단, 4 어깨 요크, 5 바깥소매, 6 안소매, 7 후드, 8 후드 머리 위 천 9 후드 안단, 10 후드 태브, 11 플랩, 12 겉 포켓, 13 안 포켓, 14 소맷부리 태브, 15 포켓 입구 보강용 천 16 장식 스티치용 안내선

완성 사이즈

(왼쪽부터 S/M/L/LL/3L)
옷 길이   70.5/72.5/74.5/76.5/78.5cm
가슴둘레 108/112/116/122/128cm
화장   82/84/86/88/90cm

재료

[울 멜턴(캐멀)] 148cm 너비×210/215/220/225/270cm
[브로드클로스(갈색)] 110cm 너비×110cm
[접착심지] 50×90cm
[0.7cm 너비 가죽끈(갈색)] 160cm
[지름 5.5cm 토글 단추] 4개
[지름 2cm 단추] 4개   [지름 1.5cm 단추] 3개
[1cm 너비 하프 바이어스테이프] 300cm
* 스티치와 단춧구멍은 윗실만 30번 재봉실을 사용한다.

재단 배치도

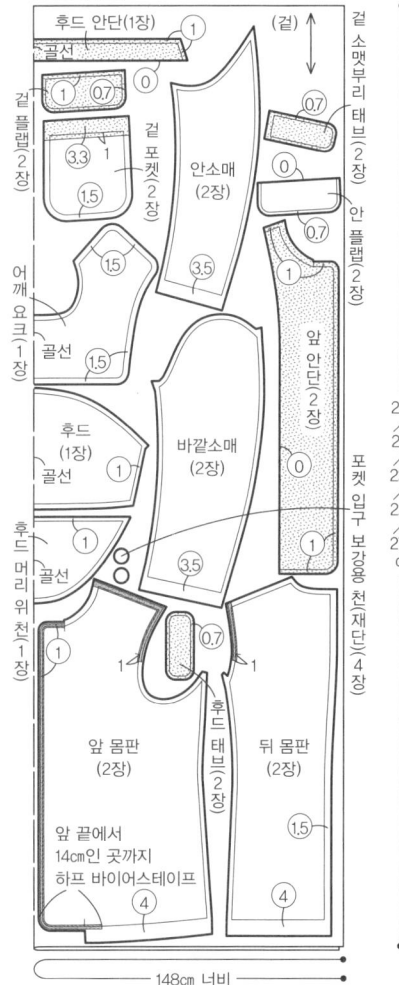

울 멜턴(캐멀)

후드 안단(1장)
골선
겉 플랩(2장)
어깨 요크(1장)
후드(1장) 골선
후드 머리 위 천(1장) 골선
앞 몸판(2장)
앞 끝에서 14cm인 곳까지 하프 바이어스테이프
겉 포켓(2장)
안소매(2장)
안 플랩(2장)
바깥소매(2장)
후드 태브(2장)
뒤 몸판(2장)
(겉)
겉 소맷부리 태브(2장)
앞 안단(2장)
포켓 입구 보강용 천 재단(4장)
210/215/220/225/270cm
148cm 너비

★ ○ 안의 숫자는 시접. 그 외의 시접은 1.2cm
★ ▭ 는 안쪽에 접착심지를 붙인다
★ ▨ 는 안쪽에 하프 바이어스테이프를 붙인다
★ 숫자는 순서대로 S/M/L/LL/3L 사이즈

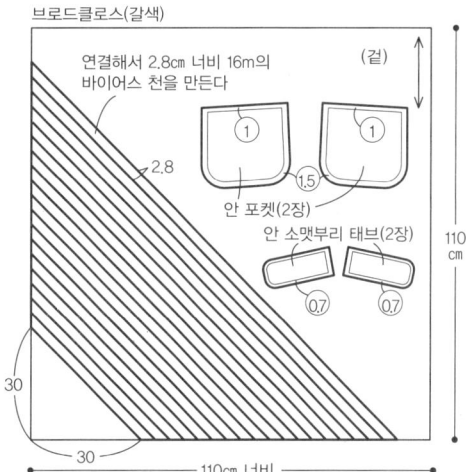

브로드클로스(갈색)

연결해서 2.8cm 너비 16m의 바이어스 천을 만든다
(겉)
2.8
안 포켓(2장)
안 소맷부리 태브(2장)
30   30
110cm 너비
110 cm

바느질 순서

준비 앞 안단, 후드 안단, 포켓 입구, 겉 플랩의 겉, 소맷부리 태브, 후드 태브(겉만)에 접착심지를 붙인다(재단 배치도 참조).
앞 몸판의 앞 끝과 어깨와 진동 둘레, 뒤 몸판의 진동 둘레에 하프 바이어스테이프를 붙인다.

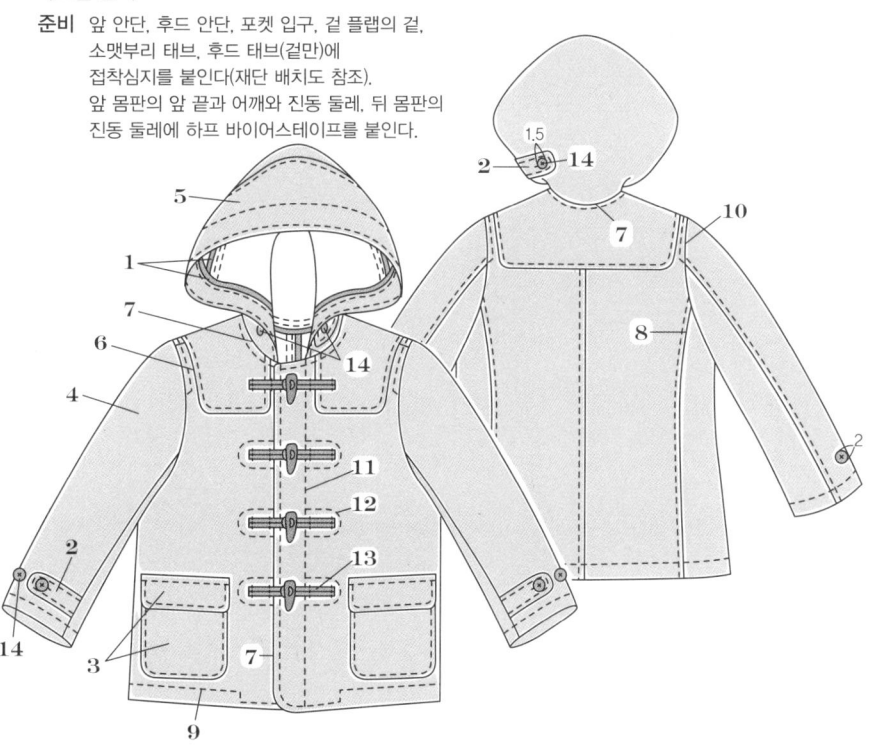

1 시접을 파이핑으로 마무리한다

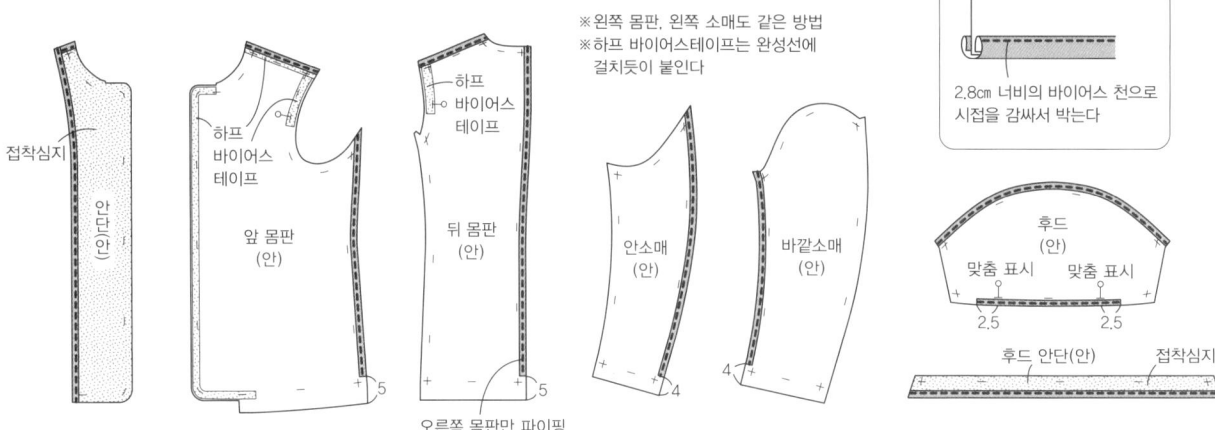

※왼쪽 몸판, 왼쪽 소매도 같은 방법
※하프 바이어스테이프는 완성선에 걸치듯이 붙인다

2.8cm 너비의 바이어스 천으로 시접을 감싸서 박는다

접착심지
안단(안)
하프 바이어스 테이프
앞 몸판(안)
하프 바이어스 테이프
뒤 몸판(안)
안소매(안)
바깥소매(안)
5
5
4
4
오른쪽 몸판만 파이핑

후드(안)
맞춤 표시   맞춤 표시
2.5   2.5
후드 안단(안)   접착심지

2 후드 태브·소맷부리 태브를 만든다

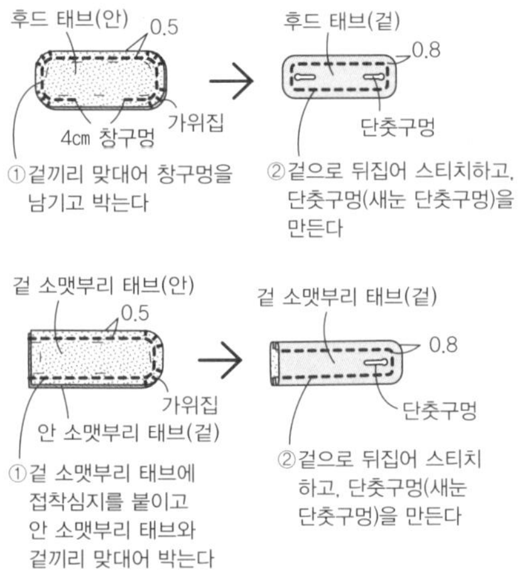

후드 태브(안) 0.5
4cm 창구멍   가위집
①겉끼리 맞대어 창구멍을 남기고 박는다

후드 태브(겉) 0.8
단춧구멍
②겉으로 뒤집어 스티치하고, 단춧구멍(새눈 단춧구멍)을 만든다

겉 소맷부리 태브(안) 0.5
가위집
안 소맷부리 태브(겉)
①겉 소맷부리 태브에 접착심지를 붙이고 안 소맷부리 태브와 겉끼리 맞대어 박는다

겉 소맷부리 태브(겉) 0.8
단춧구멍
②겉으로 뒤집어 스티치하고, 단춧구멍(새눈 단춧구멍)을 만든다

3 포켓과 플랩을 만들어 단다

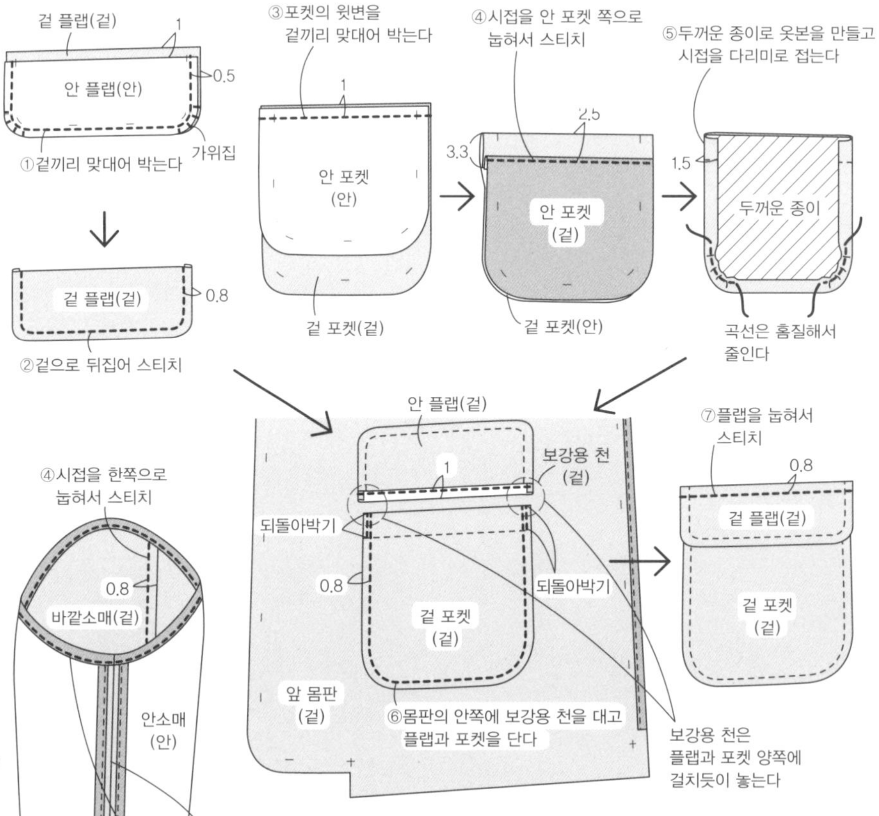

겉 플랩(겉) 1
안 플랩(안) 0.5
가위집
①겉끼리 맞대어 박는다

겉 플랩(겉) 0.8
②겉으로 뒤집어 스티치

③포켓의 윗변을 겉끼리 맞대어 박는다
1
안 포켓(안)
겉 포켓(겉)

④시접을 안 포켓 쪽으로 눕혀서 스티치
2.5
3.3
안 포켓(겉)
겉 포켓(안)

⑤두꺼운 종이로 옷본을 만들고 시접을 다리미로 접는다
1.5
두꺼운 종이
곡선은 홈질해서 줄인다

안 플랩(겉)
1
보강용 천(겉)
되돌아박기
0.8   0.8
되돌아박기
겉 포켓(겉)
앞 몸판(겉)
⑥몸판의 안쪽에 보강용 천을 대고 플랩과 포켓을 단다

⑦플랩을 눕혀서 스티치
0.8
겉 플랩(겉)
겉 포켓(겉)
보강용 천은 플랩과 포켓 양쪽에 걸치듯이 놓는다

4 소매를 만든다

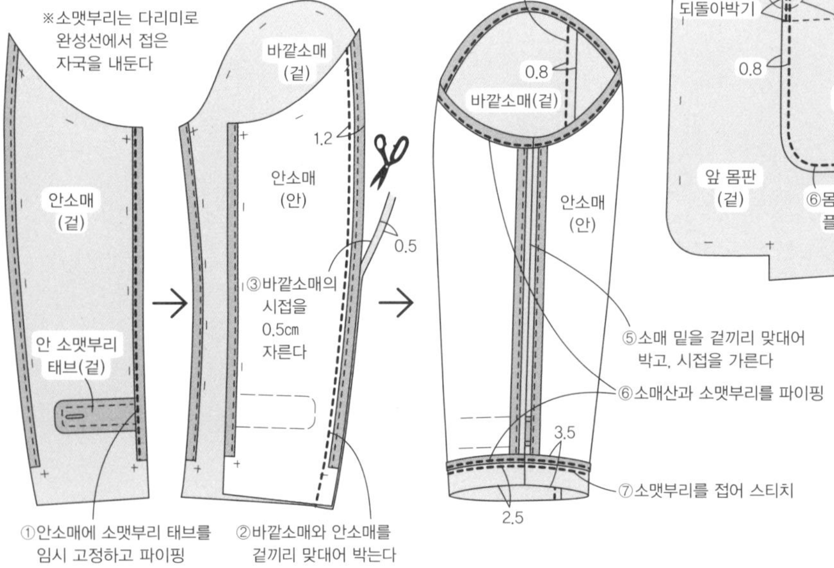

※소맷부리는 다리미로 완성선에서 접은 자국을 내둔다

안소매(겉)
안 소맷부리 태브(겉)
①안소매에 소맷부리 태브를 임시 고정하고 파이핑

바깥소매(겉)
1.2
안소매(안)
0.5
③바깥소매의 시접을 0.5cm 자른다
②바깥소매와 안소매를 겉끼리 맞대어 박는다

④시접을 한쪽으로 눕혀서 스티치
0.8
바깥소매(겉)
안소매(안)
3.5
2.5

⑤소매 밑을 겉끼리 맞대어 박고, 시접을 가른다
⑥소매산과 소맷부리를 파이핑
⑦소맷부리를 접어 스티치

5 후드를 만든다

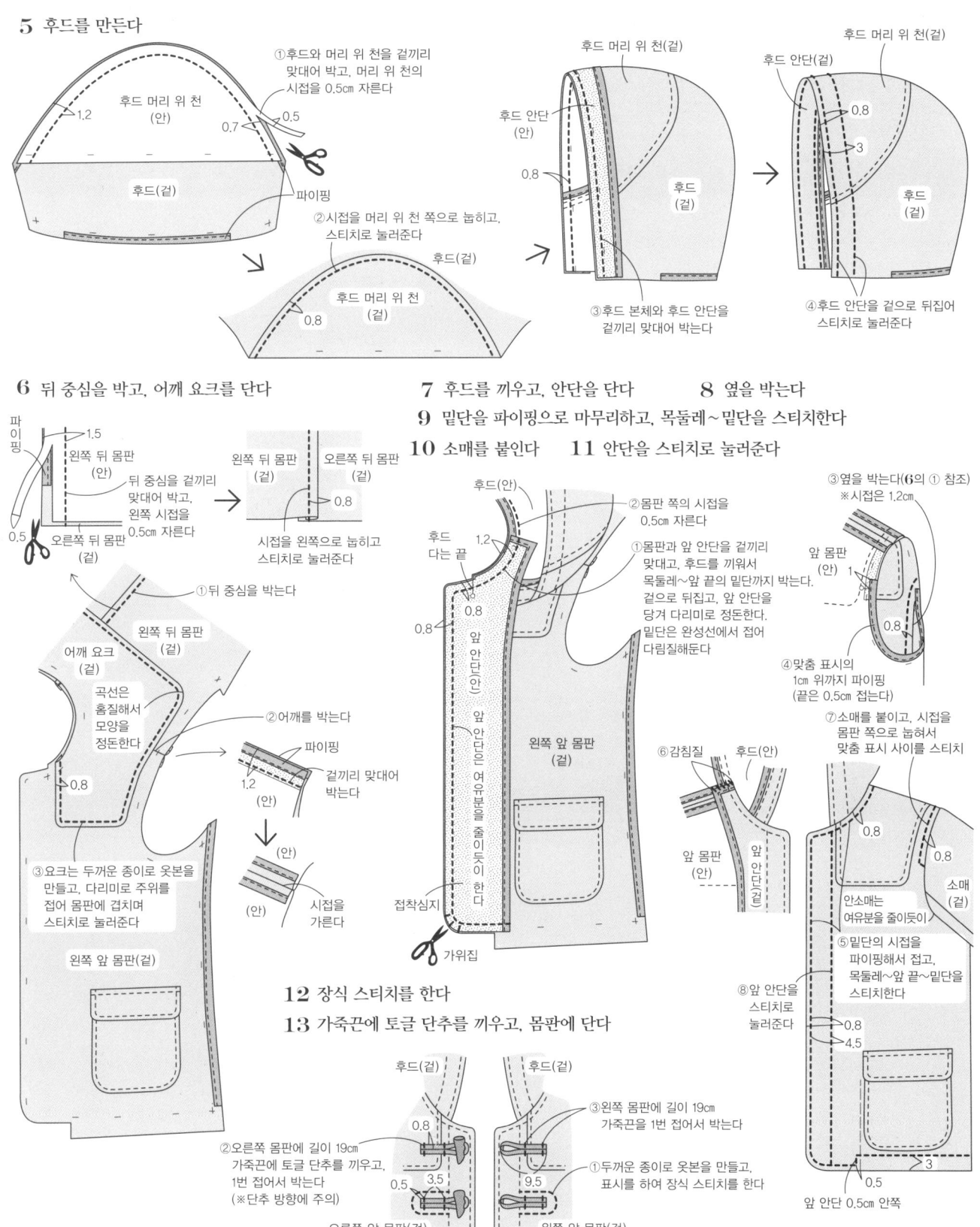

①후드와 머리 위 천을 겉끼리 맞대어 박고, 머리 위 천의 시접을 0.5cm 자른다

후드 머리 위 천 (안)

후드(겉)

1.2

0.7 0.5

파이핑

②시접을 머리 위 천 쪽으로 눕히고, 스티치로 눌러준다

후드 머리 위 천 (겉)

0.8

후드(겉)

후드 머리 위 천(겉)

후드 안단 (안)

0.8

후드 (겉)

③후드 본체와 후드 안단을 겉끼리 맞대어 박는다

후드 머리 위 천(겉)

후드 안단(겉)

0.8 3

후드 (겉)

④후드 안단을 겉으로 뒤집어 스티치로 눌러준다

6 뒤 중심을 박고, 어깨 요크를 단다

7 후드를 끼우고, 안단을 단다

8 옆을 박는다

9 밑단을 파이핑으로 마무리하고, 목둘레~밑단을 스티치한다

10 소매를 붙인다

11 안단을 스티치로 눌러준다

파이핑

1.5

왼쪽 뒤 몸판 (안)

뒤 중심을 겉끼리 맞대어 박고, 왼쪽 시접을 0.5cm 자른다

오른쪽 뒤 몸판 (겉)

0.5

왼쪽 뒤 몸판 (겉)   오른쪽 뒤 몸판 (겉)

0.8

시접을 왼쪽으로 눕히고 스티치로 눌러준다

①뒤 중심을 박는다

왼쪽 뒤 몸판 (겉)

어깨 요크 (겉)

곡선은 홈질해서 모양을 정돈한다

0.8

②어깨를 박는다

파이핑

1.2

(안)

겉끼리 맞대어 박는다

(안)

(안)

시접을 가른다

③요크는 두꺼운 종이로 옷본을 만들고, 다리미로 주위를 접어 몸판에 겹치며 스티치로 눌러준다

왼쪽 앞 몸판(겉)

후드(안)

1.2

후드 다는 끝

0.8

0.8

앞 안단 (안)

앞 안단은 여유분을 줄이듯이 한다

접착심지

가위집

왼쪽 앞 몸판 (겉)

②몸판 쪽의 시접을 0.5cm 자른다

①몸판과 앞 안단을 겉끼리 맞대고, 후드를 끼워서 목둘레~앞 끝의 밑단까지 박는다. 겉으로 뒤집고, 앞 안단을 당겨 다리미로 정돈한다. 밑단은 완성선에서 접어 다림질해둔다

③옆을 박는다(6의 ① 참조) ※시접은 1.2cm

앞 몸판 (안) 1

0.8

④맞춤 표시의 1cm 위까지 파이핑 (끝은 0.5cm 접는다)

⑥감침질

후드(안)

앞 몸판 (안)

앞 안단(겉)

⑦소매를 붙이고, 시접을 몸판 쪽으로 눕혀서 맞춤 표시 사이를 스티치

0.8

0.8

소매 (겉)

안소매는 여유분을 줄이듯이

⑤밑단의 시접을 파이핑해서 접고, 목둘레~앞 끝~밑단을 스티치한다

⑧앞 안단을 스티치로 눌러준다

0.8

4.5

0.5

3

앞 안단 0.5cm 안쪽

12 장식 스티치를 한다

13 가죽끈에 토글 단추를 끼우고, 몸판에 단다

후드(겉)   후드(겉)

0.8

3.5

0.5

9.5

②오른쪽 몸판에 길이 19cm 가죽끈에 토글 단추를 끼우고, 1번 접어서 박는다 (※단추 방향에 주의)

③왼쪽 몸판에 길이 19cm 가죽끈을 1번 접어서 박는다

①두꺼운 종이로 옷본을 만들고, 표시를 하여 장식 스티치를 한다

오른쪽 앞 몸판(겉)   왼쪽 앞 몸판(겉)

14 후드에 태브와 단추를 단다(왼쪽 2개, 오른쪽 1개), 소맷부리에 단추를 단다

P. MA-1 블루종 P.38

실물 대형 옷본(5면 P)

1 앞 몸판, 2 뒤 몸판, 3 밑덧단, 4 바깥소매, 5 안소매, 6 칼라 리브, 7 안 앞 몸판, 8 안 뒤 몸판, 9 안 바깥소매, 10 안 안소매, 11 주머니 천, 12 맞단, 13 파이핑 천, 14 앞 중심 덧단, 15 소매 포켓 바탕천, 16 위쪽 소매 포켓, 17 아래쪽 소매 포켓

완성 사이즈

(왼쪽부터 S/M/L/LL/3L)

옷 길이 64/66/68/70/72cm

가슴둘레 107/111/115/121/127cm

화장 84.5/86.5/88.5/90.5/92.5cm

재료

[나일론(카키)] 125cm 너비×170/175/180/185/195cm

[폴리에스테르(오렌지)] 122cm 너비×170/175/180/185/195cm

[프레이즈 니트(카키)] 80cm 너비×50cm

[얇은 압축솜] 160cm 너비×150cm   [접착심지] 적당량

[오픈 지퍼] 54/56/58/60/62cm 1개

[지퍼] 12cm 1개

[지름 1.5cm 도트 단추] 2쌍   [펠트] 적당량

* 겉감의 스티치는 윗실만 30번 재봉실을 사용한다.

재단 배치도

나일론(카키)

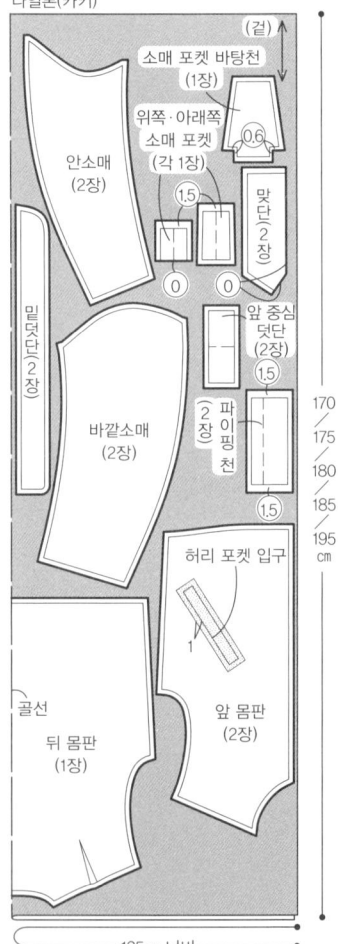

소매 포켓 바탕천 (1장)

위쪽·아래쪽 소매 포켓 (각 1장) 0.6

안소매 (2장)

맞단 (2장)

1.5

밑덧단 (2장)

바깥소매 (2장)

앞 중심 덧단 (2장)

1.5

파이핑 천 (2장)

1.5

허리 포켓 입구

1

골선

뒤 몸판 (1장)

앞 몸판 (2장)

125cm 너비

폴리에스테르(오렌지)

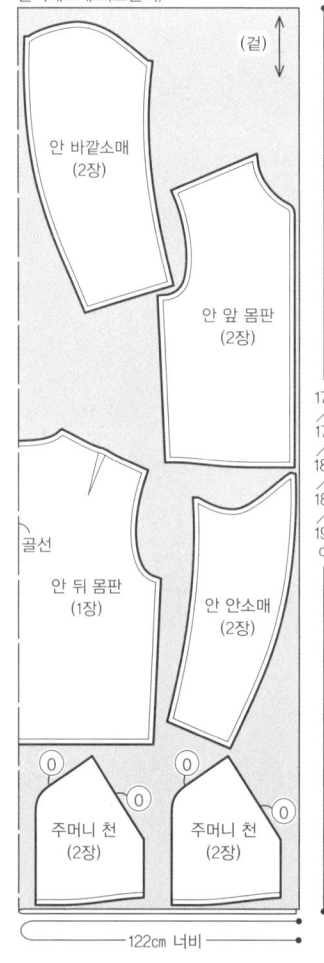

(겉)

안 바깥소매 (2장)

안 앞 몸판 (2장)

170/175/180/185/195 cm

골선

안 뒤 몸판 (1장)

안 안소매 (2장)

0   0

0

주머니 천 (2장)   주머니 천 (2장)

122cm 너비

프레이즈 니트(카키)

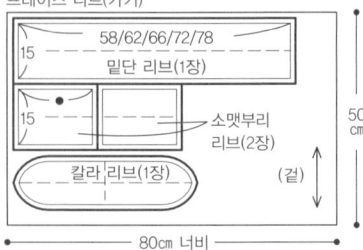

58/62/66/72/78

15   밑단 리브(1장)

15   소맷부리 리브(2장)

칼라 리브(1장)

80cm 너비

●=15.4/16/16.6/17.6/18.6cm

★ ○ 안의 숫자는 시접. 그 외의 시접은 1cm

★ ▭는 안쪽에 접착심지를 붙인다

★ 안감의 주머니 천 이외 파트·파이핑 천·밑덧단에는 압축솜을 겹친다

★ 숫자는 순서대로 S/M/L/LL/3L 사이즈

★ 밑덧단은 옷본에 박아서 줄이는 분량이 포함되어 있다

바느질 순서

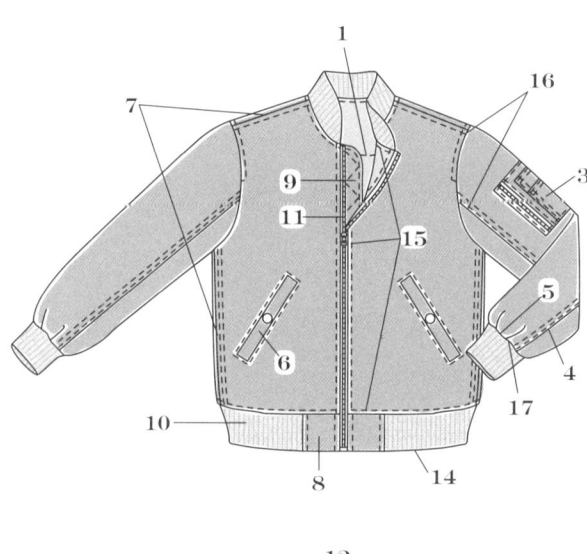

준비 앞 몸판의 포켓 입구에 접착심지를 붙인다(재단 배치도 참조).

1 압축솜을 겹쳐서 스티치로 눌러준다

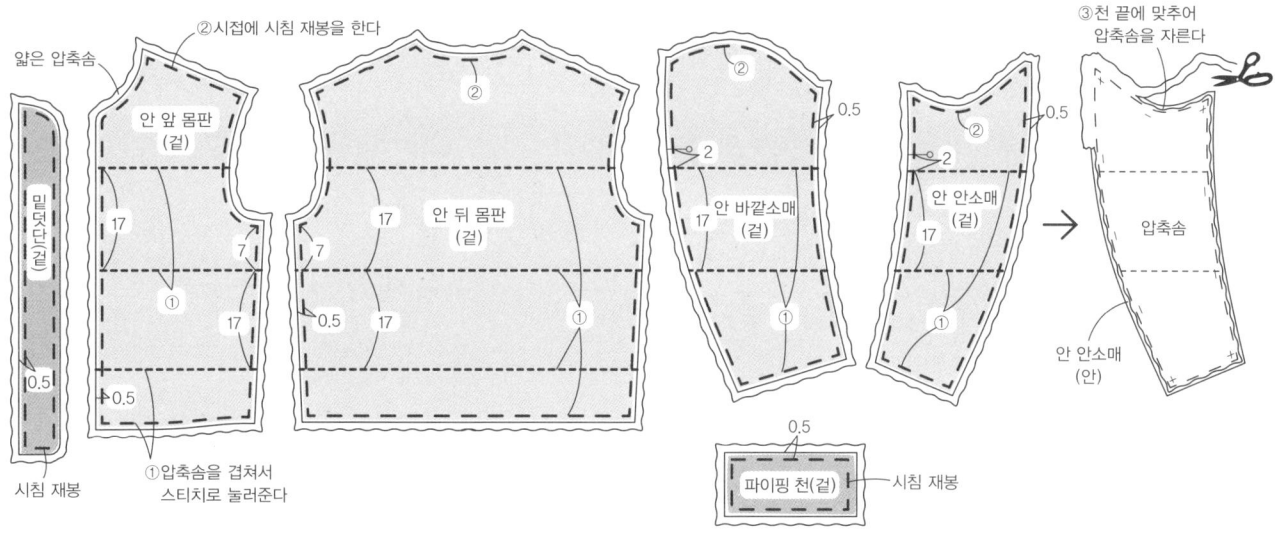

②시접에 시침 재봉을 한다

얇은 압축솜

밑덧단 (겉)

안 앞 몸판 (겉)

안 뒤 몸판 (겉)

③천 끝에 맞추어 압축솜을 자른다

안 바깥소매 (겉)

안 안소매 (겉)

압축솜

안 안소매 (안)

17 17 7 17 0.5 17 17 0.5 2 0.5 2 0.5 17 0.5

시침 재봉

①압축솜을 겹쳐서 스티치로 눌러준다

0.5

파이핑 천(겉) 시침 재봉

2 겉·안 뒤 몸판의 다트를 각각 박는다

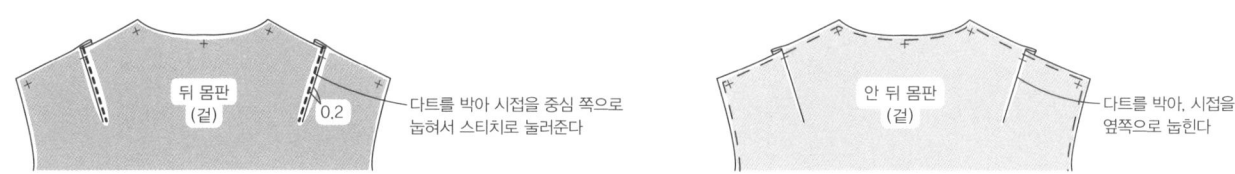

뒤 몸판 (겉)

0.2

다트를 박아 시접을 중심 쪽으로 눕혀서 스티치로 눌러준다

안 뒤 몸판 (겉)

다트를 박아, 시접을 옆쪽으로 눕힌다

3 소매 포켓을 만들어 단다

위쪽 포켓(겉) 아래쪽 포켓(겉)

0.2 0.6

지그재그 박기

①포켓 입구를 2번 접어 박는다

지퍼(겉)

0.8

소매 포켓 바탕천(겉)

위쪽 포켓(겉)

아래쪽 포켓(겉)

0.2 0.6

③지퍼를 단다

②위쪽과 아래쪽을 겹치고, 양쪽을 접어 바탕천에 박은 후 중앙 경계선을 스티치한다

④바닥면을 박는다

완성선

4 겉 소매와 안 소매를 각각 박는다
(겉 소매는 스티치로 누르고, 안감은 창구멍을 남기고 박는다)

5 겉 소매에 소맷부리 리브를 단다

지퍼는 테이프의 위아래 끝을 접는다

바깥소매 (겉)

0.2 0.6

⑤주위를 접어 왼쪽 소매에 박는다

안소매 (겉)

0.8 0.2

1

⑥바깥소매와 안소매를 겉끼리 맞대어 박아, 시접을 바깥소매 쪽으로 눕히고, 더블 스티치로 눌러준다

바깥소매 (안)

안소매 (겉)

1

0.2 0.8

안 바깥소매와 안 안소매를 겉끼리 맞대고 시접을 안소매 쪽으로 눕힌다

안 바깥소매 (겉)

안 안소매 (안) 압축솜

1 1

15cm 남기고 박는다

⑦소맷부리 리브를 원형으로 박고, 안끼리 맞닿게 1번 접어 겉 소매의 소맷부리에 단다(안 소매에는 마지막에 단다)

6 앞 몸판에 파이핑 포켓을 만든다

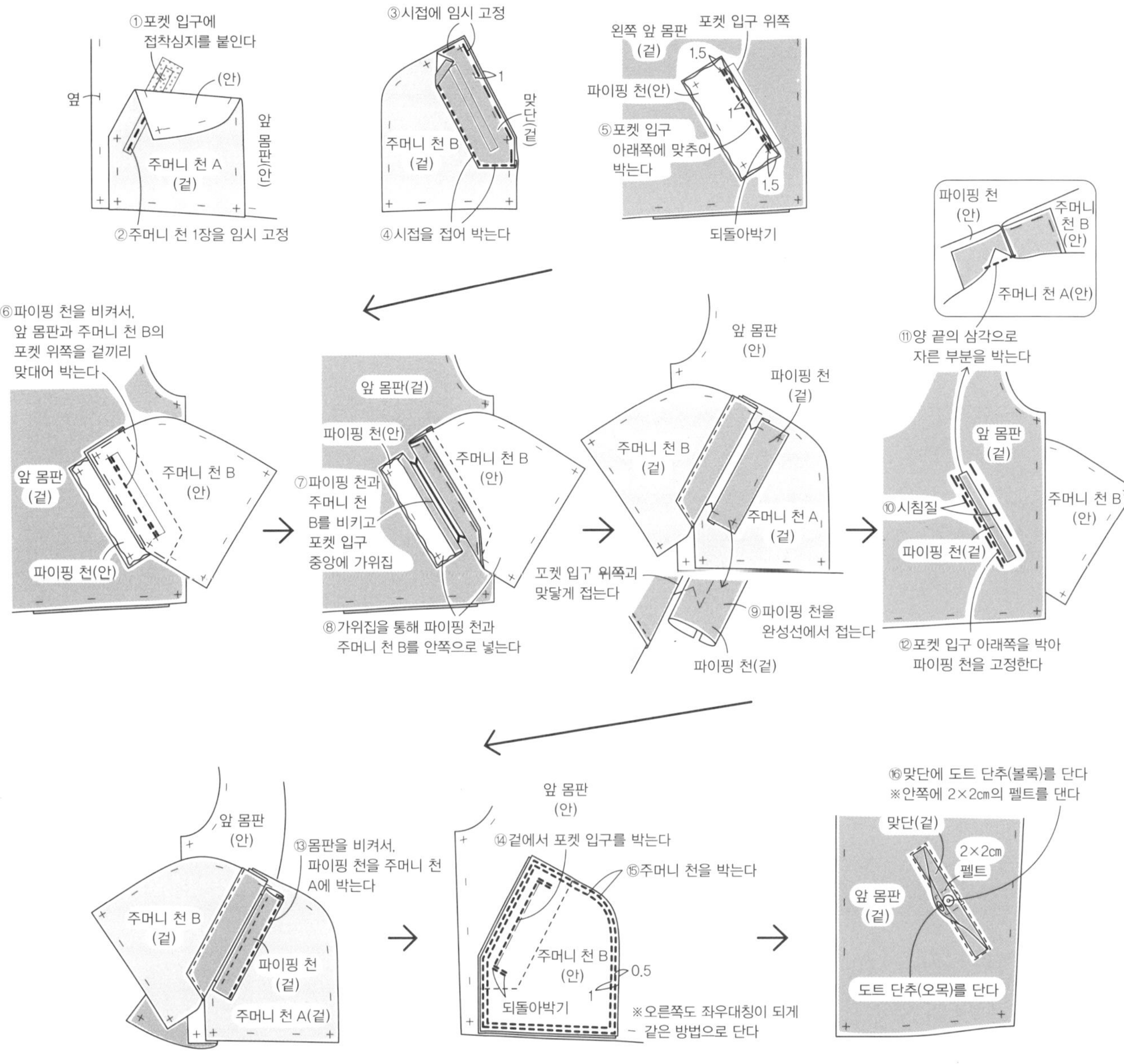

①포켓 입구에 접착심지를 붙인다

옆

(안)

앞 몸판(안)

주머니 천 A (겉)

②주머니 천 1장을 임시 고정

③시접에 임시 고정

주머니 천 B (겉)

1

맞단(겉)

④시접을 접어 박는다

왼쪽 앞 몸판 (겉)

포켓 입구 위쪽

1.5

파이핑 천(안)

⑤포켓 입구 아래쪽에 맞추어 박는다

1.5

되돌아박기

파이핑 천 (안)

주머니 천 B (안)

주머니 천 A(안)

⑪양 끝의 삼각으로 자른 부분을 박는다

⑥파이핑 천을 비켜서, 앞 몸판과 주머니 천 B의 포켓 위쪽을 겉끼리 맞대어 박는다

앞 몸판(겉)

주머니 천 B (안)

파이핑 천(안)

앞 몸판(겉)

파이핑 천(안)

⑦파이핑 천과 주머니 천 B를 비키고 포켓 입구 중앙에 가위집

주머니 천 B (안)

⑧가위집을 통해 파이핑 천과 주머니 천 B를 안쪽으로 넣는다

앞 몸판 (안)

파이핑 천 (겉)

주머니 천 B (겉)

주머니 천 A (겉)

포켓 입구 위쪽과 맞닿게 접는다

⑨파이핑 천을 완성선에서 접는다

파이핑 천 (겉)

앞 몸판 (겉)

파이핑 천 (겉)

주머니 천 B (안)

⑩시침질

⑫포켓 입구 아래쪽을 박아 파이핑 천을 고정한다

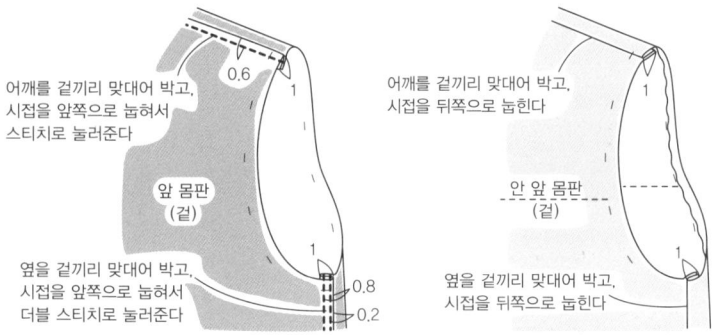

앞 몸판 (안)

주머니 천 B (겉)

⑬몸판을 비켜서, 파이핑 천을 주머니 천 A에 박는다

파이핑 천 (겉)

주머니 천 A(겉)

앞 몸판 (안)

⑭겉에서 포켓 입구를 박는다

⑮주머니 천을 박는다

주머니 천 B (안)

0.5

되돌아박기

※오른쪽도 좌우대칭이 되게 같은 방법으로 단다

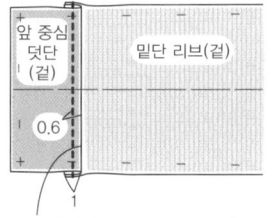

⑯맞단에 도트 단추(볼록)를 단다
※안쪽에 2×2cm의 펠트를 댄다

맞단(겉)

2×2cm 펠트

앞 몸판 (겉)

도트 단추(오목)를 단다

7 앞·뒤 몸판의 옆과 어깨를 각각 박는다

0.6

1

어깨를 겉끼리 맞대어 박고, 시접을 앞쪽으로 눕혀서 스티치로 눌러준다

앞 몸판 (겉)

옆을 겉끼리 맞대어 박고, 시접을 앞쪽으로 눕혀서 더블 스티치로 눌러준다

0.8

0.2

1

어깨를 겉끼리 맞대어 박고, 시접을 뒤쪽으로 눕힌다

안 앞 몸판 (겉)

옆을 겉끼리 맞대어 박고, 시접을 뒤쪽으로 눕힌다

1

8 밑단 리브와 앞 중심 덧단을 박는다

앞 중심 덧단 (겉)

밑단 리브(겉)

0.6

앞 중심 덧단과 밑단 리브를 겉끼리 맞대어 박고, 시접을 덧단 쪽으로 눕혀서 스티치로 눌러준다

9 밑덧단을 만든다

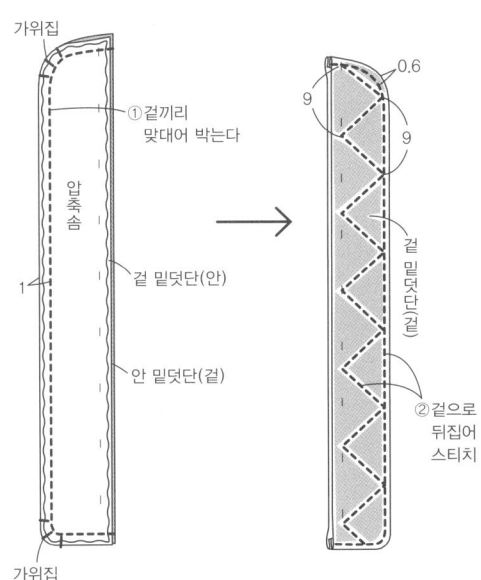

가위집
압축솜
①겉끼리 맞대어 박는다
겉 밑덧단(안)
안 밑덧단(겉)
가위집
1

0.6
9
9
겉 밑덧단(겉)
②겉으로 뒤집어 스티치

10 밑단 리브를 박는다

왼쪽 앞 끝
앞 몸판(겉)
+
앞 중심 덧단 +(안)
밑단 리브(안) −
①지퍼를 겉끼리 맞대어 박는다
몸판과 겉끼리 맞대어 박는다
※주머니 천은 비켜서 박는다

11 지퍼를 단다

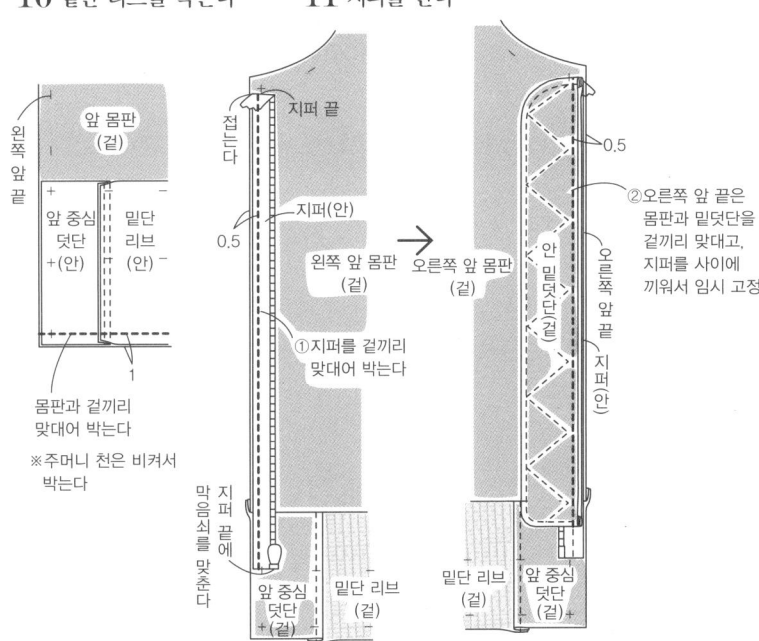

접는다
지퍼 끝
0.5
지퍼(안)
왼쪽 앞 몸판(겉)
오른쪽 앞 몸판(겉)
막음쇠를 맞춘다
지퍼 끝에
앞 중심 덧단 +(겉)
밑단 리브(겉)

오른쪽 앞 몸판(겉)
0.5
②오른쪽 앞 끝은 몸판과 밑덧단을 겉끼리 맞대고, 지퍼를 사이에 끼워서 임시 고정
안 밑덧단(겉)
오른쪽 앞 끝
지퍼(안)
밑단 리브(겉)
앞 중심 덧단(겉)

12 겉 몸판의 목둘레에 칼라 리브를 시침질로 고정한다

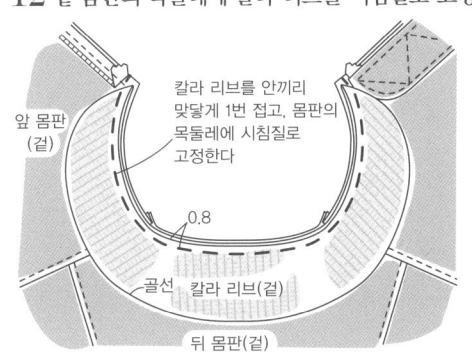

앞 몸판(겉)
칼라 리브를 안끼리 맞닿게 1번 접고, 몸판의 목둘레에 시침질로 고정한다
0.8
골선
칼라 리브(겉)
뒤 몸판(겉)

13 소매를 몸판에 붙인다

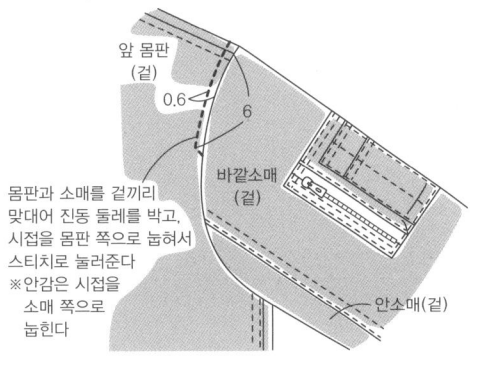

앞 몸판(겉)
0.6
6
바깥소매(겉)
몸판과 소매를 겉끼리 맞대어 진동 둘레를 박고, 시접을 몸판 쪽으로 눕혀서 스티치로 눌러준다
※안감은 시접을 소매 쪽으로 눕힌다
안소매(겉)

14 밑단 리브와 안 몸판을 박는다

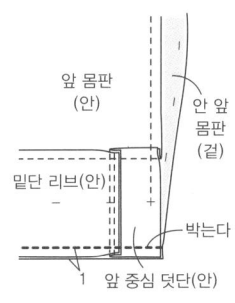

앞 몸판(안)
안 앞 몸판(겉)
밑단 리브(안) −
박는다
1
앞 중심 덧단(안) +

15 겉 몸판과 안 몸판을 겉끼리 맞대어 목둘레~앞 끝~밑단을 박고, 겉으로 뒤집어 겉에서 스티치한다

겉 뒤 몸판(안)
칼라 리브
밑덧단
①겉 몸판과 안 몸판을 겉끼리 맞대어 박는다
안 앞 몸판(겉)
창구멍
밑단 리브(안)
골선

②겉으로 뒤집어 시침질하고 스티치
칼라 리브(겉)
0.6
안 바깥소매(안)
0.6
바깥소매(겉)
겉 밑덧단(겉)
앞 몸판(겉)
0.6
주머니 천은 비켜서 박는다
밑단 리브(겉)

16 어깨 끝·소매 밑을 속시침한다

17 창구멍으로 소맷부리의 겉감과 안감을 겉끼리 맞대고, 소맷부리 리브를 끼워서 박는다

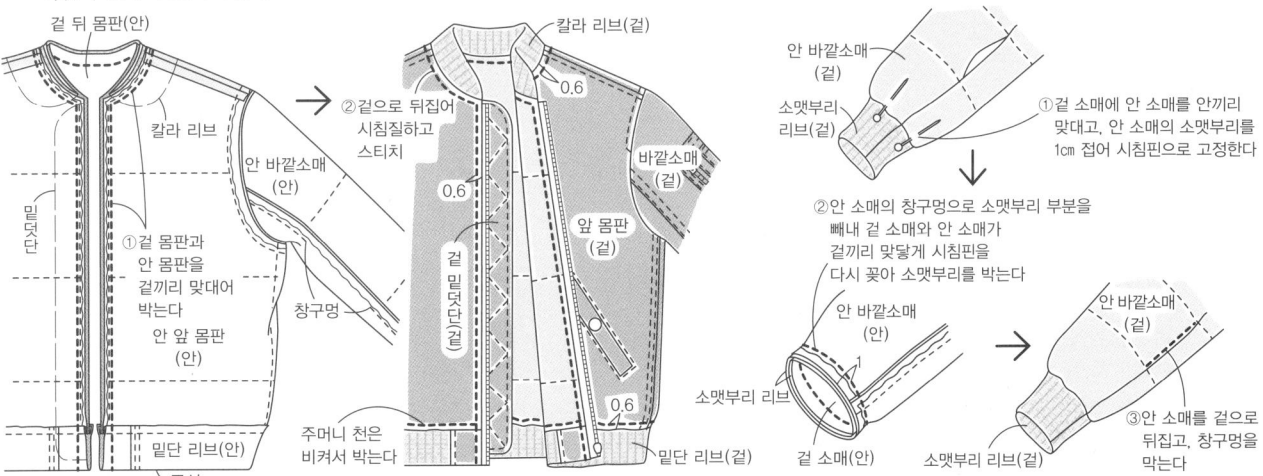

안 바깥소매(안)
소맷부리 리브(겉)
①겉 소매에 안 소매를 안끼리 맞대고, 안 소매의 소맷부리를 1cm 접어 시침핀으로 고정한다
②안 소매의 창구멍으로 소맷부리 부분을 빼내 겉 소매와 안 소매가 겉끼리 맞닿게 시침핀을 다시 꽂아 소맷부리를 박는다
안 바깥소매(안)
소맷부리 리브
겉 소매(안)
소맷부리 리브(겉)
안 바깥소매(겉)
③안 소매를 겉으로 뒤집고, 창구멍을 막는다

Q. 스텐 칼라 코트 P.40

실물 대형 옷본(6면 Q)

1 앞 몸판, 2 뒤 몸판, 3 안단, 4 바깥소매, 5 안소매, 6 겉 칼라, 7 안 칼라, 8 겉 칼라 허리, 9 안 칼라 허리, 10 뒷길 안감, 11 안 바깥소매, 12 안 안소매, 13 허리 포켓 입술감, 14 허리 포켓 주머니 천, 15 안 포켓 파이핑 천, 16 안 포켓 주머니 천, 17 칼라 태브, 18 소맷부리 태브

완성 사이즈

(왼쪽부터 S/M/L/LL/3L)

옷 길이	84/86/88/90/92cm
가슴둘레	102/106/110/116/122cm
화장	82/84/86/88/90cm

재료

[40/2 개버딘(감색)] 148cm 너비×250/255/260/290/290cm
[폴리에스테르 안감(감색)] 112cm 너비×150/150/150/160/160cm
[접착심지] 90cm 너비×220cm
[지름 2.3cm 단추] 4개 [지름 2cm 단추] 5개
[지름 1.5cm 단추] 3개
[1cm 너비 하프 바이어스테이프] 360/370/380/390/400cm
＊ 단춧구멍은 30번 재봉실을 사용한다.
＊ 단춧구멍은 모두 새눈 단춧구멍.

재단 배치도

40/2 개버딘(감색)

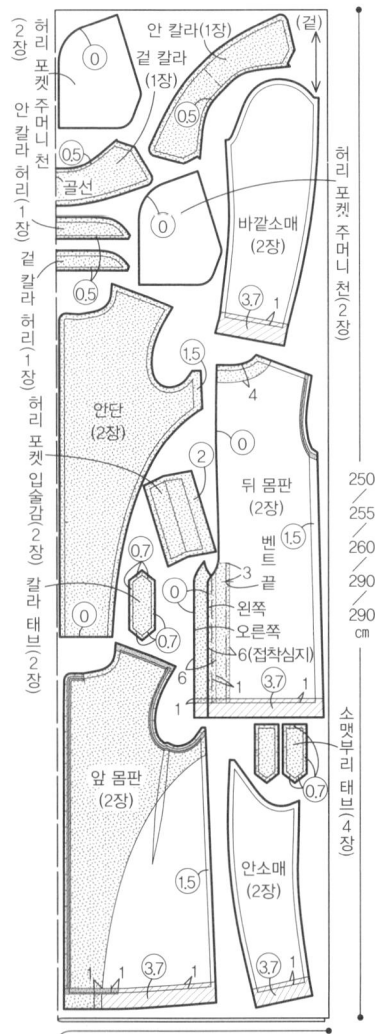

폴리에스테르 안감(감색)

※연결해서 2.5cm 너비 8m의 바이어스 천을 만든다

★ ○ 안의 숫자는 시접. 그 외의 시접은 1cm
★ ▨ 는 안쪽에 접착심지를 붙인다
★ ▨ 는 안쪽에 접착심지(바이어스)를 붙인다
★ ▨ 는 안쪽에 하프 바이어스테이프를 붙인다
★ 숫자는 순서대로 S/M/L/LL/3L 사이즈

바느질 순서

준비 안단, 앞 몸판, 뒤 몸판의 벤트 트임과 목둘레, 칼라, 칼라 허리, 칼라 태브, 허리 포켓 입술감, 소맷부리 태브에 접착심지, 앞·뒤 몸판의 밑단과 소맷부리에 바이어스 접착심지를 붙인다 (재단 배치도 참조).
앞 몸판의 앞 끝과 어깨와 진동 둘레, 뒤 몸판의 진동 둘레는 하프 바이어스테이프를 완성선에 걸치듯이 붙인다.

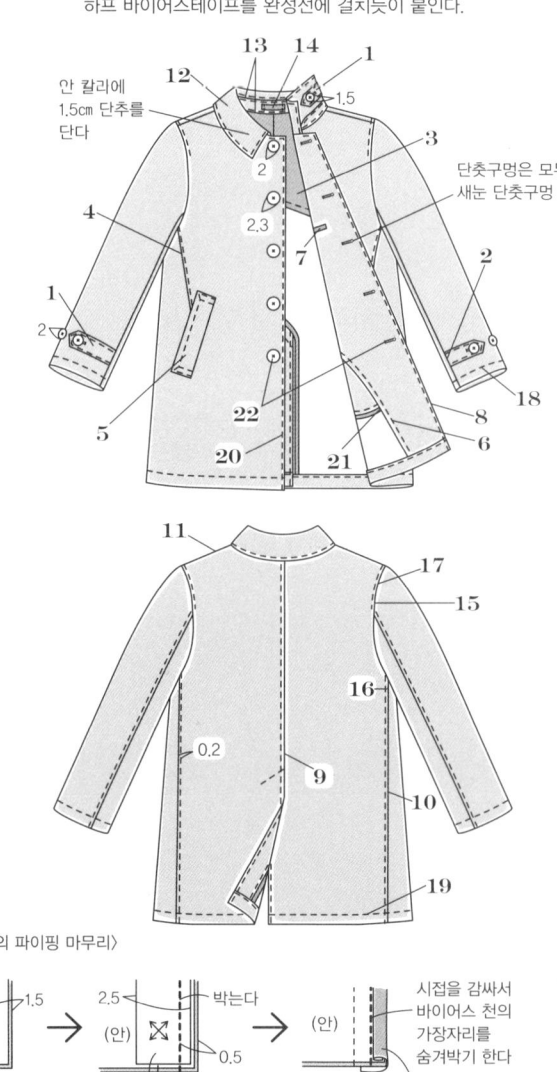

〈시접의 파이핑 마무리〉

(안) 겉끼리 맞대어 박는다

(안) 시접 마무리용 바이어스 천(안) 박는다

(안) 시접을 감싸서 바이어스 천의 가장자리를 숨겨박기 한다 바이어스 천(겉)

1 소맷부리 태브와 칼라 태브를 만든다

※천 두께를 생각해서 시접 0.7cm의 0.5cm 위치를 박는다

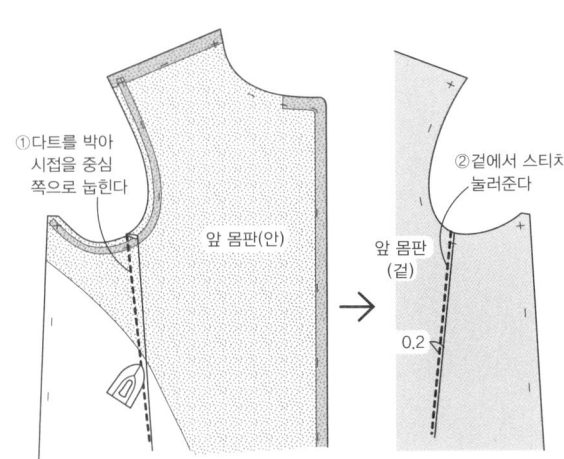

소맷부리 태브(안)
창구멍
자른다
0.5
①겉끼리 맞대어 박고, 모서리를 자른다

소맷부리 태브(겉)
0.2 1.5
2.3cm의 단춧구멍 (새눈 단춧구멍)
②겉으로 뒤집어 스티치하고, 단춧구멍을 만든다

칼라 태브(안)
0.5
4cm 창구멍
자른다

칼라 태브(겉)
0.2
1.5
1.8cm의 단춧구멍 (새눈 단춧구멍)

2 소맷부리 태브를 끼워서 바깥소매·안소매를 박는다

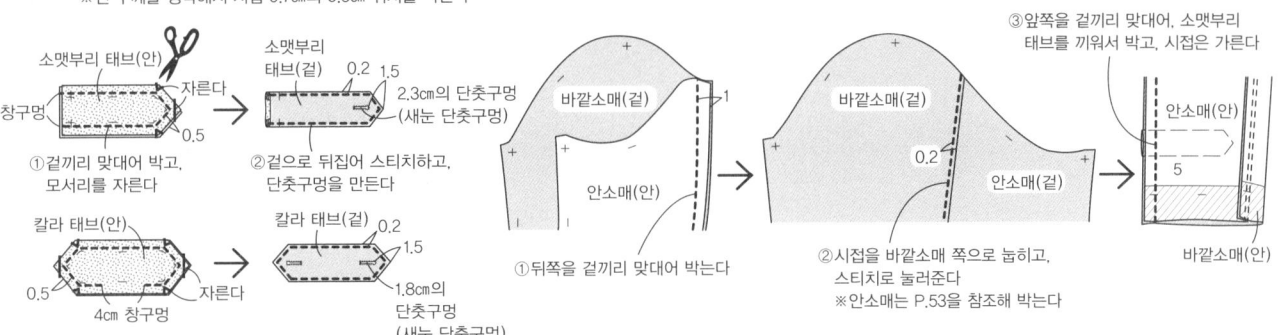

바깥소매(겉)
안소매(안)
1
①뒤쪽을 겉끼리 맞대어 박는다

바깥소매(겉)
0.2
안소매(겉)
②시접을 바깥소매 쪽으로 눕히고, 스티치로 눌러준다
※안소매는 P.53을 참조해 박는다

③앞쪽을 겉끼리 맞대어, 소맷부리 태브를 끼워서 박고, 시접은 가른다
안소매(안)
5
바깥소매(안)

3 뒷길 안감을 만든다 (P.50의 **12** 참조)
4 다트를 박는다

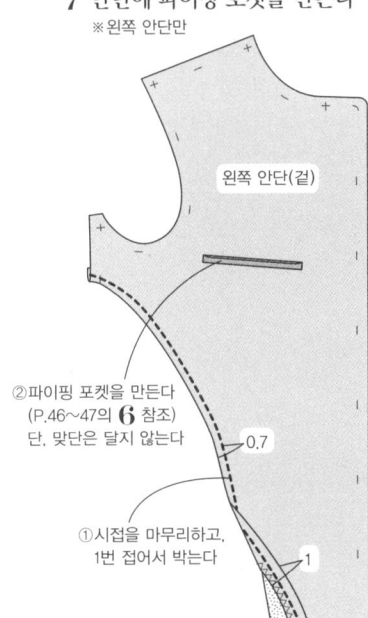

①다트를 박아 시접을 중심 쪽으로 눕힌다
앞 몸판(안)

앞 몸판(겉)
0.2
②겉에서 스티치로 눌러준다

5 허리 포켓을 만든다

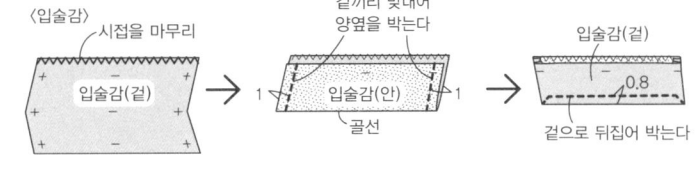

〈입술감〉
입술감(겉)
시접을 마무리

겉끼리 맞대어 양옆을 박는다
1 입술감(안) 1
골선

입술감(겉)
0.8
겉으로 뒤집어 박는다

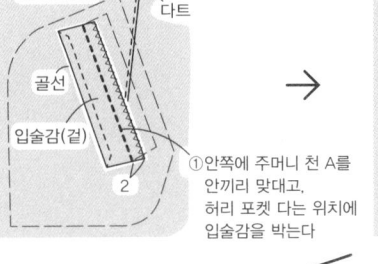

〈본체〉
앞 몸판(겉) 다트
골선
입술감(겉)
2
①안쪽에 주머니 천 A를 안끼리 맞대고, 허리 포켓 다는 위치에 입술감을 박는다

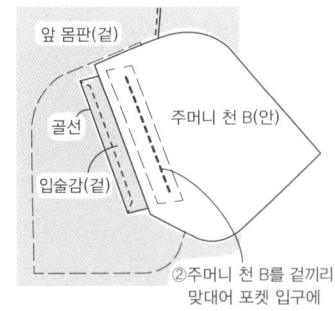

앞 몸판(겉)
주머니 천 B(안)
골선
입술감(겉)
②주머니 천 B를 겉끼리 맞대어 포켓 입구에 박는다

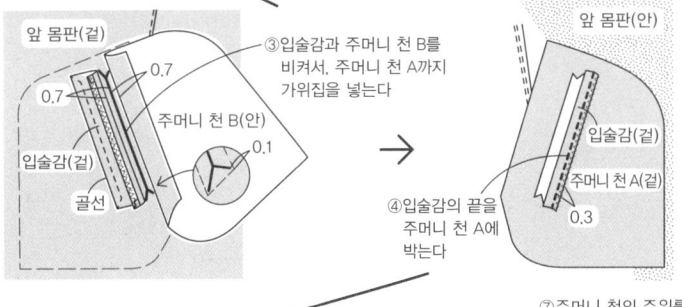

앞 몸판(겉)
0.7
0.7
입술감(겉)
주머니 천 B(안)
0.1
골선
③입술감과 주머니 천 B를 비켜서, 주머니 천 A까지 가위집을 넣는다

앞 몸판(안)
입술감(겉)
주머니 천 A(겉)
0.3
④입술감의 끝을 주머니 천 A에 박는다

6 안단 끝을 마무리한다
7 안단에 파이핑 포켓을 만든다

※왼쪽 안단만

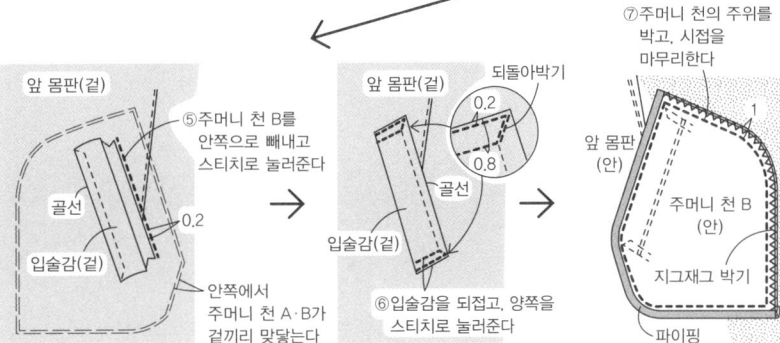

왼쪽 안단(겉)
②파이핑 포켓을 만든다 (P.46~47의 **6** 참조) 단, 맞단은 달지 않는다
0.7
①시접을 마무리하고, 1번 접어서 박는다
1

앞 몸판(겉)
골선
입술감(겉)
⑤주머니 천 B를 안쪽으로 빼고 스티치로 눌러준다
0.2
안쪽에서 주머니 천 A·B가 겉끼리 맞닿는다

앞 몸판(겉)
되돌아박기
0.2
0.8
골선
입술감(겉)
⑥입술감을 되접고, 양쪽을 스티치로 눌러준다

⑦주머니 천의 주위를 박고, 시접을 마무리한다
앞 몸판(안)
1
주머니 천 B(안)
지그재그 박기
파이핑

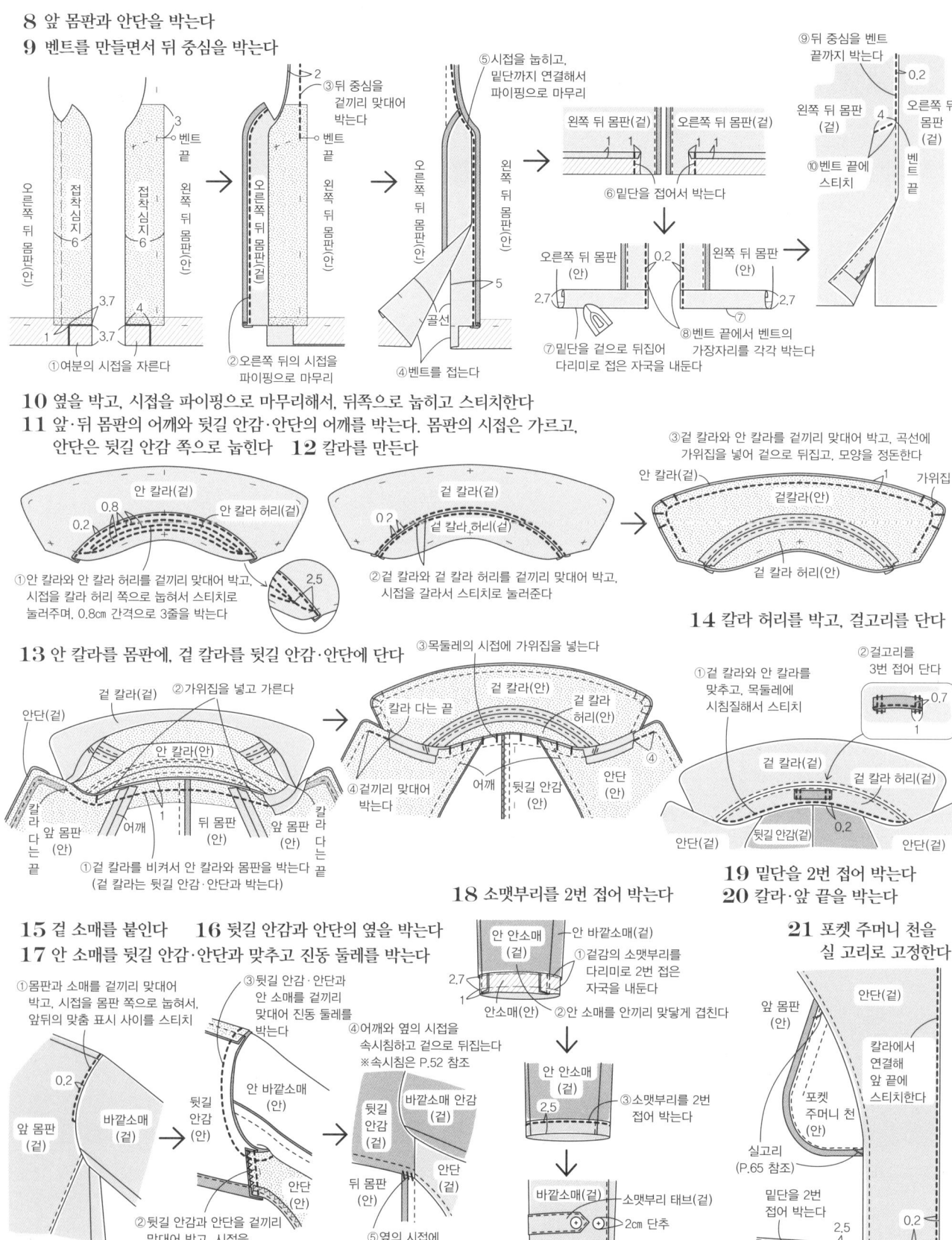

8 앞 몸판과 안단을 박는다

9 벤트를 만들면서 뒤 중심을 박는다

오른쪽 뒤 몸판(안) / 접착 심지 6 / 접착 심지 6 / 왼쪽 뒤 몸판(안)
3.7 / 1 / 3.7 / 4
①여분의 시접을 자른다

②뒤 중심을 걸끼리 맞대어 박는다 / 벤트 끝 / 2 / 3 / 벤트 끝 / 오른쪽 뒤 몸판(걸) / 왼쪽 뒤 몸판(안)
②오른쪽 뒤의 시접을 파이핑으로 마무리

오른쪽 뒤 몸판(걸) / 왼쪽 뒤 몸판(안) / 골선 / 5
④벤트를 접는다

⑤시접을 눕히고, 밑단까지 연결해서 파이핑으로 마무리 / 오른쪽 뒤 몸판(안) / 왼쪽 뒤 몸판(안)

왼쪽 뒤 몸판(걸) / 오른쪽 뒤 몸판(걸) / 1 / 1
⑥밑단을 접어서 박는다

오른쪽 뒤 몸판(안) / 0.2 / 왼쪽 뒤 몸판(안) / 2.7 / 2.7 / ⑦
⑦밑단을 걸으로 뒤집어 다리미로 접은 자국을 내둔다
⑧벤트 끝에서 벤트의 가장자리를 각각 박는다

⑨뒤 중심을 벤트 끝까지 박는다 / 0.2 / 왼쪽 뒤 몸판(걸) / 오른쪽 뒤 몸판(걸) / 4 / 벤트 끝 / ⑩벤트 끝에 스티치

10 옆을 박고, 시접을 파이핑으로 마무리해서, 뒤쪽으로 눕히고 스티치한다

11 앞·뒤 몸판의 어깨와 뒷길 안감·안단의 어깨를 박는다. 몸판의 시접은 가르고, 안단은 뒷길 안감 쪽으로 눕힌다 **12** 칼라를 만든다

안 칼라(걸) / 안 칼라 허리(걸) / 0.8 / 0.2 / 2.5
①안 칼라와 안 칼라 허리를 걸끼리 맞대어 박고, 시접을 칼라 허리 쪽으로 눕혀서 스티치로 눌러주며, 0.8cm 간격으로 3줄을 박는다

걸 칼라(걸) / 걸 칼라 허리(걸) / 0.2
②걸 칼라와 걸 칼라 허리를 걸끼리 맞대어 박고, 시접을 갈라서 스티치로 눌러준다

안 칼라(걸) / 걸칼라(안) / 1 / 가위집 / 걸 칼라 허리(안)
③걸 칼라와 안 칼라를 걸끼리 맞대어 박고, 곡선에 가위집을 넣어 걸으로 뒤집고, 모양을 정돈한다

13 안 칼라를 몸판에, 걸 칼라를 뒷길 안감·안단에 단다

걸 칼라(걸) / 안단(걸) / ②가위집을 넣고 가른다 / 안 칼라(안) / 칼라 다는 끝 / 앞 몸판(안) / 어깨 / 1 / 뒤 몸판(안) / 앞 몸판(안) / 칼라 다는 끝
①걸 칼라를 비켜서 안 칼라와 몸판을 박는다 (걸 칼라는 뒷길 안감·안단과 박는다)

③목둘레의 시접에 가위집을 넣는다 / 칼라 다는 끝 / 걸 칼라(안) / 걸 칼라 허리(안) / 어깨 / 뒷길 안감 / 안단(안) / ④
④걸끼리 맞대어 박는다

14 칼라 허리를 박고, 걸고리를 단다

②걸고리를 3번 접어 단다 / 0.7 / 1
①걸 칼라와 안 칼라를 맞추고, 목둘레에 시침질해서 스티치
걸 칼라(걸) / 걸 칼라 허리(걸) / 안단(걸) / 뒷길 안감(걸) / 0.2 / 안단(걸)

19 밑단을 2번 접어 박는다
20 칼라·앞 끝을 박는다

15 걸 소매를 붙인다 **16** 뒷길 안감과 안단의 옆을 박는다
17 안 소매를 뒷길 안감·안단과 맞추고 진동 둘레를 박는다

앞 몸판(걸) / 0.2 / 바깥소매(걸) / 뒷길 안감(안)
①몸판과 소매를 걸끼리 맞대어 박고, 시접을 몸판 쪽으로 눕혀서, 앞뒤의 맞춤 표시 사이를 스티치

③뒷길 안감·안단과 안 소매를 걸끼리 맞대어 진동 둘레를 박는다 / 안 바깥소매(안) / 안단(안)
②뒷길 안감과 안단을 걸끼리 맞대어 박고, 시접을 마무리해서 뒤쪽으로 눕힌다

④어깨와 옆의 시접을 속시침하고 걸으로 뒤집는다
※속시침은 P.52 참조
뒷길 안감(걸) / 바깥소매 안감(걸) / 뒤 몸판(안) / 안단(걸)
⑤옆의 시접에 뒷길 안감을 감침질한다

18 소맷부리를 2번 접어 박는다

안 안소매(걸) / 안 바깥소매(걸) / 2.7 / 1 / 안소매(안)
①겉감의 소맷부리를 다리미로 2번 접은 자국을 내둔다
②안 소매를 안끼리 맞닿게 겹친다

안 안소매(걸) / 2.5
③소맷부리를 2번 접어 박는다

바깥소매(걸) / 소맷부리 태브(걸) / 2cm 단추

21 포켓 주머니 천을 실 고리로 고정한다

안단(걸) / 앞 몸판(안) / 칼라에서 연결해 앞 끝에 스티치한다 / 포켓 주머니 천(안) / 실고리 (P.65 참조) / 밑단을 2번 접어 박는다 / 2.5 / 0.2

22 단춧구멍을 만들고, 단추를 단다

R. 넥타이 P.58

실물 대형 옷본(2면 R)

1 대검, 2 소검, 3 중간 부분, 4 안 대검, 5 안 소검, 6 넥타이 심지 A, 7 넥타이 심지 B

완성 사이즈

길이　144cm

재료

[론(리버티 프린트)/리넨(감색)] 110cm 너비×70cm

[폴리에스테르 안감] 20×30cm

[울 넥타이 심지(대검 너비 8cm 이상)] 1개분

[1.5cm 너비의 테이프] 6.5cm

재단 배치도

론(리버티 프린트)/리넨(감색)

중간 부분(1장)

소검(1장)

(겉)

1.5

1.5

2

1.5

대검(1장)

2

1.5

70 cm

110cm 너비

폴리에스테르 안감

안 대검
(1장)　0

안 소검
(1장)

30 cm

20cm

★ ○ 안의 숫자는 시접. 그 외의 시접은 1cm
★ 옷본에는 이미 시접이 포함되어 있다
★ 넥타이 심지는 2장을 연결하고 나서, 옷본에 맞추어 자른다

바느질 순서

1 재단하고 준비한다

3

2

2

2

만드는 법은 P.60~61 참조

P.87의 연결 M 데님 재킷
11 소매를 만들어 붙인다

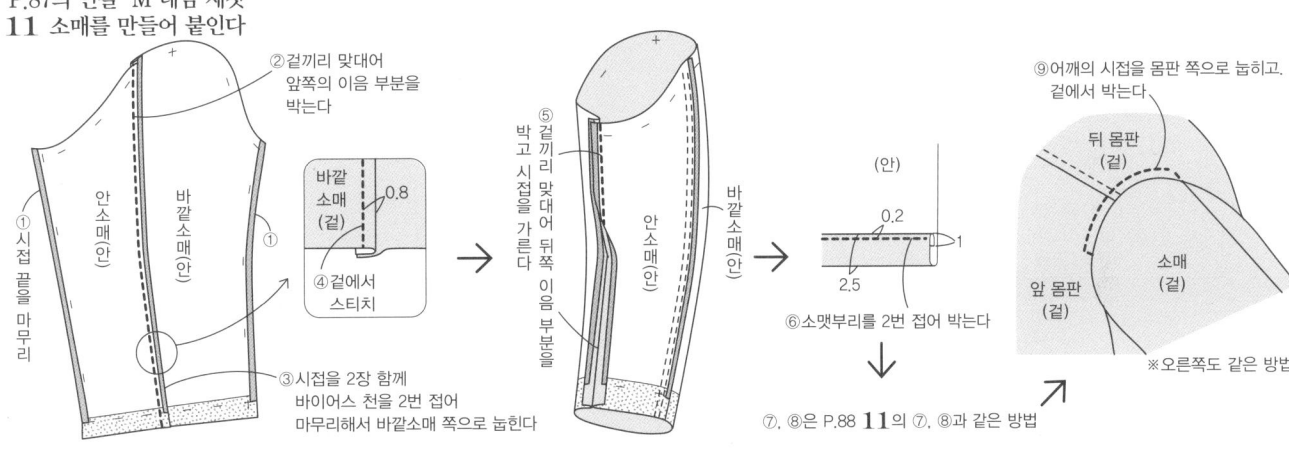

① 시접 끝을 마무리

안쪽소매(안)

바깥소매(안)

①

② 겉끼리 맞대어 앞쪽의 이음 부분을 박는다

바깥
소매
(겉)　0.8

④ 겉에서 스티치

③ 시접을 2장 함께 바이어스 천을 2번 접어 마무리해서 바깥소매 쪽으로 눕힌다

⑤ 박고 시접을 가른다

겉끼리 맞대어 뒤쪽 이음 부분을

안쪽소매(안)

바깥소매(안)

(안)

0.2

2.5

1

⑥ 소맷부리를 2번 접어 박는다

⑦, ⑧은 P.88 **11**의 ⑦, ⑧과 같은 방법

⑨ 어깨의 시접을 몸판 쪽으로 눕히고, 겉에서 박는다

뒤 몸판
(겉)

앞 몸판
(겉)

소매
(겉)

※오른쪽도 같은 방법

〈바이어스 천을 이용한 시접 마무리〉

바이어스 천으로 시접을 마무리하는 방법. 2번 접기와 3번 접기의 2가지 방법을 소개한다.

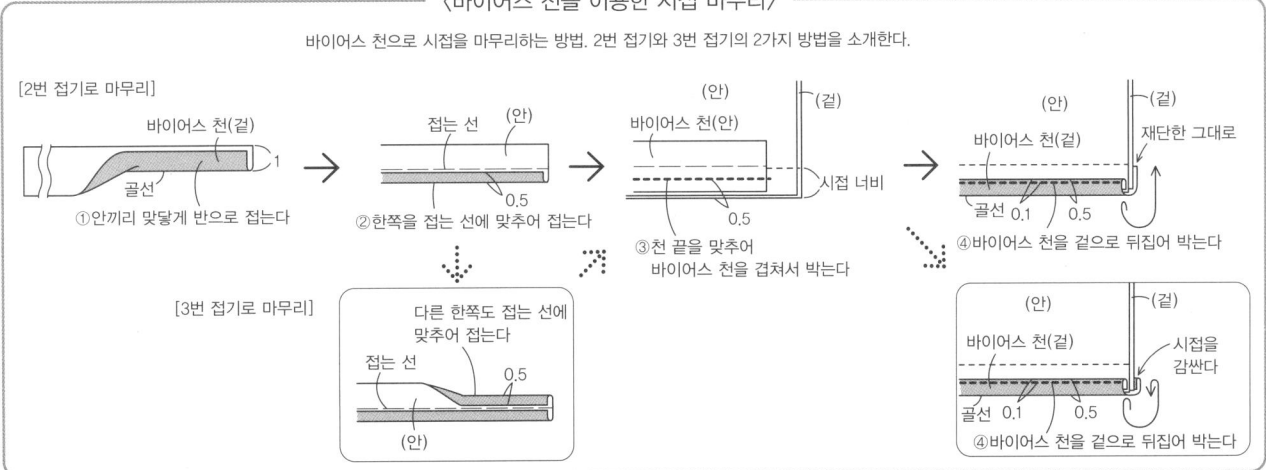

[2번 접기로 마무리]

바이어스 천(겉)

골선

1

① 안끼리 맞닿게 반으로 접는다

접는 선　(안)

0.5

② 한쪽을 접는 선에 맞추어 접는다

(안)

바이어스 천(안)

0.5

(겉)

③ 천 끝을 맞추어 바이어스 천을 겹쳐서 박는다

시접 너비

(안)

바이어스 천(겉)

재단한 그대로

(겉)

골선　0.1　0.5

④ 바이어스 천을 겉으로 뒤집어 박는다

[3번 접기로 마무리]

다른 한쪽도 접는 선에 맞추어 접는다

접는 선

0.5

(안)

(안)

바이어스 천(겉)

(겉)

시접을 감싼다

골선　0.1　0.5

④ 바이어스 천을 겉으로 뒤집어 박는다

S. 토트백 P.58

완성 사이즈

너비	48cm
높이	30cm
바닥면	15cm

재료

[8호 캔버스 천 바이오 워싱(샌드 베이지)/10호 캔버스 천 파라핀 가공(원사)] 90cm 너비×85cm

[8호 캔버스 천 바이오 워싱(심녹색)/10호 캔버스 천 파라핀 가공(감색)] 90cm 너비×90cm

[2cm 너비 헤링본 테이프] 125cm

＊30번 재봉실을 사용한다.

재단 배치도와 치수

8호 캔버스 천 바이오 워싱(샌드 베이지)/
10호 캔버스 천 파라핀 가공(원사)

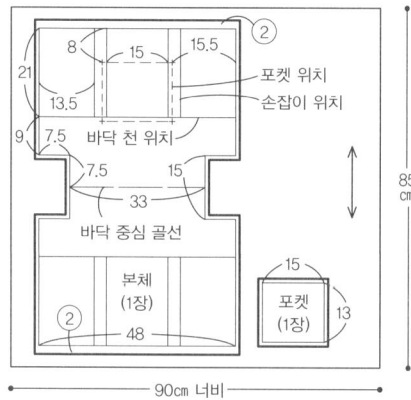

8호 캔버스 천 바이오 워싱(심녹색)/
10호 캔버스 천 파라핀 가공(감색)

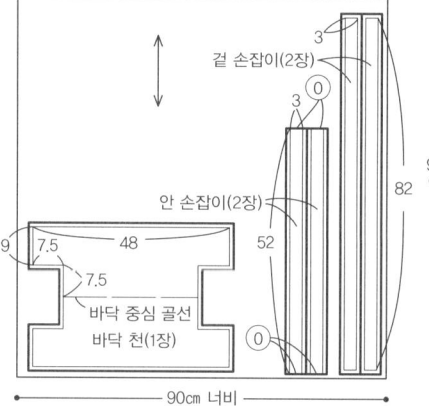

준비 겉 손잡이, 안 손잡이, 바닥 천의
위 끝을 다리미로 완성선에서 접는다.

바느질 순서

★○ 안의 숫자는 시접. 그 외의 시접은 1cm

---

1 포켓, 손잡이, 바닥 천을 단다

① 시접 끝을 마무리하고,
포켓 입구를 1번 접어 박는다

② 포켓 다는 위치에
겹치고, 포켓 입구 이외의
시접 부분을 박는다

⑤ 바닥 천을 겹치고,
옆과 바닥면을 임시 고정

⑥ 위 끝을 더블 스티치로
박는다

④ 겉, 안 손잡이 사이에 본체를 끼워서 박는다
끝은 재단

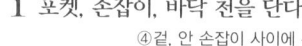

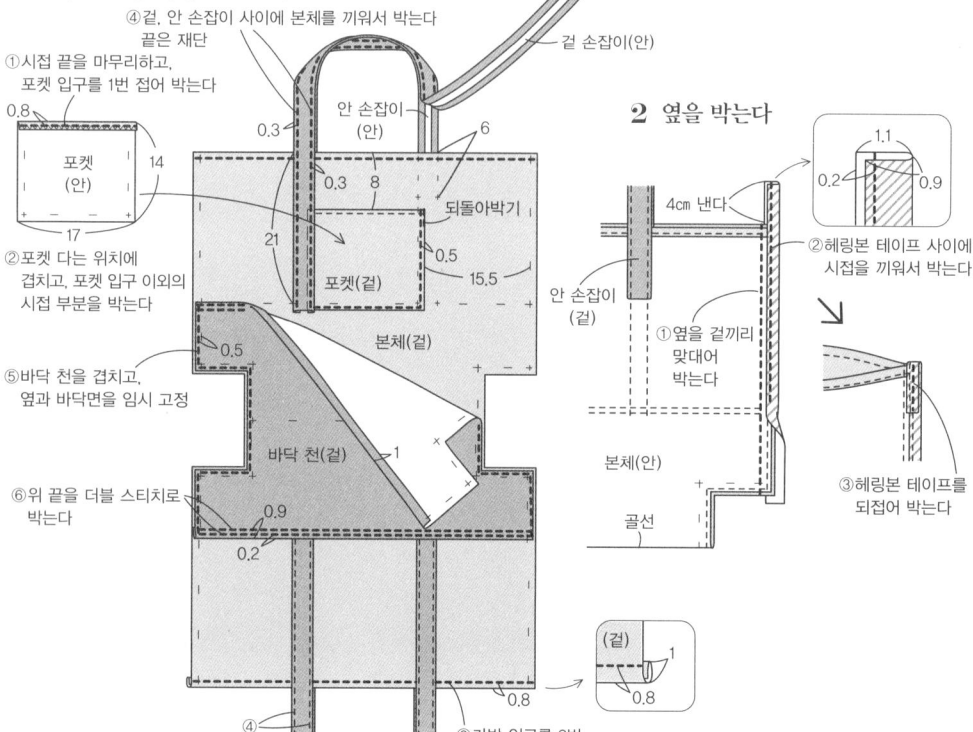

③ 가방 입구를 2번
접어 박는다

2 옆을 박는다

① 옆을 겉끼리
맞대어
박는다

② 헤링본 테이프 사이에
시접을 끼워서 박는다

③ 헤링본 테이프를
되접어 박는다

3 바닥면을 박는다

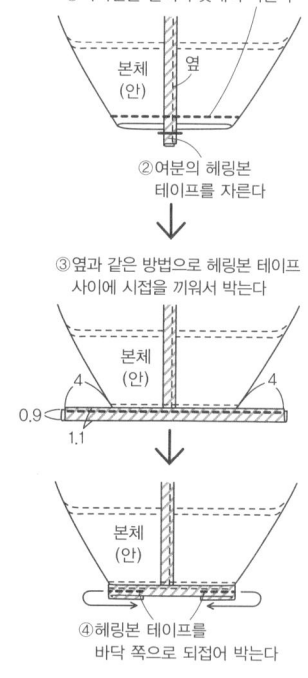

① 바닥면을 겉끼리 맞대어 박는다

② 여분의 헤링본
테이프를 자른다

③ 옆과 같은 방법으로 헤링본 테이프
사이에 시접을 끼워서 박는다

④ 헤링본 테이프를
바닥 쪽으로 되접어 박는다

T. 작업용 에이프런 P.59

실물 대형 옷본(5면 T)

1 본체

완성 사이즈

(프리 사이즈)
옷 길이　69cm
너비　　72cm

재료

[코튼 트윌(모카 브라운)] 110cm 너비×80cm
[접착심지] 30×50cm
[2cm 너비 헤링본 테이프] 270cm
[안지름 1cm 아일릿(구멍의 쇠고리)] 4개
[지름 1cm 코튼 끈] 200cm(목 72cm, 허리 128cm)
＊스티치는 윗실만 30번 재봉실을 사용한다.

재단 배치도

코튼 트윌(모카 브라운)

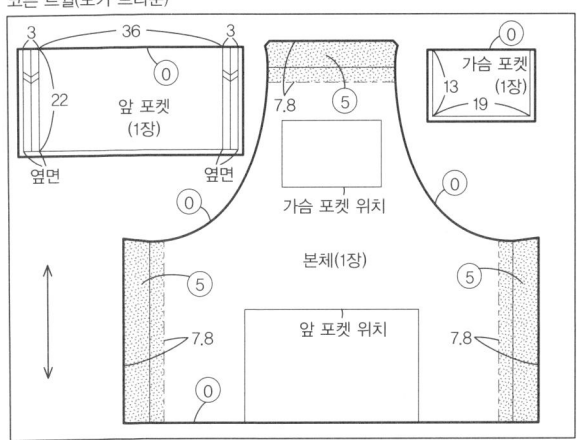

★ ◯ 안의 숫자는 시접. 그 외의 시접은 1cm
★ ▨ 는 안쪽에 접착심지를 붙인다

바느질 순서

준비　가슴 위쪽과 양옆에
접착심지를 붙인다
(재단 배치도 참조).

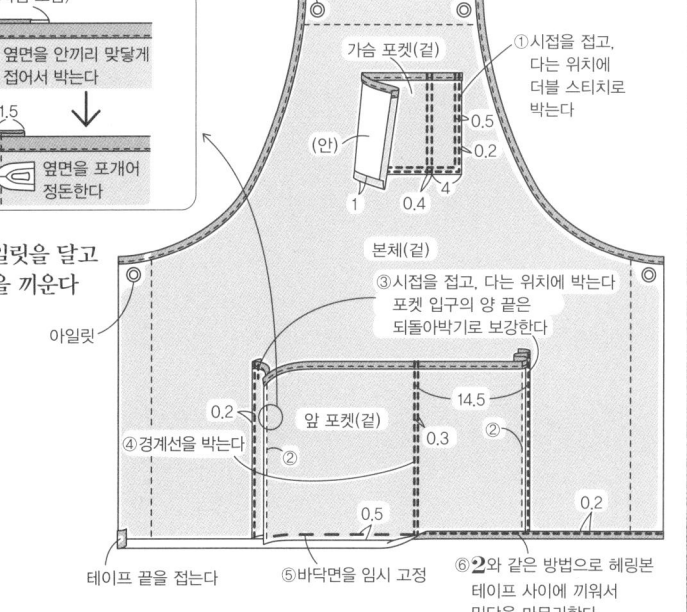

길이 72cm

길이 좌우 각 64cm

---

1 가슴 위쪽과 옆을 마무리한다

본체(안)
2번 접어
박는다
0.2

2 포켓 입구와 진동 둘레를 마무리한다

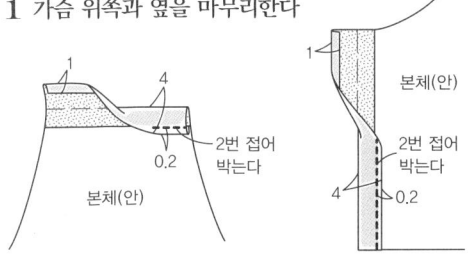

〈포켓 입구〉
0.9　1.1
헤링본 테이프(겉)
가슴 포켓(겉)
0.2
헤링본 테이프(겉)
앞 포켓(겉)
0.2　0.9
포켓 입구를 끼워 겉에서 박는다

〈진동 둘레〉
0.9 1.1
안단(겉)
1cm 접는다
헤링본 테이프(안)
본체(안)
시접은 파이핑하지 않는다
0.3
끼워 겉에서 박는다 헤링본 테이프 사이에

3 포켓을 달고, 밑단을 마무리한다

②옆면을 박는다
4(시접 포함)
옆면을 안끼리 맞닿게 접어서 박는다
0.2
1.5
옆면을 포개어 정돈한다

아일릿
①시접을 접고, 다는 위치에 더블 스티치로 박는다
가슴 포켓(겉)
0.5
(안)
0.2
1　0.4　4
본체(겉)

4 아일릿을 달고 끈을 끼운다

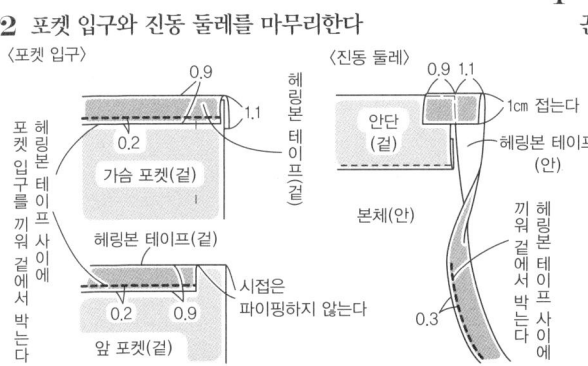

아일릿
③시접을 접고, 다는 위치에 박는다 포켓 입구의 양 끝은 되돌아박기로 보강한다
앞 포켓(겉)
14.5
0.2
④경계선을 박는다
②
0.3
②
0.5
0.2
테이프 끝을 접는다
⑤바닥면을 임시 고정
⑥2와 같은 방법으로 헤링본 테이프 사이에 끼워서 밑단을 마무리한다

101

U. 니트 트렁크스 P.59

실물 대형 옷본(3면 U)

1 앞 팬츠, 2 뒤 팬츠

완성 사이즈

(왼쪽부터 S/M/L/LL/3L)
허리둘레 67/71/75/79/83cm
엉덩이둘레 92/96/110/114/118cm
총 옆 길이 36.5/37/37.5/38/38.5cm

재료

[60수 저지] 140cm 너비×90cm
[3.5cm 너비 고무줄] 69/73/77/81/85cm
[지름 1.15cm 단추] 1개
＊니트용·재봉실을 사용한다.

재단 배치도

60수 저지

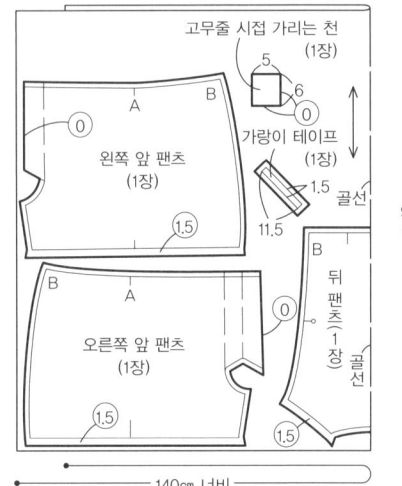

고무줄 시접 가리는 천 (1장)
가랑이 테이프 (1장)
왼쪽 앞 팬츠 (1장)
오른쪽 앞 팬츠 (1장)
뒤 팬츠(1장)
골선
11.5
1.5
90cm
140cm 너비

★ ◯ 안의 숫자는 시접. 그 외의 시접은 1cm
★ 숫자는 순서대로 S/M/L/LL/3L 사이즈

바느질 순서

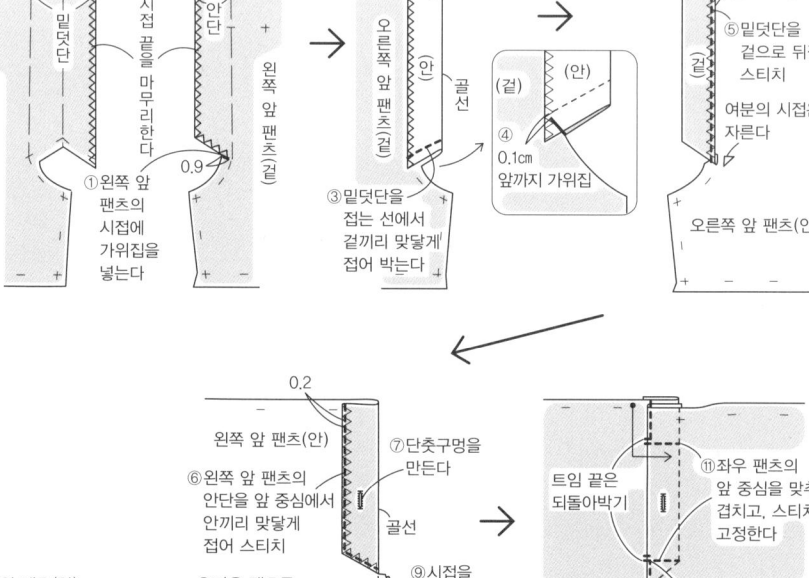

1 앞트임을 만들고, 앞 밑위를 박는다

2 B→밑아래→밑단의 순서로 박는다

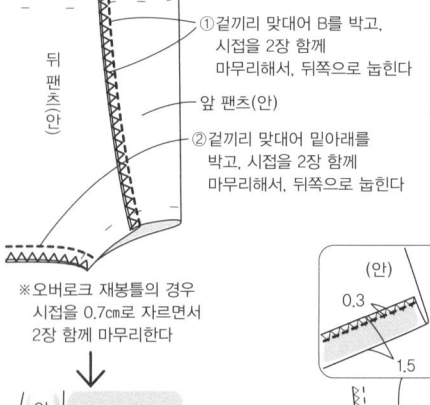

① 겉끼리 맞대어 B를 박고, 시접을 2장 함께 마무리해서, 뒤쪽으로 눕힌다

② 겉끼리 맞대어 밑아래를 박고, 시접을 2장 함께 마무리해서, 뒤쪽으로 눕힌다

뒤 팬츠(안)
앞 팬츠(안)

※오버로크 재봉틀의 경우 시접을 0.7cm로 자르면서 2장 함께 마무리한다

③겉에서 스티치
0.3
뒤 팬츠(겉)
앞 팬츠(겉)

⑤1번 접어 박는다
뒤 팬츠(안)
0.3
1.5

(안)
0.3
1.5

④밑단의 시접 끝을 마무리
앞 팬츠(안)

1 앞트임 상세

오른쪽 앞 팬츠(겉)
밑덧단
앞 중심
안단
②시접 끝을 마무리한다
①왼쪽 앞 팬츠의 시접에 가위집을 넣는다
0.9
왼쪽 앞 팬츠(겉)

오른쪽 앞 팬츠(안)
골선
③밑덧단을 접는 선에서 겉끼리 맞게 접어 박는다

(겉) (안)
④0.1cm 앞까지 가위집

0.2
⑤밑덧단을 겉으로 뒤집어 스티치
여분의 시접은 자른다
오른쪽 앞 팬츠(안)

0.2
왼쪽 앞 팬츠(안)
⑥왼쪽 앞 팬츠의 안단을 앞 중심에서 안끼리 맞닿게 접어 스티치
⑦단춧구멍을 만든다
골선
⑧좌우 팬츠를 겉끼리 맞대어 밑위를 박고, 시접을 왼쪽 앞 팬츠 쪽으로 눕힌다
⑨시접을 자른다
0.5
오른쪽 앞 팬츠(겉)

트임 끝은 되돌아박기
⑪좌우 팬츠의 앞 중심을 맞추어 겹치고, 스티치로 고정한다
0.2
⑩겉에서 밑위를 스티치
오른쪽 앞 팬츠(겉)
왼쪽 앞 팬츠(겉)

3 앞 밑위 시접을 마무리한다

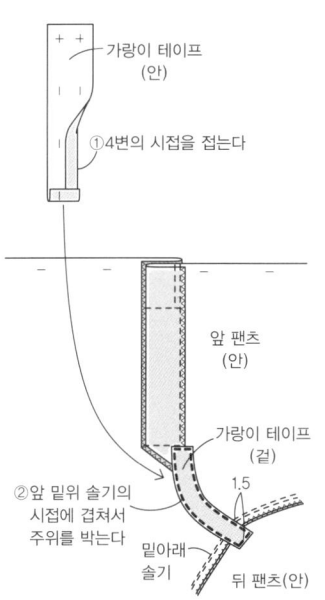

가랑이 테이프
(안)

①4변의 시접을 접는다

앞 팬츠
(안)

②앞 밑위 솔기의
시접에 겹쳐서
주위를 박는다

가랑이 테이프
(겉)

1.5

밑아래
솔기

뒤 팬츠(안)

4 허리에 고무줄을 단다

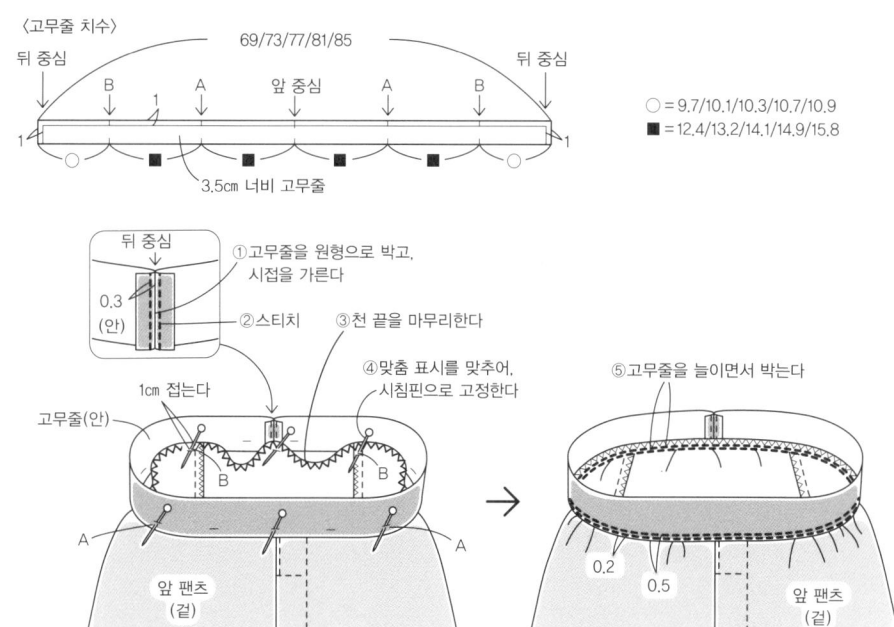

〈고무줄 치수〉

69/73/77/81/85

뒤 중심   B   1   A   앞 중심   A   B   뒤 중심

1   1

3.5cm 너비 고무줄

○ = 9.7/10.1/10.3/10.7/10.9
■ = 12.4/13.2/14.1/14.9/15.8

뒤 중심

0.3
(안)

①고무줄을 원형으로 박고,
시접을 가른다

②스티치

③천 끝을 마무리한다

④맞춤 표시를 맞추어,
시침핀으로 고정한다

1cm 접는다

고무줄(안)

B   B

A   A

앞 팬츠
(겉)

⑤고무줄을 늘이면서 박는다

0.2   0.5

앞 팬츠
(겉)

5 고무줄 시접 가리는 천을 단다

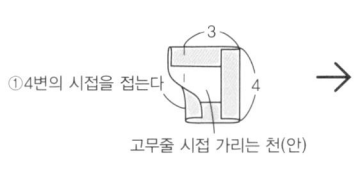

3   4

①4변의 시접을 접는다

고무줄 시접 가리는 천(안)

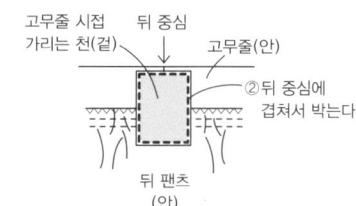

고무줄 시접
가리는 천(겉)   뒤 중심

고무줄(안)

②뒤 중심에
겹쳐서 박는다

뒤 팬츠
(안)

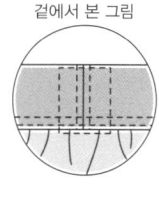

겉에서 본 그림

P.85의 연결 J 진

6 허리 벨트를 단다
(P.82의 6 참조)

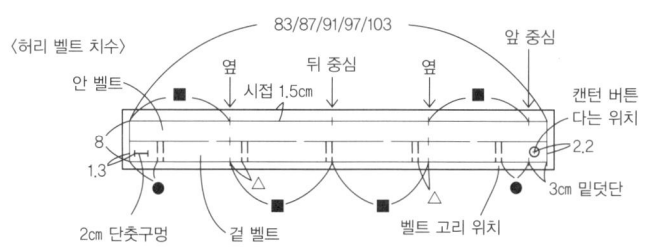

〈허리 벨트 치수〉

83/87/91/97/103

안 벨트   옆   뒤 중심   옆   앞 중심

시접 1.5cm

8   캔턴 버튼
                                                                                         다는 위치
1.3   2.2

● ▲   ■   ▲   ●   3cm 밑덧단

2cm 단춧구멍   겉 벨트   벨트 고리 위치

● = 5.8/6.2/6.6/7.2/7.9
▲ = 2.4/2.5/2.6/2.7/2.8
■ = 20/21/22/23.5/25

7 벨트 고리를 만들어 단다

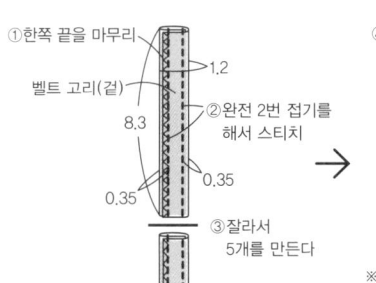

①한쪽 끝을 마무리

벨트 고리(겉)

1.2

8.3

0.35

0.35

②완전 2번 접기를
해서 스티치

③잘라서
5개를 만든다

④다는 위치에 되돌아박기로 고정한다

0.2   1cm 접는다

허리 벨트
(겉)

2   1cm 접는다

0.2

⑤3mm 정도 뜨게 해서
되돌아박기로 고정한다

※다는 위치는 〈허리 벨트 치수〉를 참조

8 단춧구멍을 만들고, 단추를 단다

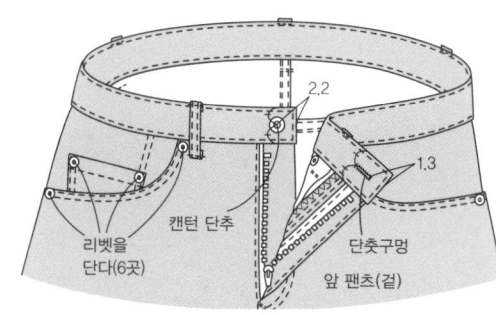

2.2

1.3

리벳을
단다(6곳)

캔턴 단추

단춧구멍
앞 팬츠(겉)

양재 용어집

ㄱ

가른다
봉합한 천 2장의 시접을 좌우로 벌려 다리미로 누르는 것.

가위집
가위로 천을 자르는 것. 맞춤 표시, 곡선 시접, 파이핑 포켓의 Y자 등에 사용한다.

가재단
정확한 재단을 위해 필요한 시접보다 여분의 시접을 더 넣어 재단하는 것.

감침질
밑단이나 소맷부리의 시접을 마무리할 때 사용한다. 속감침, 수직감침, 사다리감침, 거꾸로감침 등이 있다.

겉 맞대기
두 장의 천을 겉쪽이 안으로 들어가게 겹치는 일.

골선 재단
천을 1번 접어서 좌우를 같이 재단하는 것. 패턴에는 '골선'으로 표시한다.

광목
세로 실과 가로 실을 교차시켜 만든 천.

구슬매듭
실이 빠지지 않도록 바느질 시작에서 실 끝에 만든 매듭. 바느질 마지막에 만드는 매듭은 '고정매듭'이라고 한다.

그레이딩
기준 사이즈의 패턴에서 필요한 사이즈를 전개하는 것.

꺾음솔
시접을 한쪽으로 눕힌 것.

꺾임선
칼라 등을 되접는 위치의 선.

끼워 넣기
재단할 때 천의 낭비를 막기 위해 옷본을 위아래 방향과 상관없이 배치하는 것. 일렬 무늬나 결대로 털이 나 있는 천의 경우는 부적합하다.

ㄴ

노치
가위집을 넣은 맞춤 표시. 시접에 0.3cm 정도의 가위집을 넣는다.

누드 치수
의복을 착용하지 않은 상태에서 몸의 각 부위를 잰 치수.

늘림시접
솔기 부분을 완성 위치보다 늘림시접 분량만큼 시접 쪽을 접어 안감에 여유를 주는 방법.

늘어짐 방지 테이프
솔기가 늘어나는 것을 막기 위해 붙이는 테이프.

늘이기
맞춤 표시대로 같이 박는 파트를 맞추고 한쪽 천을 늘여서 박는 것.

니트 천
실을 짜 올려 만든 천. 신축성이 있다.

ㄷ

다트
천을 집어 끝을 박아 줄여서 입체적으로 만드는 것.

더블 스티치(2줄 박음질)
2줄로 나란히 박는 바느질 방법. 튼튼히 보강하기 위한 바느질로 셔츠나 작업복 등에 주로 사용한다.

되돌아박기
실이 풀리지 않게 바늘땀을 겹쳐서 다시 한번 3~5땀 되돌려 박는 방법. 손바느질의 경우 튼튼하게 하고 싶은 부분에 사용하며 반박음질과 온박음질이 있다.

두 번 박기
밑아래처럼 힘을 받는 부분을 보강하기 위해 겹쳐서 2번 박는 바느질.

두 번 접기
시접을 2회 접는 것. 천이 3겹이 된다. '완전 2번 접기'는 1회째와 2회째를 같은 너비로 접는다.

뒷길 안감
재킷이나 슈트의 뒤 몸판에 대는 안감.

땀수
지정된 간격의 바늘땀 수. 봉합할 때는 3cm에 10~12땀이 기준.

띄운다
겉감보다 안쪽의 천을 0.1~0.2cm 정도 당기는 것.

ㅁ

맞춤 표시
각 파트를 정확하게 봉합하기 위한 표시.

모양 잡기
천을 다리미로 늘리거나 줄여 입체적인 모양을 만드는 것.

무늬 맞추기
천의 무늬를 맞추어서 재단하고 바느질하는 것.

무릎 안감
앞 팬츠의 허리에서 무릎까지 대는 안감.

물에 담그기
천이 줄어드는 것을 막기 위해 재단 전에 천을 물에 담가두는 것. 소재에 따라 불가능한 천도 있으니 주의한다.

민트임
재킷의 소맷부리 등에서 트임이 있는 것처럼 보이나 실제로 벌어지지 않는 장식적인 트임.

밑덧단
트임 아래쪽에 겹치는 부분.

ㅂ

바이어스
천을 비스듬한 방향으로 자르는 것. 또는 비스듬하게 자른 천. 올 방향의 45도로 자른 것을 정 바이어스, 22.5도로 자른 것을 하프 바이어스라고 한다.

박스 포켓
천에 가위집을 넣어 만든 포켓으로 재킷의 가슴 부분에 주로 쓰인다.

벤트
재킷이나 코트의 밑단을 잘라서 튼 것. 센터 벤트, 사이드 벤트, 아이비리그 모델 블레이저의 훅 벤트 등.

보강 단추
겉단추의 안쪽에 천을 끼우고 다는 작은 단추. 단추를 보강하기 위해 단다.

보강용 천
겉감을 보강하기 위해 안쪽에 대는 천. 포켓 입구, 단추 다는 위치, 바느질 끝 위치 등에 사용한다.

빗장박기
포켓 입구나 슬릿의 바느질 끝을 보강하기 위해

고정하는 것. 장식 효과를 위해 겉감과 다른 색을 사용하기도 한다.

뾰족단
셔츠의 소맷부리 트임에 다는 끝이 삼각으로 된 파트.

새눈 단춧구멍
한쪽을 새의 눈처럼 둥근 모양으로 뚫는 단춧구멍.

소매산 덧심
안감을 넣는 재킷 등 세트인 슬리브의 소매산에 붙이는 심지. 소매산이 힘을 받아 여유분을 자연스럽게 줄여서 소매 모양을 정돈하는 데 쓰인다.

속시침
옆이나 소매 밑 등의 겉감과 안감이 어긋나지 않도록 느슨한 시침질이나 성긴 바늘땀으로 박아서 고정하는 것.

숨겨박기
몸판과 칼라, 팬츠의 몸판과 허리 벨트 등을 같이 박을 때, 겉에서 바늘땀이 보이지 않게 박는 것.

숨은상침
시접을 눌러주기 위해 사용하는 바느질 방법. 한쪽 혹은 양쪽 면에 작은 점 같은 바늘땀이 보인다.

스티치(박음질)
손바느질로 하는 핸드 스티치와 재봉 스티치가 있다. 디자인성을 가미하거나 솔기를 눌러주는 역할을 한다.

시접
천을 같이 박을 때 완성선의 바깥쪽에 남겨두는 여분. 부위에 따라 시접의 너비는 다르다.

시침바느질
본바느질하기 전에 완성과 똑같이 만들어서 입어보고 수정, 체크하는 것.

시침질
본바느질하기 전에 시침실을 사용해 손바느질로 임시 고정해놓는 것. 본바느질할 때 천이 어긋나지 않아 깔끔하게 박을 수 있다.

식서
천의 세로 올 방향 끝부분. 재단할 때 식서 부분을 없애고 자르는 경우도 있다.

신바대
밑단이 쓸려서 닳지 않게 팬츠 밑단 발뒤축 부분에 대는 보강용 천.

실표
룰렛으로 표시하기 힘든 천이나 자국이 남는 천에 실로 표시하는 방법. 천에 0.2cm 정도 실을 남겨서 표시하는 '실표뜨기'와 시침실로 완성선을 성기게 꿰매는 '시침질'이 있다.

심지
천을 보강할 때나 형태와 실루엣을 유지하기 위해 사용하는 부자재.

쌈솔
시접 너비를 다르게 해서 박거나 또는 박은 후 한쪽의 시접을 좁게 잘라내어 너비가 넓은 시접으로

감싸고 겉에서 박아 눌러주는 바느질 방법.

안단
앞 끝이나 목둘레, 진동 둘레의 몸판을 되접은 부분. 안단을 달아 천이 늘어나거나 틀어지는 것을 방지한다.

안 맞대기
두 장의 천을 겉쪽으로 바깥으로 나오게 겹치는 일.

압축솜
부직포 위에 솜을 겹친 심지. 두께감을 내거나 방한용으로 사용한다.

앞 끝
앞 몸판의 끝.

앞단
앞 몸판에 겹쳐 다는 좁고 긴 천.

여유분 줄임
입체적인 옷을 만들기 위한 방법으로 천을 오므려 볼륨을 넣는다.

오버로크
오버로크 재봉틀로 천 끝의 실이 풀리지 않게 처리하는 것. 천 끝을 자르면서 2~4가닥의 실을 고리 모양으로 얽어가며 박는다.

올 바로잡기
재단 전에 형태나 치수의 변형을 막기 위해 천의 올을 정돈하는 것. 다림질하거나 물에 담가 수축시키는 등 소재에 따라 방법이 다르다.

올 방향
천의 가로세로 올. 〈천 보정 방법〉으로 가로 실을 1가닥 잡아 빼고 가로로 그 선을 자른다.

옷감 치수
옷을 만드는 데 필요한 최소한의 천 분량.

완성선
패턴에 표시된 완성하는 선. 재봉틀로 박는 선.

요크
어깨, 가슴, 등, 허리 부분에 사용하는 바꿔 대는 천. 천의 보강이나 디자인 포인트로 쓰인다.

이너 벨트
벨트 안쪽에 대는 단단한 심지.

입술감(천)
포켓 입구에 대는 천. 가위집을 이용해서 만드는 포켓 등에 사용한다.

재단선
시접을 넣지 않은 상태에서 완성선대로 자르는 것.

주머니 천
포켓의 주머니가 되는 부분. 사용하는 겉감 소재에 따라 슬리크나 안감, 겉감을 이용하는 등 소재가 달라진다.

지퍼 이
지퍼를 물리게 하는 부분.

진동 둘레
소매를 붙이는 위치. 암홀이라고도 한다.

초벌박기
두 장의 천을 맞추어 완성선대로 박는 것.

캐드(CAD)
컴퓨터를 이용해 옷본을 만들거나 그 옷본으로 사이즈를 전개하기 위해 사용하는 시스템.

컬러 시침실
색이 들어간 시침실. 느슨하게 꼬아서 만든 실로 실표에 사용한다.

턱
천을 접어 만든 주름.

토글 단추
더플 코트 등에 주로 쓰이는 낚시찌 모양의 단추.

통솔
시접이 풀리지 않게 마무리하는 방법. 2장의 천을 안끼리 맞대어 박고 안쪽으로 뒤집어 그 시접을 감싸듯이 다시 박는다.

파이핑
재단한 천 끝을 바이어스테이프나 바이어스 천으로 좁게 감싸는 일.

파이핑 포켓
트임의 양쪽을 파이핑한 '더블 파이핑 포켓'과 한쪽만 파이핑한 '파이핑 포켓'이 있다.

패턴
옷본을 이르는 말.

허리 안감
허리 벨트 안쪽에 대는 안감. 셔츠가 빠져나오지 않게 미끄럼 방지 고무를 부착한 것도 있다.

홑겹 완성
안감을 넣지 않고 완성하는 것.

휘갑치기
천 끝이 풀리지 않게 감듯이 박는 것.

가네코 도시오

일본 양복 전문학교 재단과를 졸업한 뒤 마쓰야긴자의 맞춤 신사복 아틀리에에서 봉제 기술을 배웠다. (주)하버드를 거쳐 (주)월드의 남성 브랜드 다케오 기쿠치의 패턴과 기술을 담당해 실력을 인정받았다. 2001년에 회사 세리오를 설립하였으며, 어패럴 기업을 대상으로 패턴 업무와 인터넷 쇼핑몰 '양복 패턴 숍 플뢰르'를 운영하고 있다. 이번《최고 패턴사에게 배우는 남성복의 정석》을 통해서는 오랜 세월 패턴사로서 쌓아온 값진 경험과 지식을 온전히 살려 '진짜 멋진 옷 만들기'를 소개하였다. 저서로《사계절 남성복》이 있다.

(유)세리오 http://seriopattern.web.fc2.com

양복 패턴 숍 플뢰르 http://www.katagami-fleur.com

옮긴이 황선영

일어일문학을 전공하고 대한항공 국제선 파트에서 근무했다. 현재 실용서 전문 번역가로 활동하고 있다. 옮긴 책으로는《히구치 유미코의 자수 12개월》,《1색 자수와 작은 소품》,《2색으로 즐기는 자수 생활》,《자수와 손가방》,《하덴거 자수》,《패턴 학교 Vol. 1 상의 편》,《패턴 학교 Vol. 2 스커트 편》,《패턴 학교 Vol. 3 팬츠 편》,《패턴 학교 Vol. 4 원피스 편》,《심플한 패턴의 예쁜 원피스》,《심플하고 세련된 여자 옷》,《심플하고 귀여운 여자아이 옷》등이 있다.

감수 문수연

서울대학교 인문대학 고고미술사학과를 졸업했다. 재봉틀로 옷 만들기부터 수공예까지 손으로 만드는 모든 것을 좋아해 작품 활동을 시작했다. 현재 서촌에서 '여름한옥 게스트하우스'를 운영하며 작은 수공예 수업을 하고 있다. 그녀가 운영하는 인스타그램 '단추수프(http://www.instagram.com/thebuttonsoup)'에서 보기만 해도 감탄이 절로 나오는 다양한 작품을 만나볼 수 있다.

최고 패턴사에게 배우는
남성복의 정석

초판 1쇄 발행 2020년 6월 10일

지은이 가네코 도시오
옮긴이 황선영
감 수 문수연
펴낸이 명혜정
펴낸곳 도서출판 이아소
디자인 레프트로드
교 열 정수완

등록번호 제311-2004-00014호
등록일자 2004년 4월 22일
주소 04002 서울시 마포구 월드컵북로5나길 18 1012호
전화 (02)337-0446 **팩스** (02)337-0402

책값은 뒤표지에 있습니다.
ISBN 979-11-87113-41-6 13590

도서출판 이아소는 독자 여러분의 의견을 소중하게 생각합니다.
E-mail: iasobook@gmail.com

이 도서의 국립중앙도서관 출판예정도서목록(CIP)은 서지정보유통지원시스템 홈페이지
(http://seoji.nl.go.kr)와 국가자료공동목록시스템(http://www.nl.go.kr/kolisnet)에서
이용하실 수 있습니다. (CIP제어번호 : CIP2020018977)